U0943802

40年改变中国

经济学大家谈改革开放

（下）

新　望◎主编
高尚全　刘世锦　张维迎◎等著
高尚全◎顾问

北京联合出版公司
Beijing United Publishing Co.,Ltd.

目 录

三农及城市化

过去几十年中国如何大规模消灭贫困

韦森

一、极度贫困违反人权：从道德判断到经济分析

近年来，在世界范围内围绕着极度贫困地人权问题的激烈讨论，联合国的一些组织和国际人权机构中的人士目前已经达成了一些共识，其主要共识可以简单总结如下。

社会成员彼此之间的关怀度可以衡量任何社会人权实施的程度。

就目前来看，世界上的大多数人都会接受以上几点共识，从《世界人权宣言》的第25条中也可以顺理成章地得出这种共识。第25条是："人人有权享受为维持他本人和家属的健康和福利所需的生活水准，包括食物、衣着、住房、医疗和必要的社会服务。"但是，由于贫困的标准是相对的，而且会随着一定历史背景中世界和某个国家的经济发展水平而变化，所以对极度贫困违反人权的观点，必须给出进一步和更合理的理论解释。

近年来，哲学家们和政治学家们，尤其是Thomas Pogge（涛慕思·博格）在这方面的讨论中已做出了许多重要的贡献。但在讨论贫困问题和人权的问题时，在理论方面还有许多工作要做，尤其是需要在经济学家

和哲学家之间开展对话。

通过对国际上现存相关文献的一个大致回顾，我们发现，“极度贫困违反人权”这一命题是建立在道德推理或者价值判断基础之上的。然而，即使“极度贫困违反人权的问题”属于道德哲学家或政治哲学家研究的领域，经济分析，尤其是其中的福利经济学和发展经济学，也可以对这个问题讨论提供某些洞识。

首先，在鲁滨逊·克鲁索的一人世界里，无论他的处境是如何“幸福”或者如何“悲惨”，即使他宣称他拥有整个世界（他居住的岛屿）或者他一天只能摘两个苹果或者捕三条鱼，对他而言，富裕或者贫困的区分都是没有意义的。只有同时存在其他人时，才能判断谁穷谁富。由是观之，我们可以进一步推断，贫困问题或者“极度贫困违反人权”的问题，只是一个人与人之间的相互关系问题。换言之，不论某人是不是处在“贫困”中，不论多么“贫困”，也不论贫困是不是违反了人权，只有与其他人的处境相对而言，“贫困”一词才有意义。

其次，如果说贫困度是一个在历史发展背景中与别人的生活水平相较而言的一个概念，那么，贫困与人权问题更应该被放在人与人之间的关系和比较中方能理解。目前，与发达国家中人们的消费水平相比，按照世界银行“每天 2 美元”（按照购买力平价即“PPP”换算）的国际贫困线标准，我们可以说，将近一半的世界人口今天还生活在贫困中。如果我们接受世界银行的国际贫困线标准并承认极度贫困违反了人权，那么我们就会吃惊地发现，目前在世界上有将近一半人口的人权遭到了践踏。

那么谁是世界一半人口人权的践踏者呢？谁违反了谁的人权？践踏者们怎么违反了极度贫困人口的人权？我们怎样来判断何人为人权践踏者并将践踏者的行为归之为违反了其他人的人权？

沿着这个理路，我们可以总结出如下三种情形。

（1）如果一个主体的行为直接导致其他人的贫困，譬如，一个残忍的君主或者独裁者为了增加预算而增开新税，或要求农民将半数的收成上缴国家而导致了农民的贫困，那么我们就可以断定前者侵犯了后者的人权。

（2）即使出于某些原因，一个主体的行为使另外一个主体陷入了困境，有时并不能认为前者侵犯了后者的人权。

（3）在某些主体相对其他主体而言，处于极度贫困，但后者并没有损害前者福利且没有对前者加以援助的情形下，我们能够说后者侵犯了前者的人权吗？进一步来说，如果其他主体确实做了某些善举，但仍未帮助那些极度贫困的人摆扶贫境，那么这些人能够逃脱违反人权的指责吗？

这使我们不得不联想到 Thomas Pogge 教授关于违反人权问题上的“消极义务”（negative duties）和“积极义务”（positive duties）的二分法。前者指的是，某个主体积极地不履行人权；而后者指的是救援和帮助的义务。违背人权的积极义务的论断明显是建立在人道主义的道德分析之上的，反过来这又造成了“作为”（acts）和“疏忽罪”（omission）的区分。

让我们看一下 Pogge 的如下例子。

假设鲍伯落在远离海岸的水中，正有被淹死之虞。吉尔泛舟就在附近。她看见鲍伯在水中挣扎，但没有给予援救，而是划舟远去了。对这种情形有各种不同的说法。

一种说法是，吉尔没有采取行动去拯救鲍伯，因此她的行为构成了疏忽罪。另一种说法是，吉尔不是完全被动的，而是主动地划船远离鲍伯，使得他难以靠近。认为第一种说法具有重要道德意义的人会说，吉尔并没有对鲍伯造成伤害，因为即便吉尔不在场，他也会被淹死的。认为第二种说法具有重要道德意义的人会说，吉尔伤害了鲍伯，因为假如她不荡舟远去的话，他就不会被淹死。从而，吉尔的行为导致了鲍伯的死亡，在吉尔看到鲍伯在水中垂死挣扎却荡舟远去的情形中，即使我们不能指责吉尔侵犯了鲍伯的人权，但我们至少可以指责她不道德或者缺少人道主义的同情心。

我们起码可以能做出这一推论。但是，如果进一步思考 Pogge 的这个例子，假设吉尔的船只能乘坐一个人，鲍伯爬上她的船，两个人都要被淹死，或者假设当吉尔看到鲍伯在水中挣扎时，她认为鲍伯可能是一个海盗，这时我们还能指责吉尔侵犯了人权或者不道德吗?

沿着这个理路，我们会发现，当我们讨论极度贫困违反了人权时，我们必须注意剔除积极义务这一论辩理路，因为它有时候言之无物，容易陷于逻辑谬误。

毫无疑义，认定“富人”在场看到别人陷于极度贫困而袖手旁观有违人权，可能会说使富国的政府或者人们更加关注今天仍生活在水深火热中的人，从而也可能会敦促他们有所作为，但这种说法对各国或者国际扶贫计划却没有多少助益。

因此，即使我们接受极度贫困有违人权的观点，我们也不应该仅仅将其建立在人道主义同情心的道德推断之上。相反，我们应该对一个国家或者世界范围内的极度贫困和经济发展之间的因果关系进行经济分析，以避免在讨论“极度贫困有违人权”的问题时误入歧途。

当我们排除了“极度贫困有违人权”的“积极义务”论辩理路后，自然会将我们的分析仅仅限于“消极义务”分析。沿着后一种论辩理路，我们发现，当一个主体的行为直接或间接导致了别的主体的贫困，他实际上侵犯了后者的人权，这样一来，他就有责任和义务来帮助后者增进其福利。

如果他没有这样做，这实际上就意味着他进一步地侵犯了其他人的人权。这种“消极义务”的论辩理路也意味着，前者对后者的帮助不是出于施舍，而实际上是某种补偿。这种论述看来是有说服力的。这里，让我们不妨用1991年诺贝尔经济学奖得主罗纳德·科斯教授著名的社会成本的论述来说明这个问题。

假设吉姆的造纸厂的污水污染了艾迪捕鱼为生的河流，按照经济学的术语，我们称该污染有某种负的外部性，或者造成了某种社会成本。在这种情形下，问题通常不是污染是否有效率，即吉姆造纸的利润是否超过吉姆的污染对艾迪造成的损失，以及如何解决这个争端的这类科斯式的经济分析，而是归结为合法权利应该归谁：吉姆有没有权利来污染河流？艾迪有没有权利来保障河流免受污染？

其实，对这种情形的理解不仅涉及经济分析、法律分析，也涉及道德分析，而且其中还有一个时间因素：谁是先来的，谁是后到的？如果艾迪在这条河上捕鱼已经很久了，而吉姆后来才建立了他的纸厂，那么从法律方面来说，吉姆应该补偿艾迪的损失；也就是说，吉姆没有污染河流的权利。

相反，如果吉姆的纸厂已经运营多年，而艾迪初来乍到，想在这些被污染的河流捕鱼，那么吉姆就无须补偿艾迪，即艾迪没有保障河流免于污染的权利。

上面的分析对世界上的极度贫困问题仅仅具有某些隐喻的意义。为了进一步从经济学的角度讨论问题，假设吉姆和艾迪都已沿河居住、捕鱼多年，吉姆突然发现一个能够造纸赚大钱的商机，于是建立了一家造纸厂并污染了河流。

这时我们可以认为，吉姆没有污染河流的权利。如果他想经营造纸业务，他就必须全额补偿污染对艾迪造成的损失。否则，吉姆就难逃侵犯了艾迪人权的指责。

前面我们早已指出过，这种情形下吉姆付给艾迪的任何补偿在性质上不是慈善行为，而是在履行他的消极义务。一个进一步的问题是，如果他确实侵犯了艾迪的人权，那么吉姆应该对艾迪补偿多少？

假设吉姆和艾迪已经在这条河上捕鱼多年，并且每人通常从中得到 5 美元的收入。建立纸厂后，吉姆可以赚取 100 美元的利润，而由于吉姆的污染，艾迪在捕鱼方面会损失 2 美元。在这种情形下，如果吉姆没有向艾迪支付 2 美元来补偿她的损失，是没有道理的。

但是，吉姆向艾迪只支付 2 美元就够了吗？现在我们清楚的是，在吉姆开始他的造纸业务之前，他和艾迪生活在相同的状态中，无所谓贫或者富。但在开展造纸业务之后，即使吉姆由于污染补偿了艾迪 2 美元，艾迪也变得相对贫穷了。

那么，是不是吉姆向艾迪支付的补偿应该超过 2 美元——比如，给艾迪足够的钱来购买机动捕鱼船和设备使艾迪摆脱相对贫困？显然，从法律推理或者道德推理的角度，对保障人类摆脱极度贫困权利的这种解释对别人提出了过高的要求。

因此，仅仅基于道德与法律推理来试图为济贫计划探寻理论基础的做法对国际扶贫项目的实施并没有多少助益。由此看来，我们必须从经济分析的角度找出这些扶贫计划的理性基础。

从经济分析的角度，我们可以看出，如果吉姆能够帮助艾迪提高她的福利，那么双方都会收益，因为吉姆和艾迪可以进行纸和鱼的交易。换言之，从福利经济学的分析角度看，我们不仅让富国的人们认识到他们有帮助极度贫困国家的人们解困的消极义务，还让他们了解到解困方案归根结底对富国和穷国都是有好处的。

富国对穷国的援助和反贫困措施反过来会使得它们自己受益的逻辑类似下面的故事：假设某日一个小镇的蛋糕师发现，出于某种暂时的原因，他的所有邻居（顾客）因缺乏食品而饿得奄奄一息，那么他免费分给其他饿得奄奄一息的人一些蛋糕对他是有好处的。

这倒不是出于他的人类的道德同情，而是出于他作为商人的经济推理。原因是显而易见的：如果他的所有客户都饿死了，除了他自己的家庭之外，他将来还能将蛋糕卖给谁呢？

这种推理不仅仅是一个寓言。类似的当代“故事”也在现实中正在发生：当那些富国的大公司以及跨国公司的总裁和销售人员千方百计地为拓展他们公司产品的市场空间而感到尤为艰难的时候，广大发展中国家和地区的亿万人民却因日常生活的必需品匮乏而生活在艰辛之中。

当肯德基和麦当劳的经理们由于他们的连锁店的顾客不足遭受年度亏损而痛心疾首时，世界上却每天还有数百万、数千万儿童由于饥饿而奄奄一息。

人们不禁会问：这个世界到底怎么了？世界上很大一部分地区的人民对生活必需品的巨大需求和世界另一部分市场上的巨大的超额供给之间的传递环节上到底出了什么问题？沿着这个理路，我们很容易看出，如果富国能够帮助很多穷国的处于极度贫困的人摆脱窘境，它们将会反过来为自己的产品创造巨大的市场空间，这转而会促进自己的经济增长。

从这个视角来看，除了富国对穷国的部分援助在性质上是前者出于“消极义务”对后者的补偿之外，富国真正用于全球济贫项目上的资源在短期内看来是它们的净支出，但从长期来看，在性质上却可能是一种“收益”或者是“某种特殊的投资”。

概言之，我们发现，在呼吁富国的人们来为穷国和贫穷地区的扶贫慷慨解囊时，最好的方法是让富国的政府官员和企业界的人士能够理解国际扶贫方案的成本收益分析，而不是靠指责或者谴责他们对生活在极度贫困中的人们袖手旁观是违反人权和践踏人的尊严。

二、贫困的根源和消除贫困的措施

1976年，世界著名经济学家保罗·萨缪尔森曾经说过："为什么有些国家贫穷，有些国家富裕？在这个问题的理解上新见解实在不多。"在萨缪尔森说过这句话后将近30年的时间里，在这个问题上已经有了一些研究，但无疑还存在很多不解之谜。有些经济学家、经济史家和其他社会科学家试图通过各种方式来回答这个问题，包括地理的、历史的、文化的、发展的、技术的、制度的和偶然性等多种解释，其中的制度分析尤为值得注意。

正如Pogge教授最近指出的那样，在现代世界，制度因素——那些制约经济交易和其他人类活动的规则，既有国际的，也有国家内的——是决定贫困的影响范围和程度的最重要因素。对一国而言，因为制度因素连同政府的政策工具对经济分配有着重要影响，所以它们是导致某些人处于极度贫困状态的最终根源。

这里我们不妨拿中国的例子加以说明。在中国1978年启动经济改革方案之后，东部沿海地区的城市居民的收入有了大幅度提高，但是西部地区的农村居民的生活却没有得到多大的改善，因此他们是相对贫困的。在这个问题上，在经济学界曾有一个普遍和长期存在的误解，即中国西部农村人口的贫困是东部沿海地区与西部内陆地区经济发展不平衡的一个自然结果。

但是，事实并不完全如此。如果我们考察一下中国现存的税制，就会惊奇地发现，当代中国富者愈富、穷者相对而言越来越穷的现实可以部分地归咎于中国的税制结构。事实上，中国大城市（如上海）工薪阶层的税率，不论按照货币单位，还是劳动时数，都要比某些农村家庭支付的“实际税赋”以及各种名目的“税收”和摊派要低得多。

在西部和一些农村地区，每年支付的税收和摊派名目甚至多得连农民都难以计数。结果是，很多农民辛苦一年，但收入甚微。甚至由于信息匮乏、教育水平低，很多农民忙活一年，年底却入不敷出。（这篇文章写于2004年，这里保留了原稿。以上这段话是笔者根据当时的一些资料而做出的一些判断。实际上，过去十几年来，中国政府在减低西部贫困地区的税费方面做了大量工作，并通过政府财政的转移支付增加了对中西部贫困地区扶贫项目资金的支付，这是中国贫困人口减少的一个重要原因。在中国经济的高速增长时期，中国的扶贫脱贫项目在世界上来说还是获得了巨大成功的。按照联合国的统计，中国这些年的扶贫项目贡献了全球贫困人口数量减少的70%。现在我们国家又到了“精准扶贫”扶贫阶段。——作者2018年1月29日增补。）

由于收入分配方面的这种制度安排，自1978年改革开放以来，中国的基尼系数一直在增大；按照中国财政部的最新数字，中国现在的基尼系数为0.46。另外，按照财政部的一些调查数字，中国城市居民和农村居民的收入比例从1990年的1∶2.2上升到2001年的1∶2.9。2000年，中国东部地区的人均收入是西部地区人均收入的2.26倍。

因此，如果不进行相应的制度调整，就有可能出现如下情形：国家在扶贫方案上花费的资金和资源越多，生活在相对贫困中的人却越多——即使他们不是生活在绝对贫困或者极度贫困之中。

从世界范围内来看也是如此。这即是说富国愈富、穷国愈穷的趋势也可以主要归结为当前的国际经济、政治，尤其是外贸制度安排的不合理。

在当今世界的制度安排中，除了西方世界在近现代历史上的遗产和殖民化之外，当前的全球秩序基本上是在富国的政府领导人、企业总裁、富国和穷国的政治军事精英围绕着富国和少数人的利益进行长期讨价还价、妥协和合谋的过程中形成的。

不论它是一种什么样的秩序，当前的全球制度安排非常不利于缩减富国和穷国的差距，这是显而易见的。如果某些国家的极度贫困状况主要或者部分是由于符合富国利益的国际经济和政治秩序所造成的，那么这实际上意味着富国应该为穷国的贫穷负有不可推卸的责任。

就此而言，即在帮助极度贫困的人们脱贫方面，富国应该承担某些Pogge教授所言的“消极义务”，这是它们不可推诿的责任。如果它们没有这样做，那么它们就难能逃脱践踏处于极度贫困国家和地区人民的人权的指责。

从世界现实来说，不论贫穷国家和地区人们极度贫困的根源是什么，几乎半数的世界人口生活在极度贫困之中，却是个事实，且这一事实确实让人们震惊。那么，在帮助这些处于极度贫困中的人脱贫致富方面，各国政府和国际社会应该做什么呢?

除了政府的济贫援助和联合国以及世界银行的扶贫方案之外，许多经济学家可能还会提出，这些贫穷国家和地区的制度改革、技术引进和创新是至关重要的因素。但是，从经济学制度分析的视角来看，这些措施看上去并不是根治贫穷国家以及一些发展中国家（如印度和中国）的某些落后地区长期贫困问题的最终良方。

窃以为，要消除落后国家和地区的贫困现象，关键在于市场的发育和拓展。因为，按照亚当·斯密的古典经济学，通过市场交易进行的劳动分工和专业化，才能促进创新和经济发展，才能提出技术创新和制度改革的现实要求。因此，穷国和贫困地区摆脱贫困的根本途径，看来有赖于当地贸易的发展和跨国贸易增长。

从经济学上来说，穷国和发展中国家贫困地区摆脱贫困的根本出路在于市场的发展和贸易的增加，这看来应该没有多大争议。但是，进一步的问题是：处于极度贫困中的人们开展贸易和市场交换的资金来自何方？更为重要的是，如何引导穷国或一些发展中国家的贫穷地区的人积极地参与市场交易？一种可能的说法是，应该实施某些政府和国际社会的援助项目来提高这些国家和地区的人的教育水平，增加他们的商业知识，并不断来激发他们的商业精神。正如戴维·兰德斯教授所言："制度和文化是最重要的；资金次之；但是从一开始就重要、且愈来愈重要的是来自知识的收益。"但是，即使我们相信兰德斯教授的观点是正确的，还有一个问题没有解决，即对穷国或者欠发达国家贫穷地区的极度贫困的人来说，他们是如何获得到知识？又从哪里获得知识（包括技术知识和商业知识）？那么一个自然的逻辑推论是，教育（包括在贫困国家或者地区扫盲的运动）必须先行。

根据以上的经济分析，人们可能会认为，生活在极度贫困中的人们应该通过来自富国或者发达地区的受过教育的"有文化的人"来接受教育、增加知识。毫无疑问，培育商业精神和商业文化是在穷国和发展中国家的贫穷地区发展市场交易的重要因素。但是，如果我们看一下当今世界的国际经济秩序安排和流行的一些商业信念，马上就会得到如下结论：在教育极度贫困的人之前，富国的知识分子、理论家、政府官员和商界领袖应该首先教育好自己。我之所以这样说，是因为在对穷国和一些发展中国家的贫困地区的态度和认识上，人们有许多普遍的误识。

这些误识包括:（1）向穷国和发展中国家贫困地区的捐款和“援助”仅仅是一种施舍;（2）如果穷国经济发展加快了，那么将会有大量廉价的商品涌入富国的市场，因此对富国的经济增长不利;（3）穷国和贫穷地区的贫穷是现代世界经济发展的自然结果，因而我们对此无责可言，也无能为力……

由于存在这些普遍误识，一些富国的政府一直非常不愿意承诺——哪怕是共同承诺——采取一些真正的全球性扶贫措施。因此，在教育欠发达国家的极度贫困的人们之前，这些富国的“有文化的人”首先应该教育好他们自己，使他们真正认识到，他们的政府对穷国的帮助，并不仅仅是某种慈善的施舍，而是对富国从中获取巨大经济利益的不平等全球秩序对贫穷国家和地区所造成的经济损害的某种补偿。而且，必须弄清的是，如果发展中国家的经济取得了长足的进步，从而使得现在这些穷困国家的收入水平提高了，就会提高它们的消费需求能力，从而为世界经济增长创造巨大的空间。

这样一来，不是穷国的经济增长会挤占富国的产品市场空间，而是穷国的经济增长会反过来为发达国家的产品创造巨大的市场容量。换言之，穷国的经济增长不仅对富国的经济增长没有害处，反而有巨大的好处。

三、中国的成功经验说明了什么

自 1978 年以来，中国已经经历了长达几十年的高速经济增长，并且在扶贫方面取得了巨大的成就，积累了丰富的经验。按照世界银行驻中国办事处主任黄育川先生的说法，“在减缓贫困、使亿万人民脱贫方面，中国树立了一个国际范例”，事实确是如此。

譬如，在改革开放初期的 1978 年，中国的贫困人口总数为 2.5 亿，在 1993 年，这个数字减少到 8000 万，到 2001 年底，则进一步减少到 2927 万。但是，即使按照中国官方的统计数字和联合国以及世界银行的有关资料均表明中国生活在贫困中的人口数量已经大幅度下降了，也可能没有人会否认如下事实：中国的收入分配近些年来越来越不平均。按照中国有关政府机构的数字，中国的基尼系数在 1991 年是 0.282，1998 年上升到 0.456，1999 年上升到 0.457，2000 年达到了 0.458。这也就是说，在 10 年的时间里，中国的基尼系数增加了 1.62 倍。

除了基尼系数在中国整体上保持上升趋势之外，我们还可以发现收入分配不均在当代中国正在加剧。除直观数字外，还有很多其他源自各方面的数字也说明，近年来中国的收入分配的不平等程度正在提高。

例如，按照中国财政部某课题组 2003 年的一项调查，中国的收入的不平等程度正在提高。该调查运用城镇居民的财产价值来分析，发现最富的 10% 的城镇家庭的财产价值占所有城镇居民的 45%，而最穷的 10% 的家庭只占 1.4%，80% 的家庭只占 53.6%。

从中国的救济发展、扶贫方案和收入分配不平等的发展趋势中，我们可以得出以下几个方面的结论。

1. 在 1987 年之前，无论按照哪种国际标准实行，计划经济的中国都是一个穷国。

经过几十年的持续经济增长，中国经济已经成为当今世界经济中的一个巨人，极度贫困人口也大幅减少了。最近 20 多年的世界历史说明，中国的巨大经济增长不但没有挤占富国经济增长的空间，相反还促进了包括发达国家在内的世界经济的增长。当富国的制造商和商业领袖抱怨廉价的中国商品充斥着他们的超市货架时，他们还应该注意到如下事实：他们的大公司早已在中国设立了分公司，而且他们的高科技产品和日用品（汽车、计算机、移动电话、可口可乐以及几乎西方国家的名牌消费品）也充斥着中国的市场。今天，可能很少有经济学家对如下事实表示怀疑：中国经济的增长已经成为世界经济增长的主要动力源之一。

中国经济增长的例子充分说明，如果众多穷国的经济能够取得巨大增长，脱离现在的贫困状态，那么将为世界经济的增长创造巨大的空间，并将惠及富国，为富国的产品创造巨大的市场空间。

因此，在世界范围内讨论“极度贫困践踏人权”问题，从而让富国的政府领导人和商界领袖认识到，他们对穷国的外援和捐赠，以及他们帮助穷国经济增长的政策方面的调整（尤其是与发展中国家的贸易政策方面的调整），在未来会将使他们自己受益，这对国际扶贫项目的实施以及对未来世界经济秩序的调整，都将有一定的理论和现实意义。

2. 中国快速的经济增长和扶贫项目的成功是过去 20 多年中国制度变迁的结果。因此，对其他人民生活在极度贫困中的国家来说，摆脱目前困境的方法根本上还是取决于经济、政治和社会制度的改革。

由是观之，我们可以断定，成功的扶贫方案不仅应该只是强调筹集多少资源用于极度贫困的人们的生活，还应该注重将更多的资源用于帮助穷国和发展中国家的一些贫困地区的制度变迁。

这些国家和地区的脱贫不仅在根本上要取决于这些穷国和地区的制度变迁，而且只有在特定国家的制度背景和发展水平上，方能容易理解贫困与人权问题。换言之，如果没有制度演进和市场秩序扩展带来的快速经济增长，极度贫困人口的人权问题只不过是一句空洞的口号。

3. 中国扶贫方案的成功经验和教训也告诉我们，帮助某些农村，尤其是边远的西部地区人口扶贫的方法，主要不是取决于政府在该地区投入了多少钱，而是取决于当地市场交易的发展。按照某些中国经济学家的说法，帮助贫困地区的人口脱贫的最佳方法是帮助这些地区形成自己的“造血机制”，而不是仅仅通过扶贫方案对这些地区进行“输血”（注入资金）。这使我们自然得到了如下一个结论：极度贫困人口的人权的落实不仅取决于来自政府扶贫项目的金钱、食品和住所的数量，还主要取决于这些国家和地区的制度变迁诱发的真正的经济增长。因此，未来的国际扶贫方案应该更多地强调帮助这些穷国和地区形成它们自身的财富创造机制。

（作者系复旦大学经济学院教授）

世界扶贫史上的壮举

汤敏

"小康不小康，关键看老乡，关键看贫困的老乡能不能脱贫。"农村贫困人口能不能如期脱贫，是习近平总书记提出的判断我国是否真正全面建成小康社会的重要标志。经过了 40 年的艰苦奋斗，中国正进入精准扶贫的最后攻坚阶段，扶贫坚在哪里？攻在何方？如何才能打好精准扶贫的最后一仗？本文进行一些探讨。

一、艰苦卓绝的扶贫史

新中国成立以来，中国政府一直在推动发展生产、消除贫困的工作。但由于当时的经济基础极端薄弱，生产能力低下，导致在 1978 年，中国还是世界上贫困人口最多的发展中国家之一。国家统计局在《关于中国农村贫困状态的评估和监测》中，将 1978 年的贫困线划定在年纯收入 100 元，按这个标准计算，当时全国贫困人口的规模为 2.5 亿人，占当时农村人口总数的 30.7%，占世界贫困人口总数的 1/4。

真正严格意义上的扶贫，是在改革开放以后大规模实施的。在过去的 40 年里，扶贫标准根据经济社会的发展不断调整，扶贫政策也在不断变化：从“救济式扶贫”到“开发式扶贫”；从“区域性扶贫”到瞄准贫困县、“整村推进”；再从“扶贫入户”到现在的“精准扶贫”。回顾历史，中国的扶贫开发大致经过了五个阶段。

扶贫第一阶段为体制改革推动扶贫阶段（1978—1985）。自1978年开始的改革，首先是以家庭承包经营制度取代人民公社的集体经营制度。这种土地制度的变革极大地激发了农民的劳动热情。通过农产品价格提升、产业结构的转化，以及非农领域就业的渠道，将利益传递到贫困人口。同时，中央开始推动类似扶贫开发的以工代赈计划和“三西”农业专项建设项目，划定了18个需要重点扶持的贫困地带。到了1985年，没有解决温饱的贫困人口从2.5亿人减少到1.25亿人。

扶贫第二阶段为有组织的大规模扶贫阶段（1986—1993）。1986年，国务院贫困地区经济开发领导小组成立，拉开了有组织、有计划、大规模的农村扶贫开发的序幕。当时农村年纯收入在200元以下的约有1.02亿人，占农村总人口的12.2%。依据农村人均收入和县级单位的财政状况，国家制定了国定贫困县标准。到1993年，农村依靠其收入不能维持其基本的生存需要的绝对贫困人口减少到8000万人。

扶贫第三阶段为“八七扶贫攻坚计划”阶段（1993—2000）。“八七”的含义是：在20世纪的最后7年，集中力量基本解决全国农村8000万贫困人口的温饱问题。1993年，“国务院扶贫开发领导小组办公室”，即“国务院扶贫办”正式成立。列入“八七扶贫攻坚计划”的国家重点扶持的贫困县共有592个。在这7年间，中央政府累计投入扶贫资金1240亿元，相当于年度财政支出的5%～7%。到2000年，中国农村贫困人口数量从8000万下降到3200万，年均下降速度比改革开放以来的平均减贫速度高3.6个百分点。

扶贫第四阶段为整村推进阶段（2001—2010）。国家扶贫政策把目标瞄准到村级，实施“整村推进”。2001年在全国确定了14.8万个贫困村。同时逐步建立了农村最低生活保障制度，对仍有部分贫困人口尚未解决温饱问题，需要政府给予必要的救助，以保障其基本生活。

扶贫第五阶段是精准扶贫阶段（2011—2020）。这一阶段的特点是把区域发展和个人帮扶结合起来，使得扶贫效果有效集中在贫困人口身上。提出的扶贫标准是“两不愁，三保障”，即实现扶贫对象的不愁吃、不愁穿，保障其义务教育、基本医疗和住房，并将农民人均纯收入2300元作为新的国家扶贫标准，这一标准比2009年提高了92%。党的十八大以后，“精准扶贫”成为一切扶贫工作的中心。在全国范围内建档立卡识别出贫困人口。在2015年中央扶贫开发工作会议期间，中西部22个省份党政主要负责人签署脱贫攻坚责任书，立下军令状。

二、中国扶贫对世界的贡献

中国扶贫是世界扶贫的一部分。世界银行行长金墉在2017年的世界银行年会上表示：中国的扶贫解决了8亿人口的贫困问题，是人类历史上最伟大的故事之一。在过去几十年的时间里，世界极端贫困人口比重从40%降到目前的不到10%，中国做出了绝大部分贡献。中国的扶贫经验值得中等收入国家借鉴。

中国政府为缓解农村贫困问题所做出的种种决策和取得的杰出成就得到国际社会的高度赞赏。按照世界银行人均日收入1.25美元的标准，从1981年到1990年，中国减贫人口为1.52亿人，从1990年到1999年，中国减贫人口为2.37亿人，而全世界减贫人口为1.69亿人，也就是说，如果没有中国在减贫方面取得的成就，从 1981 年到 1999 年，世界贫困人口数量是增加的。联合国开发计划署的一份报告指出："世界上没有任何国家能像中国一样在扶贫工作中取得如此巨大的成功。"中国对全球减贫的贡献率超过 70%。

中国成功的扶贫经验可以为其他发展中国家所借鉴。中国的扶贫成功经验说明，扶贫开发是一项周期长、投资大、涉及面广的系统工程，经济发展的外溢效应作用有限，必须依靠政府强力推动。扶贫开发必须综合运用财政、货币、产业和社会保障政策，突破产业发展瓶颈并精准破解实体经济在贫困地区经营的困难。扶贫开发还须广泛吸纳贫困群众参与，优化扶贫项目的利益分配，以工代赈、以奖代补，将贫困群众的收益与自身努力紧密结合，提升其自身发展能力。扶贫开发还要同时建立良好的社会保障体系、生态保护体系和法制体系，推进教育资源、医疗资源向贫困人群倾斜，向偏远地区倾斜。

除了减少贫困人口之外，中国的扶贫还改善安全饮水、居民健康水平等方面的人类生活质量方面的成就。《中国扶贫开发报告 2016》显示，中国贡献了 1990 —2014 年全球使用改良饮用水源人口增量的 45.6%；中国在提高人口期望寿命方面的努力，使全球平均的人口期望寿命多了 1 岁。不仅如此，中国还积极支持和帮助广大发展中国家消除贫困，共向 166 个国家和国际组织提供了近 4000 亿元人民币援助，为 120 多个发展中国家落实千年发展目标提供帮助。

三、脱贫攻坚的硬骨头

党的十八大以来，中国的扶贫进入了一个崭新的阶段。精准扶贫就是要在全国范围内，把每一个贫困户都找出来，建档立卡，一户一策。这在中华民族的发展史上从未有过，在世界历史上也从未有过。这次脱贫攻坚完成后，中华大地上就彻底消除了绝对贫困。极少数无劳动能力的贫困人口会由低保兜底。当然，贫困有绝对的也有相对的，未来还有相对贫困的人群，而且相对贫困会长期存在。但是，解决相对贫困问题不需要这么大规模的精准扶贫方式。所以说，精准扶贫是一个前无古人的壮举。

但是，行百里者半九十。未来的三年，我国还有 3000 多万贫困人口要脱贫。这个规模虽然只有五年前贫困人口的三分之一，但越到后面扶贫任务就越艰巨。脱贫攻坚要啃几块硬骨头。一是习近平总书记指出的叫作深度贫困地区的脱贫。深度贫困地区，即三区三州：西藏、四川省藏区、新疆南疆四地州和四川凉山州、云南怒江州、甘肃临夏州。这些是目前中国最困难、最需要帮助的地区，这里的很多地方贫困发生率还在 18% 以上。

二是大规模的扶贫移民搬迁户的脱贫。扶贫移民搬迁就是要让那些一方水土养不了一方人的地方的 1000 万左右的贫困人口搬下来。到目前为止已经迁移了 589 万人，未来三年还要再搬 411 万人。这是近三个三峡移民的规模。当年在建设三峡时，要动员全国的力量，一直做十几年的工作才有 120 万移民搬迁。现不到三年内，要完成三个三峡移民的规模，困难之大可想而知。

三是因病因残致贫的人群的脱贫。在余下的这 3000 万贫困人口里有一半左右是因病致贫的。另外，65 岁以上的老人占了这个 3000 万贫困人口的 15% 以上。传统的产业扶贫模式对这些因病致贫的人群很难显示出效果。

四是内生动力不足之人的脱贫。“坐在门口晒太阳，等着政府送小康”

非常形象地描述了这部分人的状况。虽然这批人在3000万贫困人口里比例并不大，但是非常难处理。这类人数量不多，但对村民造成的负面影响很大。他们不好好干活，还得到这得到那的，老百姓就很不高兴。这也是块难啃的硬骨头。

四、打赢打好脱贫的最后攻坚战

党的十九大报告提出要打好脱贫攻坚战。人们常说，脱贫攻坚打“赢”不难，打“好”不易。什么叫作“好”呢？要有一个稳定的扶贫长效机制，短期内让贫困户脱贫相对容易，保证长期稳定的脱贫、不返贫的挑战很大。现在的政策是脱贫不脱帮扶，脱贫不脱政策，即脱贫以后，扶贫政策要扶上马，送一程。应该看到，脱贫致富是一个动态的、不断发生变化的过程，有些群众会因各类发展条件的欠缺而“返贫”，“脱贫摘帽”绝不仅仅是扶贫工作的终点。要用全面的、发展的眼光来审视扶贫工作，才能实现真正的、长期的“精准”帮扶。

另一个“好”，就是让贫困户有获得感。什么叫有获得感呢？一位中央领导有一个非常形象的比喻。他说，如果你给饿肚子的人一件棉袄，从数据上看，他可能脱贫了，但是他并没有获得感。所以，一定要满足贫困人口的真实需要，否则即使国家花了钱，贫困户也不会领情。

打好扶贫攻坚战要坚持现行的扶贫标准，不能拔高也不能降低。在全社会的关注下，应该说降低扶贫标准的可能性不大，但拔高标准的现象是存在的。一些地方把标准拔高，一方面是财政很难长期地坚持下去，另一方面还有称之为“悬崖效应”。那些没有被定为贫困户的边缘户，其实原来生活情况跟贫困户也差不太多。但因为没有被定为贫困户，精准扶贫的所有优惠政策与资源他们都享受不到。如果把脱贫的标准拔得太高，“悬崖效应”会越来越严重，引起新的社会不公。

五、扶贫也要创新

如何解决最后这3000多万最困难的贫困人口问题，需要攻坚，更需要创新。在这里，笔者提三个建议。

一是“扶贫车间”。最近我们考察了山东的“扶贫车间”项目。这是把生产劳动密集型产品的车间直接建在村头。很多留守妇女，村里一些有半劳动力的老人，把家里的事料理好了后，有空就到车间里干活，计件工资，多干多得。由于是在家门口灵活就业，不需要交“五险一金”，劳动力成本下降40%。仅在山东已经有6000多个村子建立了扶贫车间，有20多万人在扶贫车间中工作，其中40%是建档立卡贫困户。河南等地的扶贫车间也在快速发展。这种扶贫方式对1000万扶贫搬迁户意义重大。因为很多人搬迁下来后没有活干，新移民点留不住人。扶贫车间能解决他们的就业问题，收入不低于干农活，企业也降低了用工成本。我国劳动密集型产业正在大量向国外迁移。如果能把一部分动员起来转移到贫困地区去，既解决了脱贫问题，也解决了劳动密集型产业缺劳力的问题。

二是贫困地区的教育质量问题。习近平总书记提出扶贫的任务之一就是要“阻断贫困的代际传递”。这里的核心就是提高贫困地区的教育质量。笔者所在的友成基金会一直在通过互联网把城市优质教育资源送到贫困地区去。从2017年9月起，我们联合了全国30多个公益组织、教育企业和学术机构，开展了一个“乡村青年教师社会支持公益计划”，又叫“青椒计划”。在教育部的支持下，全国18个省的4000多所乡村学校中的3万多名乡村青年教师，每周三晚与周六晚上在手机或电脑上参加我们的“青椒计划”培训。课程是由北京师范大学组织的最优秀的教育专家提供的专业课和我们邀请的优秀乡村教师提供的师德课。目前，“青椒计划”的规模还在扩大中。我们正在策划把这一模式运用到乡村医生、乡村电商的培训中去。

三是消费扶贫。目前的扶贫工作，主要还是政府在扶贫，一部分企业也参与了扶贫，但还缺乏一种有效手段把广大群众动员起来参与扶贫工作，用举手之劳来帮助贫困户。现在很多贫困地区有农村电商，把当地的土特产通过电商卖到城市中来。但在激烈的市场竞争中，贫困地区的电商有劣势。贫困地区一般都在偏远山区，送货距离比较远，成本高时间长。他们的产品的品相没有那么好，包装也没有那么漂亮，在网上竞争不过富裕地区的产品。而城市中愿意通过举手之劳来帮助贫困地区的人们，可以在日常消费时多买一点贫困户、贫困地区的产品。现在仅城市人口就有7亿人，农村贫困人口才有3000万人，20个人帮1个贫困人口，消费一点他们的产品，是能够起很大作用的。我们正在做小规模的试验。据统计，现在全国已经有超过6000万登记在册的志愿者，还有40多万个志愿者组织，如果我们有一个有效的方式能够把他们动员起来，就完全有可能创造出一个史无前例、举世无双的大规模民间参与扶贫的新模式。

（作者系国务院参事、友成企业家扶贫基金会副理事长）

家庭承包制建立后中国农村改革的停滞及其影响

党国英

改革开放以来，中国农业取得了很大成就。目前中国谷物单产水平为20世纪50年代的10～15倍。1990年以来，中国粮食产量平均每年递增约1%，显著超过了人口增长速度。2009年之后，农村居民人均可支配收入增长连续多年超过城镇居民收入水平，城乡收入差距逐步缩小。按照联合国的标准，中国贫困人口数量连年减少，农村人口脱贫速度为世界之最。这些成绩有目共睹。成功与失误相随，在看到成功的同时，也要看到失误。中国农业现代化一路走来，尽管政府方面颇为努力，但战略失误之处也愈发明显。

一项成功的经济战略必须满足两个基本要求：一是核心目标必须具有长期瞄准价值，二是实现目标的手段或路径对核心目标的实现具有促进作用。以往中国农业发展的核心目标是主要农产品的数量增长，未能注重降低农产品成本。主要农产品成本过高，由国家财政维持农产品高价格的支撑力一旦崩塌，数量保障将会丧失，这是中国农业发展面临的严峻挑战。既往土地制度、财政支农制度、农业经营组织制度及农村劳动资源调节制度等方面的改革未及要害或进展缓慢，是中国农业发展战略扭曲变形的基本原因。

本文先概要分析农村家庭联产承包责任制的历史意义，随后从几个方面分析承包制之后改革的不足及其影响，最后提出关于今后深化农村改革的几点看法。

一、家庭承包制奠定农村发展基础

改革开放以来，我国农业现代化获得了长足进步。国家农业科技水平稳步提高，为农业丰产做出了显著贡献。合理的农业区域分工初步形成，农业资源地域优势得到较大发挥。农产品国内统一市场发育良好，在对国际市场开放中经受住了考验。小规模经营农业与专业化服务体系结合比较成功，为向更现代化的农业增长模式过渡奠定了基础。与传统农业国家相比，我国农民的受教育水平较高，适应市场能力较强。我国农业经营者的年龄与其经营规模成反比，农业流通服务领域的从业者也主要为青壮年，表明现代农业所需的劳动资源可以满足需要。我国农业农村的显著进步，得益于农村家庭承包制的建立及其关联影响。

1. 家庭承包制增强了家庭土地产权强度。家庭土地承包制实际上确立了农村“集体经济组织成员”独立的土地使用权。尽管因为使用权期限“长久不变”的政策最终夭折，但 30 年承包期限的规定仍然在相当大的程度上形成对土地产权的有效分割，对农业经济有重要意义。农户实施土地经营决策，在承包期出让使用权，均有一定保障。我国粮食主产区的小农户与农业专业服务商进行大规模交易，极大提高了农业经济效益，并使农业劳动力能够大规模向非农部门转移，提高了劳动资源的宏观配置效益。这个变化主要得益于家庭承包制的建立。

2. 农业指令性经济基本退出。我国农产品全部在公开市场销售，产品价格主要由市场供求决定，国家对价格形成的短期局部影响也主要以市场价格为基础。这种情形有利于农民建立经济核算意识，丰富农产品市场供应。国家近年积极调整农产品价格政策，逐步适应和遵守 WTO 相关条款的要求，使中国农产品市场的自由竞争程度居世界前列。

3. 农业多元市场主体崛起。农村家庭承包经营制度的建立扩大了农民生产经营的自由选择空间，有效率的农业区域分工和产业链分工得以形成。全国出现一批不同类别农产品的主产区，农业资源利用效率不断提高。从初级农产品到终端食品消费之间全食品产业链分工显著深化，不同产业环节上形成一大批新型经营主体，适应市场调节的食品产业系统业已建立。

4. 乡镇一级“政社合一”体制基本废止。20 世纪 80 年代，人民公社“政社合一”体制在乡镇一级被一举取消，村民自治制度在法律文本上得以确立，并在实践中显示一定效力，为深化我国社会管理体制提供了长期参照点。党的十八大后，中央支持探索村民自治组织设置下沉到村民小组一级，但未得到推广。

5. 要素流动市场有一定程度的开放。我国农村劳动力大规模持续进入城市经济部门，极大地推动了城市经济增长，改善了农村土地资源配置条件，为国民经济长期高速增长做出重要贡献。土地要素市场实际上没有建立起来。农村土地承包权不能交易，而经营权交易（主要是出租）的价格受到土地规划管理制度很大影响，以致地租率高企，已经不能反映土地要素的价格。

6. 农村公共服务支出基本摆脱对农业收入的依赖。国家取消农业税不仅降低了农民不合理负担，还在更大程度上解除了小农生产方式对农民的束缚，增强了国民经济的活力，巩固并扩大了国家财政基础。国家财政从此开始反哺农业农村，各项支农资金稳步增长。以农业为主的农村地区实际上无法通过“壮大集体经济”支持农村公共开支。发达地区的“农村集体”公共开支，实际上依赖的是非农业收入。

7. 市场分工渗透农村社会，农村宗法关系消极影响趋于弱化。农村市场关系的日益深化，农民卷入全社会分工系统的程度不断加深，极大消解了农村宗法关系的负面影响，使农村精英的社会角色发生转变，“新乡贤”成为一支促进农村发展的重要力量。“新乡贤”集中在农村公共领域发挥建设性作用，不再是掌控农民全部生存资源的“绅士”“族长”，并能与政府建立合作关系，成为促进社会和谐的积极因素。

8. 农业领域权力下放，改革有所进步。农业管理领域的权力下放，是中央向地方放权改革的一部分。国家对统一国内市场的勉力维护，以及中央政府对货币政策及财政政策运用手段日渐成熟，有助于农业统一市场的建立和全国性农业区域分工的形成。地方竞争中崛起的一大批先进经济体，给国家增加了“先进带后进”的区域经济调控通道，也为地方“以城带乡、以工促农”政策实施创造了条件。农业优势相对不足的地区出现土地长期撂荒现象说明地方政府和农民在农业投入决策中的自主权在扩大。我国城市经济发达的地区农业效率比较高，说明市场因素对农业的影响显著。

二、粮食生产：数量增长，竞争力落后

中国多种大宗农产品在国际上缺乏竞争力，谷物及肉奶产品尤为甚。竞争力缺乏的主要原因：一是中国农业劳动投入多，劳动生产率低下。中国谷物劳动生产率平均水平大约为美国的 1%；按实际劳动时间折算，这

个数值也不超过 5%。而中国农业领域日工资水平已经达到美国最低日工资水平的 20%。劳动成本高的直接原因是中国农业产业链上的专业化分工水平低，农户经营规模过小。二是农业技术模式比较落后，例如，谷物生产对灌溉的依赖性过强，种子更新过于落后。欧美的谷物生产一般为雨润农业，较少灌溉，由此极大节约了劳动成本与固定设施维护成本，并有利于大型机械耕作。按笔者近年调查，中国主产区谷物生产的灌溉因素形成劳动总成本的 30% 左右。近年华北地区越来越多的农户因灌溉综合成本高而放弃了小麦种植。中国农业科技成果转化率低，“十一五”期间只有 40% 左右，远低于发达国家 80% 以上的水平。三是农业生产中的物质投入不经济。中国农业的单位生产量的化肥、农药投入长期高于农业发达国家，例如，中国单位面积使用的化肥量约为美国的 3 倍。四是中国农村土地流转费用高昂。据笔者调查，目前农村土地流转中的地租率总体比较高，其中小农户向规模化经营农户流转土地的地租几乎相当于小农户自营的全部纯收入。流入土地的农业大户的纯收入，大约只相当于其规模经营产生的好处。在规模经营水平还比较低的情况下，这个好处很难补偿土地流转中的交易成本。此外，中国财政支农也形成巨大的隐形成本。按不完全数据统计，2014 年，中国的中央加地方对“三农”的投入，按同一口径比较，约为欧盟与美国总和的 3 倍，只是因为中国农民人数众多，分摊到每个农民头上数量不多。

改革开放以来，在国家经济工作中，农业受到高度重视，而工作的重心是粮食数量安全，对农业竞争力提升重视不足。中国加入 WTO 之后，工业品市场开放、农产品市场相对封闭的外贸模式不再有效，致使农业市场城门大开，全面遭受国际市场压力。以上这几项导致农业成本高昂的因素，均与农业经济体制有密切关系。

下面按要素成本理论对粮食生产成本做一概略性分析。这个分析不是力求精确的计量分析，数据资源也不足以做这种分析，但基于笔者的调研、观察，相信这个分析能对粮食生产的基本情况做出一个判断。

（一）按完全要素成本计算的中国粮食生产处于严重亏损状态

完全要素成本，即经营者使用土地、劳动与资本诸要素时的要素价格总和。不同于农户经营核算所用的财务成本，前者有一部分是隐性的，但前一概念更能反映资源配置效率状况。本文没有考虑环境因素。

若按完全成本计算，中国农业的成本确实很高。本文算一个粗略的大账。粮食 16 亿亩播种面积，按一季的地租每亩约 500 元计算，地租作为土地的“贡献”，达 8000 亿元；劳动报酬按目前劳动生产率水平、现有粮食总量生产出来，需要约 70 亿个工日，一个工日按 60 元计算，合计 4200 亿元。按高限估计，中国粮食生产的资本存量（包括政府投入及农户投入的资本存量）约 5 万亿元，资本报酬（不是生产资料消耗）按 3000 亿元计算。这样总计，中国粮食生产的要素成本应该是 1.52 万亿元。在中国粮食售价中，生产资料消耗成本每亩每季约 300 元（包括资本折旧），总额为 4800 亿元。若按中国一年粮食产出 6000 亿千克计算，这些粮食的要素成本与消耗性成本总和刚好为 2 万亿元。

如果按照在国际市场上有竞争力的价格来销售这些粮食，平均每千克粮食卖 1.4 元，则 6000 亿千克粮食可获销售额 0.84 万亿元，亏损 1.16 万亿元。如果按照近年在国家政策支持下形成的平均价格 1 斤 1 元计算，则亏损 0.8 万亿元。

上述计算若大致符合基本形势，能说明问题的性质，就是有意义的。

（二）“亏算”状态下粮食为什么还会增产

前文提到的亏损，是按照完全成本计算的亏损，并不一定导致大量农户在财务上短期内陷入困境，否则无法理解中国农业还在发展、粮食还年年增产，且土地撂荒并不严重。

一是政府补贴部分弥补了农户的经营成本，缓解了农户财务困难。估计中央加地方对种粮的补贴在2500亿元左右。一些地方对种粮的补贴每亩达到500元。

二是隐形的资本折旧及资本利息支出由政府支农资金负担一大部分，没有形成农户的直接财务成本。政府历年支农资金的增长速度超过粮食增产的速度。这个过程如果终止，麻烦就会很大。按多方数据估算，欧盟与美国联邦政府对农业的支持总量加起来也比中国支农资金少很多（不算美国农业部的食品补贴计划支出），足见中国农业发展的实际压力有多大。

三是中国农户对自己工资报酬的牺牲。在目前农业雇工经营中，日工资为40～100元，但农户在自营农业中不一定按市场价格核算自己的工资成本。城乡之间劳动力转移越是困难，这种核算越不可能。自营农户可以把自己的日工资压低到一天的基本生活成本，如10元左右。

四是地租成本对自营农户来说是隐性的，农户不必支出。但对租地经营的大农户，这个支出是刚性的。已经有一些大农户在粮价下跌的情况下开始缩小经营规模，直接原因是支付不了地租。

此外，资本成本的一部分也是隐性的，不构成农户的财务约束。农机补贴、贷款贴息、保险补贴等都构成国家对资本成本的负担。

如果不存在以上因素，中国农业在农户财务预算上就不可持续。

粮食转化为饭桌上的食物，成本又增加不少，但因为“顺价销售”一类的努力，不少成本就由消费者负担了。于是，中国的恩格尔系数很高，现在仍然在 30% 以上，而美国的这个指数是 12.6%。[1] 美国人口约为中国人口的 1/4，食品开支竟然是中国的 1/2！如果美国人饮食习惯与中国人相同，其恩格尔系数会在 6% 以下！这个巨大差异便是农业竞争力差异产生的。

（三）中国粮食生产能否“扭亏为盈”

中国粮食生产有几个成本大项是可以调整的。

先说劳动成本。笔者访问山东德州、江苏射阳等地的规模经营农户，发现粮食生产单位面积的劳动成本随着农户经营面积的扩大而显著降低。万亩规模的农户，1 亩地的劳动时间可以是半个工日（实际上还有降低的潜力），约是现在平均水平的 1/8。假若这个成本只降低一半，则粮食生产的劳动成本为 2100 亿元。

再看隐性的地租成本。按照农业发达的市场化经济体的情况，中国隐性的地租可以降低 80%。这样，粮食生产的地租成本可以降到 1600 亿元。

资本成本也有降低的空间。土地经营规模扩大，农业机械化水平提高。笔者在这方面的数据不足，但从同样设备的价格及银行利率等因素看，资本成本降低 30% 左右是有可能的，即资本要素成本能降低到 2000 亿元。

以上几个因素加总，粮食的要素成本可以降低到 5700 亿元！即使按照国际市场水平计算农户财务状况，也有相当的盈利。如果将农业工日的

[1] 数据来源：United States Department of Agriculture Economic Research Service： What is Agriculture’s Share of the Overall U.S. Economy？ http：//ers.usda.gov/data—products/chart—gallery/detail.aspx？ chartId=40037&ref=Collection&embed=True.

工资单价提升到城市务工水平，按 120 元计算，要素成本为 7800 亿元，仍然有一定利润。

此外，据笔者调查，比起一般小农户，规模经营农户使用化肥、农药更合理，从而更有利于农业环境保护，有利于降低农业的社会成本。

三、土地制度缺陷全面影响农业经济效益

（一）土地产权制度改革破题难

20 世纪 80 年代开始实行的农村土地承包制度，除了少数地区自发行动之外，大部分地区没有能使农村土地使用权转变为农民的财产权。土地的短期承包，实际上是一种经营权。这种权利配置方式增大了土地流转成本，易造成多种合约纠纷。短期承包还使农地丧失抵押价值，银行很不愿收押农地给农民贷款。

据一位老同志回忆，20 世纪 80 年代初，颇具远见卓识的前辈万里先生曾经谋划在承包制（实际上是包产到户）实施以后，尽快完成农地永久归农户经营的终极改革任务。万里先生实际上代表了中国共产党党内一批先进政治家的主张。但令人遗憾的是，这一主张未能践行。党的十八大及十八届三中全会决定实行农村土地承包关系长久不变的改革，但进展极为迟缓，反对声浪颇大。有的地方颇为认真地开展了“确权登记颁证”工作，但又在短期内重新调整土地承包关系。“地权永久到户”的理念并没有深入人心。

现代农业必须在国际上有竞争力，没有竞争力就意味着落后，何谈现代化？规模经济难以形成的主要原因是：①闲暇的机会成本极低。农民超

过一定年龄后，进城务工比较困难，定居城市尤其困难，因此在农村的闲暇成本很低。同时，因为有了社会化服务，务农的劳动强度大大降低，真正的田间操作者是专业化服务人员。在这样的背景下，小块土地就由老年人和留守家乡的妇女“看护”，而不愿意出租、流转。那些从事社会化服务的真正的“农民”，实际上主要赚了工资收入。②地租率高。在“小农户 + 社会化服务”模式下，地租几乎相当于纯收入的 80% 左右。这种地租率在全世界都是十分罕见的。如果靠租地来实现农业规模经营，仅地租成本就不堪忍受。③租期短。租期太短，农业投资者没有积极性。④租约不稳定。租约不稳定是指租地契约的违约率高。这种情形也影响投资者的积极性。[1] 产权不稳定助长投机意识，是违约率高的主要原因。

笔者在调研中发现，部分基层干部对农村承包地确权颁证态度比较消极，影响到此项工作的顺利推进。有的地方虽然基本完成了工作任务，但不肯把确权证书发给农户；还有的地方给农户颁发证书以后，重新调整土地政策，等于宣告确权颁证工作失败。基层干部态度消极的主要原因如下。

第一，担心确权颁证会影响集体经济发展。很多经济落后的村庄依靠部分“有偿承包土地”的收入解决集体开支问题，村干部担心确权颁证以后，村集体失去了这一收入来源。少数村干部以“坚持社会主义集体经济”为理由不赞成确权颁证，真正意图是要维护自己能掌控“集体收支”的权力。

第二，认为确权颁证会影响土地流转，妨碍规模经营发展。有干部估计，确权颁证以后，土地流转中的高地租现象会加剧，规模经营农户会不

[1] 笔者曾经访问一位经营规模很大的专业农民，他告诉我，如果耕地租期延长到 30 年以上，政府根本就不用花钱做土地整理，全部费用他愿意自己承担。

堪重负。在一些以丘陵山地为主的地区，农户承包的地块比较分散，每户有十几块承包地的情形比比皆是，的确会给连片承包土地搞规模化生产的农户带来困扰。广东某市的领导因这种情形决定先搞土地整理，然后再搞确权颁证。从长远看，这个做法的确有利于农业发展。但笔者看到，该市有的村庄搞完土地整理后把土地统一发包给了种植大户，以土地入股的方式部分解决农民收入问题。

第三，有的干部担心确权颁证会造成人均占有土地不均，有失“公平正义”。有的干部认为，土地本来是“公有”的，人均分配不应有差异。四川某地的村干部就是基于这种认识，在确权颁证工作做完后重新调整土地。

第四，一些经济发达地区已经对包括土地在内的集体经济资产做了“量化”“固化”处理，土地没有承包到户，干部对土地确权到户抵触。有的省为了严格执行中央指示，要求户户有证，而大型物业占地在技术上难以分割的情形的确给落实中央文件造成困难。

除了基层干部外，部分地区的农户对确权颁证认识不足，热情不高，影响工作的扎实推进。农户态度消极的原因主要有以下几个方面。

一是因宣传工作不到位，农民没有真正理解确权颁证改革的意义。笔者 2010 年前后在华北某省调查时就发现，如果一般地询问农民对“增人不增地、减人不减地”政策的态度，80% 左右的农户会表达否定意见；但如果仔细给农民讲解这个政策设计的意图，一部分农民的态度就会发生变化。可是，有多少基层干部会给农民讲解政策？还有的学者不去深入调研，不去与农民深入交流，误把农民的随口话当作农民的真实意愿，写报告上递决策机构，误导了决策。笔者还注意到，一些地方在确权颁证以后再行调整土地，农民似乎没有不同意见，也没有通过一定渠道提出投诉。村干部通常告诉农民，土地还归“集体所有”，而这个概念在农民头脑里根深蒂固，便不把调整土地当作了不得的事情。这种状况当然使农民难以理解确权颁证究竟有什么意义。在调查中还发现，有的基层干部告诉农民，承包权长久不变，就是指30年不变，以后还要调整土地。这种对政策的曲解，挫伤了农民对土地确权的热情。

二是现实利益冲突使农民注重眼前利益，未看重确权颁证改革带来的长远利益。从国际比较看，中国农村征地的“补偿”费用经过多年调整，已经达到较高水平，在发达地区尤其如此。在确权颁证后发生的官方征地中，土地被征收的农户得到较高补偿，其他农民感到“不公”，要求废止确权颁证后形成的土地权属关系，将征地补偿费统一分配。出现这种情形，还是传统的根深蒂固的土地“平均”观念在起作用。

三是以往一些地区没有认真落实“增人不增地，减人不减地”政策，以致一些农民不相信此次确权颁证改革的法律效力。中国农村第一轮土地承包期内调整土地的情形比较普遍，第二轮土地承包期内调整土地承包关系的情形少了许多，但在主要农区仍然存在。因为这种情形，一些地方推进确权颁证改革的方案容易被农民接受，其实是农民认为今后还可能调整土地，便愿意马马虎虎接受村干部提出的方案。这给今后埋下了土地纠纷的隐患。

确权颁证改革中还存在如下问题。

一是确权“打折扣”。有的地方原承包合同面积与实际面积不同，村集体将多出的土地留在手上，不进入确权颁证工作系统。这样做的表面理由，还是村干部要“壮大集体经济”。

二是所有权关系复杂。有的地方集体土地归“两级所有”，较高一级社区的土地要不要进入确权颁证工作系统？在珠三角地区，土地本来归村民小组所有，但有的村委会从小组“买”了土地，形成了村委会所有。个别村庄是由一个乡改制而来的，土地权属关系更为复杂。这种情形给确权颁证的操作带来了麻烦。

三是需要解决“起点公平问题”。在不少地方，农户的土地承包量人均水平有差异，如果确权颁证以后“永久不变”，把这种差异永久固定下来合理吗？有的承包地数量低于平均水平，农民则认为不合理。他们认为，原来他们认可土地承包权分配不均等现实的原因是农地第二轮承包会在2024年前后到期，到期后他们会通过调整承包关系而增加土地。因确权颁证废止“30年到期调整的法律”，会损害他们的利益，他们不乐意；硬性确权颁证后，会留下隐患。笔者认为，这个问题的确不容忽视。平均主义要反对，特别是要反对确权颁证以后再根据人口变化调整土地，但确权颁证前夕按人口情况对土地做“最后一次调整”还是必要的。

以上情形表明，确权这样一件大事的确不简单，原来下功夫不够，决心不大，现在必须当一件大事来抓了。

（二）土地规划管理体制缺陷伤及土地资源配置全局

2005年，中国村庄现状用地面积为14.04万平方公里[1]，但在乡村人口减少的背景下，全国平均每年村庄占地扩张面积高达20多平方公里[2]。这种扩张大多以农民违法建房的形式出现。官方对违法建房的处理多以罚款了结。按照实际人口推算，2005年后的10年里，农村人均村庄占地由0.28亩增加到0.345亩，增长23%。粗略估算，中国农区（包括河流、道路，不包括森林地带、牧区）每平方公里约有1.1个自然村，约占到耕地

[1] 住房城乡建设部：《2005年村镇建设统计年报》，《中国建设报》2006年5月29日。

[2] 降蕴彰：《农村三块地试点改革推进不一20余专家联名提建议》，《经济观察报》2015年12月13日。

面积的10%，农地因此被居民点切割得很厉害。在粮食主产区和南方丘陵地带，这种切割程度更为严重。替代劳动效率高的大型现代综合性农机每天的作业面积接近3平方公里，但在耕地被高度切割的情况下，不易发挥效率，因此不易被使用。

这一问题对中国农业和农村发展的伤害将持续显现。一是对农业现代化的伤害。农区居住大量非农业从业人员或存在大量空置房屋，对农机连片作业造成影响，降低农机利用效率。二是造成国家经济资源的浪费。大量已经脱离农业的原农村居民一方面在农村投资建设房屋，另一方面又将房屋空置，不仅浪费巨大，还降低了他们的生活品质。三是形成农村建设用地不必要的资源浪费。一部分浅山、丘陵地带的村庄占地不适合复垦为耕地，完全可以将其规划为城市郊区的高档住宅建设区。此举不仅能降低房价、提高国人的居住品质，还可以增加本地村民的财产性收入。眼下政策降低了这种可能性，很可惜。

改革的艰难与观念错谬有关。任何一个国家都不敢对一个大的群体长期实行宅基地的无偿划拨制度，中国实行的这个制度也早已不能支撑了。“居者有其屋”作为一种治国理念，自然是正确的，但用土地划拨方式来实现这个目标，绝对是不适当的。在中国经济发达地区，只能靠市场化的办法解决农村住房问题，实践证明，这条路可以走得通；在比较落后的农村地区，因为人口流失量大，宅基地事实上处于过剩状态，即使按照市场化流转，宅基地的价格也不会上升明显。

目前，国家所安排的农村宅基地制度改革试点单位已经先后制定了改革实施方案。总体来看，这些改革方案没有大的突破，一些措施看似改革的亮点，其实在这些方案形成之前已经在各地的工作中出现。

第一，关于“户有所居”。如前所述，中国农民在农村的居住本来就没有大的问题；难题是农村住房财产难以合理变现，影响他们获得定居城市所需的财务支持。各地几乎比较一致地采用“集中居住”模式，有利有弊。有的地方注意扬长避短，而有的地方的做法则弊大于利。

第二，从各地公布的改革方案看，只有少数地方决定停止农村宅基地无偿划拨，大部分地区仍继续保留了农村宅基地无偿划拨制度。笔者认为，这种改革不彻底。

第三，宅基地制度作为一种基本的财产制度，应在各地具有一致性、统一性，但从现在的试点地区看，不仅各地有所不同，就连同一地方的不同区域也不相同，例如山区与平原不同、偏远地方与近郊不同。随着经济发展，这种条件有可能变化，这就会带来基本制度的不稳定性。

第四，农村宅基地制度作为一种基本的财产制度，其建立及地权的初始分配可以由“民主”方式一次性解决，但其稳定以后，不能总依靠“民主”制度不断调整。制度稳定以后，地权的转换、变更不应按照“少数服从多数”原则进行调整。绝不能认为，只要民主程序介入，什么做法都合理。

第五，关于宅基地有偿使用制度。农村宅基地有偿使用制度多是针对定额面积超出部分，且收取的金额比较低，这是一种农户容易接受的办法。这对今后涉及土地补偿时分别计算价格建立了一个合理基础。但是，笔者认为，这个制度“一刀切”也有问题。1956 年前的宅基地是农户的财产，此前并没有“入社”。这部分老宅基地的面积即使超出定额面积也不应该收费。

第六，关于宅基地使用权“退出”制度。农村宅基地退出的管道实际上很狭窄，试点地区也没有突破。目前各地实行的集中安置、增减挂钩转换、地票制度等，实际上是将农村当事人的宅基地的“建设用地权益”退给政府，使地方政府在异地增加了国有建设用地，尽管当事人获得了一定的补偿。限于主管部门的严格要求，试点地区的方案没有涉及宅基地使用权对村外居民的“流转”问题，而实践中这一现象已经存在。

四、农业经营组织政策失误降低农业资本效率

中国农民合作社的发展状况令人扼腕叹息。《中华人民共和国农民专业合作社法》酝酿近十年，2006 年才出台。应该说这个法律文本相当不错，但落实情况并不好。一是合作社极不规范。在笔者调查的合作社中，极少看到按照惠顾量进行二次分配的。大量合作社是小型农业龙头企业的换牌组织，实际上由龙头企业的企业主掌控，未能与农户建立真正的利益共同体。二是数量大，但规模小。据全国农民合作社发展部际联席会议第四次全体会议披露，截至 2015 年 12 月底，全国登记注册的农民合作社达 153.1 万家，入社农户 10090 万户。[1] 平均每个合作社仅约 66 个农户。按行政村数量计算，每个行政村的合作社达 3 个以上。2014 年，吉林全省合作社约 5.2 万个，而农户数为 200 多万，平均每个合作社仅 40 户左右。黑龙江双鸭山市合作社的平均社员规模不到 14 户。这样小的合作社无效益可言。三是封闭性强。绝大部分合作社的活动范围限于村、乡，行政区划对合作社的影响甚大。中国合作社人才、资金匮乏，介入农业产业链不完整，均与合作社的以上弊端有关。

依靠农民合作社发展农业是有益的国际经验。农民合作社是欧美农业发展的重要支柱之一，也是农民增收的重要保障。农业发达国家合作社规模大、数量少，通常有跨国社员参加，在国际上则按跨国公司原则销售农产品。美国农场主取自本农场的收入只占总收入的一小部分，大部分收入

[1] 房宁：《全国 42% 的农户加入了合作社》，《农民日报》2016 年 3 月 21 日。

来自与合作社密切相关的农业产业链的其他环节。

对中国与农业相关的大的资金流做一个总的鸟瞰，可发现一个未被重视的问题。农业部门的增加值约 6.1 万亿元，但全国食品总支出按中国人的恩格尔系数估算，应该为 12 万亿元以上。农业部门的增加值中，真正的市场销售额是一部分，这个比例官方统计部门没有披露，但按其他官方数据推算，4.5 万亿元比较合理。[1] 12 万亿元的食品总支出已经是按恩格尔系数推算的，已经剔除间接税，而直接税比重不大。这就是说，在价值为 12 万亿元的农业产业链上，一般农户只取得 1/3 强，其余部分基本被各类龙头企业获得了。

国家对龙头企业的支持政策值得认真反思。按官方披露的数据，2012 年，全国农业龙头企业近 11 万家，年销售额突破 5.7 万亿元。[2] 其中包含农产品加工销售额及农业生产资料销售额。这个数据大约与当年全国农业增加值相当。农业龙头企业一般为私营企业，这意味着全国约 2 亿户农民所生产产品的大部分是被极少量的商家推向市场的。事实上，农业龙头企业不止这个数量。全国农民专业合作社 140 万个，而据笔者农村调研的经验，这些合作社的领办人也大多有自己的企业，也属于农业龙头企业，只是有的没有“在册”。政府对合作社的支持，极易转化为合作社领办人（或企业）的收入。

龙头企业替代农民合作社降低了国家财政支农效率。从笔者的调查看，龙头企业以销定购，盈利能力远超一般农户，且其纯收入不与农民分享。龙头企业一般也不参与农村社区建设，更不参与其他系统性的农村公共服务。在笔者观察到的一些案例中，有的低效率农业龙头企业为了

[1] 在农村居民可支配总收入中，可以将家庭经营收入部分看作农产品销售收入。

[2] 冯华：《全国农业龙头企业近 11 万家 年销售额破 5.7 万亿》，《人民日报》2012 年 3 月 1 日。

持续获得国家补贴，甚至设法打压其他技术先进企业。林万龙、张莉琴（2004）运用2000—2002年58家农业上市公司的数据所进行的实证分析表明，中国政府对农业产业化龙头企业的扶持政策缺乏效率，政府扶持并没有直接带来所期望的龙头企业农业相关产出的增长，因而也就谈不上对当地农产品原料产销的带动作用。这个结论意味着中国现行的对农业产业化龙头企业的扶持政策在操作上存在很大的偏差。

在农业龙头企业与农民合作社关系没有理顺的情况下，国家龙头企业扶持政策也妨碍了社会公正。从国际经验看，家庭农场很难赢利，如果农场主没有加入合作社，从而取得农业产业链上的农业增值收益，农场将很难维持。在美国农场主的总收入中，由农场本身产生的收入占比很少，多年来平均水平只在20%左右。农场主的其他收入主要依赖农业产业链的其他环节及政府支持，这种情形呈上升趋势（USDA Economic Research Se rvice，2015）。可以想象，如果美国也有类似中国这样的主宰农业产业链的所谓私人性质的龙头企业，收入分配情形就会完全不同，美国的农业竞争力可能也不会这么强。

五、劳动资源配置缺陷降低农业劳动生产率

以人力成本为例，中国降低人力成本有很大潜力。据笔者大略计算，如果中国全部农户数量减少到3000万户以下，其中，谷物生产农户减少到1000万户左右，其余农户主要发展劳动密集型农业，则中国按实际劳动时间计算的劳动生产率将接近发达国家水平。动态地看，在这个水平上，农业居民的平均收入将与中国城市居民相当。如果按农村人口为农业人口4倍计算，这意味着中国的城市化率必须达到70%左右。今后中国

城市化率每年增长1.2个百分点，在2030年前后可实现这个目标。国际经验表明，城市化率达到75%之前，城市化速度会比较快。所以，这个速度在国际上有例可循。

中国城市化率必须稳步向85%左右推进。按有关资料匡算，达到这个水平以后，中国乡村的专业农户可降低到3000万户左右（按国际经验，还有更多逆城市化人口），农业专业化水平及农业竞争力将大幅度提高。这意味着中国现有乡村人口还要大幅度转变为城市居民。总体来看，近几年城市化政策有所明确，但早前则有摇摆。城市化没有推进，新农村建设不会有进步。目前仍有系统性的因素阻碍城市化推进。在这些因素中，户籍制度并非真正难题，户籍制度只是其他难题的表象。城市化的真正阻力是劳资关系缺陷、房地产管理缺陷及土地规划管理制度缺陷等因素。

首先，是劳资关系问题。对经济数据的分析表明，在相对可比的历史时期，中国GDP增长对就业的拉动作用是欧美国家、日本等的1/2～1/4。究其原因，这种情形的产生与劳动条件及工资待遇有关。工人劳动时间长与工资水平低之间形成了因果链条，降低了城市扩大就业的潜力，也降低了农民工在城市定居、生存的能力（党国英，2011）。

其次，房价过高是阻碍城市化的另一因素。2015年4月，全国100个城市（新建）住宅平均价为10522元/平方米。[1]而一般认为，一地的独栋房屋的每平方米合理价格应近似等于该地平均月工资水平，楼房价格则应显著低于这个水平。2015年，中国农民工月均收入水平3072元。[2]这一收入水平是楼房平均价格的1/3，更远远低于独栋房屋的价格农民工怎

[1] 中国指数研究院：《2015年4月中国房地产指数系统百城价格指数》，http：//fdc.fang.com/report/9134.htm。

[2] 国家统计局：《2015年国民经济和社会发展统计公报》，http：//www.stats.gov.cn/tjsj/zxfb/201602/t20160229_1323991.html。

么能买得起房子，在城市安家？

最后，土地规划管理制度是阻碍城市化的基础性原因。中国城市土地利用规划极大压缩居民住宅用地的比例，过分放大工业与公共部门建设用地的比例，这是城市房价过高的主要原因之一。城乡土地要素市场的二元分割，也使脱农居民在农村的宅基地及房产不能依合理的价格变现，降低了他们在城市购房的可能性。农村土地财产的产权强度低，使土地市场难以发育，一些脱农居民放弃土地后担心重新获得土地有困难，便不愿意放弃土地，造成土地资产的不合理配置，堵塞了他们的财产性收入的重要来源。

此外，观念保守及错谬也是阻碍城市化的重要因素。城乡社会保障体制实现一体化以后，解决人户分离难题的一个重要制度羁绊已经消除，但城市政府仍然以公共财政负担增加为理由，拒绝注册已经在城市工作生活的脱农居民的户籍。事实上，除去社会保障支出，注册已经进城人口的户籍并不会增加城市政府的财政负担，因为无论是否给他们户籍，他们已经在使用城市的公共设施。基础教育是人道主义支出，国务院早已有明确规定，城市政府对没有户籍的常住人口也应提供教育服务。至于“居者有其屋”的公共支出，如果户籍注册限于“拥有或使用合法标准住房”的人口，也不存在问题。所以，很多被人们经常提到的解决人户分离的难题，其实是一些人的臆想。不要怀疑中国城市化对于吸纳农村过剩人口的潜力，也不要怀疑传统农村释放人口的能力。荷兰 GDP 总量中农业增加值所占比重与中国相近，但其城市化率接近 90%。与欧美接近快速增长时期相比，中国 GDP 增长对就业的拉动能力相对很低，以笔者分析，其重要原因，一是职工实际工作日太多，二是第三产业发展太落后。

城市布局战略中忽视小城市发展，对农业生产极为不利。据日本学者研究，距离中小城市30分钟车程以内的农村地域，各项农业效率指标都比较高（根岸介夫，1993）。[1]依据中国实际情况，乡村地区各乡镇政府驻地如果按城市标准来建设，并在行政建制上设为县辖市，有利于农业发展。根据发达国家的经验，一个县辖市有几家规模较大的企业，就可以使城市保持活力。但长期以来，中国推行的开发区建设政策，将大量好的企业集中在国家级或省级开发区里，使乡镇吸引企业进驻极为困难。在中国几大农业区，这个问题尤其突出。

六、确立农村改革新战略

（一）扎实推进土地承包关系长久不变改革

农地承包权确权颁证工作按目前形势搞下去，很有可能产生“整体不稳固、局部走过场”的结局。这不仅损害中央威信，也会给今后深化农村改革造成麻烦。笔者建议通过以下几个方面稳妥扎实推进农地确权颁证工作。

1. 加强舆论宣传工作，消除错误认识。要明确区分“集体经济组织成员权”与“农村社区成员权”两种“成员权”，将“壮大集体经济”概念调整为“逐步完善农村社区公共服务”概念。要通过宣传手段，向广大农村干部群众传递“土地承包权即为农民土地财产权”的政策理念。

2. 尽可能保障确权颁证形成“起点公平”的格局。要明确告诉广大农村干部群众，确权颁证意味着“最后一次调整土地”，今后绝不会调整土

[1] 这里对城市的定义，是指 district of inhabitant density（DID），即人口稠密地区，通常指人口密度在每平方公里4000人以上、总人口在5000人以上的地区。

地，绝不会再搞平均承包。“起点公平”应该成为确权颁证工作的“底线要求”。实现这个目标不能靠简单化的工作方法，而应充分发挥协商民主的作用，防止村干部一意孤行、以权谋私。

3. 要通过配套改革解决某些难题，主要包括以下几个方面。

（1）鉴于村干部消极应对确权颁证工作的借口是“壮大集体经济”，而村庄公务支出“无米下锅”也确实是现实问题，建议中央政府下决心认真解决村庄的基本公务开支保障的问题。笔者估算，全国大约需要1000亿元就可解决这一问题。通过重新调整“支农”口径等办法，减除一些重复性的支农口子，由中央和地方共同筹集这笔资金不是难事。

（2）建立农业保护区，有利于形成土地流转价格的合理预期。

（3）农村土地股份社发展政策应适度放宽，并允许更多地采用“确股不确地”的办法实现产权改革。土地股份社本身并不是真正的股份公司，只是一个解决分配问题的产权安排，其中内含的“股权平等”原则有利于解决“起点公平”问题，也有利于推动农村要素市场化。要支持股权的量化、固化，防止不断按照人口变化调整股权设置的错误做法。

（二）通过深化国家土地管理体制改革解决农村宅基地制度问题

农村宅基地制度改革的基本目标，是用多种手段保障全体农业居民住有所居，提高农村建设用地的利用效率，实现宅基地配置的公平公正，使农村社会和谐、农村人居环境更加美好。改革的主要任务是实现农村宅基地资源由行政配置为主，转变为在政府土地利用规划约束下由市场机制发挥决定性作用。

今后一个时期的主要任务如下。

第一，改革国家土地规划管理体制，为农村宅基地管理改革顺利推进创造条件。国家建立“农业保护区制度”，将适合农业发展的土地连片划定为农业保护区，替代目前实行的基本农田保护制度，以更有效地保护耕地，放活非耕地管理权限，促进土地要素市场化。下放土地管理权限。对农业保护区以外的其他土地，中央政府可将管理权限大限度下放给地方。中央政府对农业保护区的土地规划与开发整理应直接管控，同时对农业保护区之外的其他类型土地的利用做“目标指导管理”，例如，设定“开发强度”“建设用地 GDP 产出率”“居民住宅用地占用比例”“闲置土地占比”“基准地价偏离率”等指标，依据这些指标来确定土地用途改变的总规模。

第二，将农村地区区分为农业保护区与其他区域两个类别，采用不同的宅基地管理制度。在农业保护区（包括类似其他保护区）以外，村庄全部土地可以一并规划开发，农民的宅基地及住房在符合规划的条件下可以自由入市，即农民的宅基地流转不受范围与对象的限制。此项操作的重点是政府规划的约束力与可操作性。若没有政府规划介入，农村宅基地改革将陷入“死与乱”的循环。在农业保护区内，村庄全部土地不得用于非农产业开发，农民的宅基地可以继承，可以流转给本村居民。但对于脱离农业生产的农户，当其宅基地被复垦为农田时，应按照当地相近的建设用地交易价格予以补偿。

第三，现阶段，以上制度建立之前，事实上已经停止无偿供给宅基地的地区，明确停止农村宅基地的福利性无偿划拨，用多种办法解决历史遗留问题，最终告别农村宅基地分配的“计划经济”模式。

第四，在落实中央提出的宅基地“自愿有偿退出”制度的过程中，建立有约束的市场关系，通过市场关系形成“价格发现”机制。

第五，将农村贫困人口的住房保障纳入国民收入二次分配渠道，与国家扶贫战略结合起来，推进基本住房条件的“普惠”目标的实现。

（三）促进农村产权流转交易改革

对于未实行农村土地承包制的村庄，在改善股份社治理结构及股权量化、固化的基础上，安排试点地区，探索建立农户股权交易市场，使农户股权具有可交易性。股份社具有开放性，更大程度上保障农户的财产权。

探索建立“注册农业经营者”制度，鼓励符合条件的专业农户成为耕地流转交易主体。

在经济发达地区安排试点，探索土地承包权流转交易办法。农户土地承包权向他人流转后，与村集体经济组织脱离关系，不再是村集体经济组织成员，但仍然是社区成员，并享有平等获取公共服务的权利。

以市级行政区为单位，确定政府提倡的家庭农场土地经营的适度规模。2014 年，中央已经发布了《关于引导农村土地经营权有序流转发展农业适度规模经营的意见》（中办发〔2014〕61 号），主张以农户收入大体等于城市居民家庭收入为约束条件，设置农场适度规模。考虑到农业类别等因素，粮食生产的适度规模为 100 亩左右，其他农作物生产的适度规模则可以再小一些。随着中国人均国民收入水平的不断提高，农场适度规模的标准还可以提高。

按照市场化原则确立土地流转办法，政府机构不得直接插手土地流转交易，不得强制土地转让，不得干预交易价格，不得做交易中介。

（四）调整农民合作社发展政策

2015 年中央“一号文件”明确要求深入推进示范合作社创建行动。此举有利于解决农民在食品生产供应全产业链中的利益分享问题。今后应发展壮大合作社，不再片面追求合作社的数量。以往官方文件通常把合作社的数量增长作为农业发展的一项重要成就，“一号文件”提出注重合作社质量提升，这是很有意义的政策调整。在欧美发达国家农民收入中，土地收益只占较小部分，大部分来自产业链上的收入。而中国大多数种地农民只能在土地耕种上获得收入，没能从农业服务、加工、流通等一系列产业链上获得收益。如果中国能解决这一重大问题，对于提高农民收入有根本性意义。

（五）专门制定城乡界定法规，加快城市化步伐

城乡界定失当，是推动城市化工作的一个明显短板。城乡界定不当，一系列政策实施效率就会降低。

小城市的认定，是城乡边界划分的一个关键。根据党国英（2015）的研究，中国最小城市的设立条件可以表述为：若一个区域的总人口规模达到 5 万人，且这个区域的人口稠密区的平均人口密度在每平方公里 8000 人以上，总面积在 4 平方公里以下，并与所在地城市或其他人口稠密区处于相对分立的不连片状态，则可在这个地方设立一个城市。

在新的城市设立制度实施一个时期以后，上述规定可以放宽。例如，总人口规模可减少为 1.5 万人，人口稠密的核心地带的面积可减少为 1 平方公里。进一步，还可以由省级人民政府或人民代表大会自行决定设立城市的下限标准。

若合理地把城市看作规模较大的点状居民区，而不是把城市看作行政辖区，则包括全部小城市在内的城市范围以外的区域，可被定义为乡村地区。

今后需要通过调整劳资关系、切实保护劳动者权利，以提升经济增长对就业的拉动能力。大力调整城市人口布局规划，改善城镇居民的居住条

件，特别是满足城市中产阶级对经济型独栋房屋的需要，有助于提高城市的消费能力，扩大第三产业规模。

如果前述小城市设立的制度规范能够建立起来，小城市的公共财政也应该相应建立。小城市可以设立自己的税种，并参与国家的分税制体系。农村自治体不一定要建立自己的税种，但可以在严格的程序规范之下，允许适当收费。上级政府向自治体干部“购买服务”，应严格予以规范，并对相关支出予以监督。

脱贫工作必须注重系统性的移民，但移民不能一蹴而就，不能强制。中国深山区以及其他一些土地贫瘠地区在农业上没有竞争力，农民的有效工作日不足，其收入较低具有必然性。一部分是工作性移民。如果能将1000万符合条件的农村人口迁移至城市，5年之内平均每年需要完成的移民任务不过200万人，不到中国现有实际农村人口转移的1/7。自然条件严酷地区还可以留守一部分人口，转为环境保护的职业雇员或兼业雇员。两项相加，这类贫困人口的出路就不会有问题。对于基本不具备城市工作能力（或自认为没有能力）的居民，他们也会选择留居农村。自由移民是一个比较缓慢的过程，这个过程中，大量农户要饱受低收入之苦，政府出于保障社会基本平等而援助这部分居民也具有挑战性。在农民自愿的前提下，政府应尽量帮助贫困人口直接向城市转移。

生存条件差的地区向城市移民。中国农村普遍存在人地比例关系不良的问题，农村人口向城市转移是长期趋势。如果把不适宜人类生存地区的农户迁移至其他农村地区，势必会加剧接纳移民地区的人地比例关系的紧张。

（六）调整财政支农政策

中国现行财政体制不利于基层政府与乡村自治组织实现预算平衡。一些规模较大的居民点因为被看作乡村，公共财政可能不会去承担必要的责任，而不得不依靠如“一事一议”的办法解决公共投资问题。相反地，一些真正的乡村地区，因为居民与政府的关系特殊，例如居民点被列为“某某示范区”，却可能得到超出需要的财政投入资金，形成公共品的过度供给。这种情形在笔者的调查中相当多见。一些农业区不适当地修筑较宽的道路，不是根据实际常住农业人口安排公共设施建设，助推中国这样一个还不发达的国家过早出现明显的“逆城市化”现象，使一些本来的农区居民点成为城市人口的第二居住地。从宏观格局看，这种情形是对土地的低效率利用。

财政支农体制改革的关键是聚焦支农对象。国家应将农业投入的重点放在大宗农产品上，确保大宗农产品的基本安全与质量。要逐步取消对现在所谓农业龙头企业的资助，扶持真正的农民合作社。一定要大幅度减少合作社数量，争取在 15 年左右的时间里在全国培育几十个巨型农民合作社，其中粮食合作社就搞两三家。用这个办法，让种粮家庭农场的收入来源延伸到粮食经济的全产业链。用这个办法稳定市场，消除粮价大幅度波动。

应限制对有机农业、观光农业等所谓多功能农业的财政支持。不是说这类农业不重要，而是说这类农业产业应该靠市场实现财务平衡。有机农业在欧盟发达国家已经有几十年的发展历史，但至今种植面积不超过总面积的 10%。按照大行业分类，目前美国有机食品的销售额为 350 亿美元（Andrizej Zwaniecki，2015），但 2014 年美国农业与食品行业的增加值为 8350 亿美元，前者为后者的 4.2%。若统一为 GDP 指标，这个数值还会更小。[1] 另据美国明尼苏达州农业部 2008 年发布的报告，该州有机农场的数量不到农场总数的 1%，且各项经营指标均低于非有机农场（Nordquist et al.，2008）。对于这种满足小众需求的小门类农产品，完全可以由市场决定其生存，政府不需要特别予以支持。事实上，美国农业部很少对农场提供直接生产补贴。例如，2014 年，联邦政府支农支出 1450 亿美元的 74% 是食品购买补贴，而这种针对低收入人群的补贴，很难流向有机农产品的销售者（USDA，2014）。这种满足一般百姓对食品需求的支农政策更为可取。

"三农"领域投入因小失大的情形还在乡村旅游这个热点上有所体现。一些地方将乡村旅游作为使农民迅速摆脱贫困的办法，而从发达国家的经验看，这个并不靠谱，政府扶持的经济效率不高。Deller（2010）在分析 1990—2000 年美国乡村贫困率变化的基础上，采用地理加权回归方法关注乡村旅游和休闲在改变贫困发生率方面的空间差异。结论表明，在其所研究的区域，乡村休闲和旅游在解释贫困发生率变化方面作用很小，其空间差异并不明显。日本规划专家在与笔者直接交流时也明确指出，在政府推动下发展乡村旅游毁掉了日本乡村。笔者不是反对发展乡村旅游业，只是不赞成政府花钱做这件事。如果政府不花钱，这件事在市场作用下自然演化，反倒会更加健康。欧洲议会的官方研究报告也证明了这一点（参见 Hushåollnings，1999）。

财政支农还应向一般性农业科技进步倾斜。应大力改革农业科技管理体制，调整农业技术进步方式。进一步提高农业大学在农业发展中的介入

[1] 数据来源：United States Department of Agriculture Economic Research Service： What is Agriculture' s Share of the Overall U.S. Economy ？ http：//ers.usda.gov/data—products/chart—gallery/detail.aspx？ chartId=40037&ref=collection&embed=True.

程度，尝试依托农业大学建立农业科技服务体系。应在旱作农业、雨养农业发展方面寻求技术突破，通过土地整理、养护，提高土壤御旱能力，减少灌溉面积，以提高农业劳动生产率。应停止对有机农业、观光农业、都市农业、反季节农业、工厂化农业等高成本农业的财政支持，把更多的资金用于降低普通老百姓的食品价格，不搞锦上添花的农业资助。

（作者系中国社会科学院农村发展研究所研究员）

聚焦我国城镇住房制度改革和发展

秦虹

住房问题关系到国计民生，是重要的经济和社会问题，历来受到党中央和国务院的高度重视。1978 年改革开放之初，全国城镇人均建筑面积为 6.7 平方米（居住面积仅为 3.6 平方米），有 300 多万户缺房，占居民总户数的 17%，住房短缺成为当时亟待解决的关乎民生的重大问题。改革开放 40 年来，在城镇住房制度改革的推动下，我国城镇住房建设取得巨大成就，到 2016 年底，城镇人均住房建筑面积达到 36.6 平方米，在城镇人口增长了 3.5 倍的情况下，城镇人均住房建筑面积增长了 4.5 倍，城镇居民的住房条件得到极大的改善，基本适应了全面建设小康社会的进程。

一、城镇住房制度改革不断深化

改革开放以来，我国城镇住房制度改革不断深化，中国特色的城镇住房供应体系框架初步建立，改革进程主要包括以下几个方面 .

1. 提租补贴和出售公房，住房制度改革试点探索

1979 年，按照邓小平同志提出解决住宅问题的路子能不能宽一些的指示，国家城建总局选择西安等五个城市试点以土建成本价出售公房。1980 年 4 月，邓小平同志作了关于住房问题的谈话，他说："要考虑城市建筑住宅、分配房屋的一系列政策。城镇居民个人可以购买房屋，也可以自己盖。不但新房子可以出售，老房子也可以出售，可以一次付款，也可以分期付款。十年、十五年付清。住宅出售后，房租恐怕要调整，要联系房价调整房租，使人们考虑到买房合算。不同地区的房子，租金应该有所不同。将来房租提高了，对低工资的职工要给予补贴。这些政策要联系起来考虑。"按照邓小平同志提出住房商品化的构想，我国城镇住房制度改革开始启动，先后进行了鼓励个人和单位建房、公房出售、提租补贴等改革试点。

1980 年 6 月，中共中央、国务院批转《全国基本建设工作会议汇报提纲》，提出住宅建设"必须充分发挥国家、地方、企业、职工个人四个方面的积极性"，"把组织企业自筹资金建设住宅作为一项重要任务来抓"，并准许私人建房、买房和拥有自己的住房。1982 年，国家建委、国家城建总局选择郑州、常州、四平、沙市四个城市，开展新建住房补贴出售试点，由政府、单位、个人各负担房价的三分之一。1986 年，国务院相继批准烟台、蚌埠、唐山等城市的住房制度改革方案。主要内容是，按照提租和补贴持平的原则，大幅提高租金，同时给予租金补贴。1988 年 1 月，国务院召开第一次全国住房制度改革工作会议，启动了"提租补贴"试点。1991 年 6 月以后，按照《国务院关于继续积极稳妥地进行城镇住房制度改革的通知》（国发〔1991〕30 号）的部署，采取分步提租、积极组织集资合作建房、新房新制度、发展住房金融业务等多种措施，推进城镇住房制度改革。

1992 年，党的十四大报告提出，"我国经济体制改革的目标是建立社会主义市场经济体制”，要“努力推进城镇住房制度改革”。1994年，国务院作出《关于深化城镇住房制度改革的决定》(国发〔1994〕43号)，要求建立与社会主义市场经济体制相适应的新的城镇住房制度，实现住房商品化、社会化；加快住房建设，改善居住条件，满足城镇居民不断增长的住房需求。城镇住房制度改革的基本内容是：住房建设投资由国家、单位统包的体制改变为国家、单位、个人三者合理负担的体制；把各单位建设、分配、维修、管理住房的体制改变为社会化、专业化运行的体制；由住房实物福利分配的方式改变为以按劳分配为主的货币工资分配方式；建立以中低收入家庭为对象、具有社会保障性质的经济适用住房供应体系和以高收入家庭为对象的商品房供应体系；建立住房公积金制度；发展住房金融和住房保险，建立政策性和商业性并存的住房信贷体系；建立规范化的房地产交易市场和发展社会化的房屋维修、管理市场，逐步实现住房资金投入产出的良性循环，促进房地产业和相关产业的发展。之后，房改持续推进，住房公积金制度在1991年上海先行经验的基础上，在全国范围内推行。

2. 停止福利分房，发展住房市场

1998年，国务院下发了《关于进一步深化城镇住房制度改革加快住房建设的通知》(国发〔1998〕23号)，明确了我国城镇住房供应体系，即最低收入家庭租赁由政府或单位提供的廉租住房，中低收入家庭购买经济适用住房，其他收入高的家庭购买、租赁市场价商品住房，并要求逐步停止住房实物分配，实行住房分配货币化，随后基本形成了三种住房货币分配方式：一是单独发放住房补贴；二是将住房补贴直接理入工资，工资随企业效益上下浮动；三是缴存住房公积金，由职工个人和单位共同按工资的一定比例缴存。同时，培育和规范住房交易市场，发展住房金融，改革住房维修管理体制。住房分配的货币化改革不仅在当时应对亚洲金融危机冲击、扩大内需中发挥了重要作用，而且激发了城镇居民自主解决住房困难的主动性和积极性，促使住房市场快速发展。此后，城镇住房供应逐渐向以市场为主转变。

与此同时，城镇住房供地制度改革同步进行。2001 年，国务院开始在全国范围内推行土地使用权的招标、拍卖。同年 4 月，国务院颁布《关于加强国有土地资产管理的通知》（国发〔2001〕15 号），要求为体现市场经济原则，确保土地使用权交易的公开、公平和公正，各地要大力推行土地使用权招标、拍卖。2002 年 7 月，国土资源部颁布了《招标拍卖挂牌出让国有土地使用权规定》（国土资源部令第 11 号），要求商业、旅游、娱乐和商品住宅等各类经营性用地，必须以招标、拍卖或者挂牌方式出让国有土地的使用权。2004 年 3 月，国土资源部发文《关于继续开展经营性土地使用权招标拍卖挂牌出让情况执法监察工作的通知》（国发〔2004〕43 号），要求各地要严格执行经营性土地使用权招标拍卖挂牌出让制度，在 2004 年 8 月 31 日前将历史遗留问题界定并处理完毕，8 月 31 日后，不得再以历史遗留问题为由采用协议方式出让经营性土地使用权。此规定在行业内被称为“831 大限”，至此之后，地方政府垄断土地一级市场、用于商品住房开发的经营性用地通过招拍挂方式出让的制度基本确立，土地出让收入成为地方政府最重要的一项财政收入，土地市场的竞争成为楼市变化的重要风向标。

2003 年，国务院下发了《关于促进房地产市场持续健康发展的通知》（国发〔2003〕18 号），提出：“坚持住房市场化的基本方向，更大程度地发挥市场配置资源的基础性作用；完善住房供应政策，调整供应结构，逐步实现多数家庭购买或承租普通商品住房；加快建立和完善适合我国国情的住房保障制度，强化政府住房保障职能，切实保障城镇最低收入家庭基本住房需求；坚持加强宏观调控，努力实现房地产市场总量基本平衡、结构基本合理、价格基本稳定。”经过5年左右的启动和培育，住房市场得以建立，到2013年底，全国商品住房竣工面积占城镇住房竣工面积的比例达到61.4%，比1998年的29.7%翻了一番；2013年，个人购买商品住房面积为2.87亿平方米，是1998年0.78亿平方米的3.7倍。

随着土地市场和商品住房市场的建立及竞争的不断加剧，2004年后，全国房价出现普涨态势。特别是进入新世纪以来，人口快速向东部特大城市集中（正如第六次人口普查数据所显示，2000—2010年北京、上海年均新增常住人口60万人左右），东部部分特大城市房价则出现了快速上涨。2005年后，党中央、国务院一手调控房地产市场，一手加强住房保障，以新的战略举措应对住房市场发展中产生的新问题。国务院办公厅及各有关部委颁发了多个有关房地产市场调控的政策文件，要求采取有区别的税收、信贷和土地政策，以及法律和必要的行政手段，稳定住房价格，调整供应结构，防止房地产市场大起大落，其中2011年1月28日起，上海和重庆开始实施个人住房房产税改革试点。

3. 惠民生保增长，实施保障性安居工程

2007年，党的十七大强调，全面建设小康社会是党和国家到2020年的奋斗目标，要求深入贯彻落实科学发展观，并提出努力使全体人民住有所居。为了实现这一目标，在继续推进住房商品化的同时，针对低收入家庭住房困难问题，国务院提出了《关于解决城市低收入家庭住房困难的若干意见》（国发〔2007〕24号）。总体要求是以城市低收入家庭为对象，进一步建立健全城市廉租住房制度，改进和规范经济适用住房制度，加大棚户区、旧住宅区改造力度，力争到“十一五”期末，使低收入家庭住房条件得到明显改善，农民工等其他城市住房困难群体的居住条件得到逐步改善。明确提出了以廉租住房为主的住房保障政策体系，经济适用住房政策也明确调整定位于只针对低收入家庭，部分地区还积极探索了针对“夹心层”需求的限价商品房。解决低收入家庭住房困难首次明确为政府的责任，既要解决保障欠账问题，如居住在还未改造的棚户区中的居民、未享受房改政策的长期低收入家庭等，他们面对高房价，无力自主改善住房条件，在普遍脱困后，他们的住房条件仍然严重困难；也要解决保障增量问题，如城镇新增中等偏下及低收入家庭，由于积累不够和房价上涨等原因，住房支付能力明显下降。2007 年之后，住房保障制度框架加快建立并不断完善。

2008 年底，面对全球金融危机，在保增长、保民生、保稳定的大局下，我国大规模实施保障性安居工程。党中央将保障性安居工程作为扩大内需、促进经济增长的首要措施和重要的民生工程加以推进，成为应对世界金融危机的重大举措，保障住房建设加快。“十二五”规划纲要将城镇保障性安居工程建设规模确定为 3600 万套。为解决由于房价上涨导致城镇大量新就业职工的住房需求难以满足的问题，国务院又部署发展公共租赁住房，于 2010 年 6 月出台了《关于加快发展公共租赁住房的指导意见》(国发〔2010〕10 号)，作为完善住房供应体系，培育住房租赁市场，满足城市中等偏下收入家庭基本住房需求的重要举措。2012 年 5 月，升级为《公共租赁住房管理办法》(建房〔2012〕11 号)。为完善住房保障制度体系，提高保障性住房资源配置效率的有效措施，改善住房保障公共服务并维护社会公平正义，2014 年起公共租赁住房和廉租住房并轨运行，统称为公共租赁住房。2015 年，国务院颁布了《关于进一步做好城镇棚户区和城乡危房改造及配套基础设施建设有关工作的意见》(国发

〔2015〕37号），制订了城镇棚户区和城乡危房改造及配套基础设施建设三年计划。2015—2017年，改造包括城市危房、城中村在内的各类棚户区住房1800万套。

这个时期，初步建立了由公租房（含廉租房）、限价商品房以及棚户区改造住房组成的保障性住房供应体系框架，确立了保障性住房建设由地方负责、中央给予支持的工作机制，逐步完善了住房保障的土地、财税和信贷支持政策。

4. 租购并举，完善住房供应体系

2012年，党的十八大报告提出，建立市场配置和政府保障相结合的住房制度。2013年10月29日，中共中央政治局首次就住房问题进行集体学习，主题是“加快推进住房保障体系和供应体系建设”，习近平总书记做出了重要指示，强调：“加快推进住房保障和供应体系建设，是满足群众基本住房需求、实现全体人民住有所居目标的重要任务。”“加快推进住房保障和供应体系建设，要处理好政府提供公共服务和市场化的关系、住房发展的经济功能和社会功能的关系、需要和可能的关系、住房保障和防止福利陷阱的关系。只有坚持市场化改革方向，才能充分激发市场活力，满足多层次住房需求。同时，总有一部分群众由于劳动技能不适应、就业不充分、收入水平低等原因而面临住房困难，政府必须‘补好位’，为困难群众提供基本住房保障。”“从我国国情看，总的方向是构建以政府为主提供基本保障、以市场为主满足多层次需求的住房供应体系。要总结我国住房改革发展经验，借鉴其他国家解决住房问题的有益做法，深入研究住房建设的规律性问题，加强顶层设计，加快建立统一、规范、成熟、稳定的住房供应体系。”

围绕住房供应体系建设，各级政府着力发展住房租赁市场和探索建设共有产权住房。2015 年 1 月，住建部发布《关于加快培育和发展住房租赁市场的指导意见》(建房〔2015〕4 号）提出，没有发育完善的租赁市场，住房供应体系就不完整，居民对住房的合理消费就得不到满足，住有所居的目标就难以实现，人口有序流动就会受到制约，承租人的合法权益就难以得到保障，大量的存量房源就得不到充分利用。培育和发展住房租赁市场，有利于完善住房供应体系，解决不同需求居民住房问题；有利于拓宽公共租赁住房房源渠道，完善住房保障体系；有利于盘活存量房源，提高资源利用效率；有利于新型城镇化建设，促进人口有序流动；有利于加强和改进社会管理和服务，提高社会治理能力。要求积极推进租赁服务平台建设，大力发展住房租赁经营机构，完善公共租赁住房制度。2016 年 6 月，国务院办公厅发布《关于加快培育和发展住房租赁市场的若干意见》(国办发〔2016〕39 号），提出到 2020 年，基本形成供应主体多元、经营服务规范、租赁关系稳定的住房租赁市场体系，基本形成保基本、促公平、可持续的公共租赁住房保障体系；2017 年 7 月，住建部等九部门联合印发《关于在人口净流入的大中城市加快发展住房租赁市场的通知》(建房〔2017〕153 号），要求在人口净流入的大中城市，加快发展住房租赁市场。并在广州、深圳、南京等 12 个城市试点。地方层面逐步推进实施，如 2017 年 7 月，广州市形成了《加快发展住房租赁市场工作方案》，明确“赋予符合条件的承租人子女享有就近入学等公共服务权益，保障租购同权”。2017 年 12 月，住房城乡建设部提出，在人口净流入的大中城市加快培育和发展住房租赁市场，争取用 3 ～ 5 年时间，把租赁住房占新增住房供应量的比例提高到 50% 左右。更为重要的是，2017 年底召开的中央经济工作会议明确提出：“要发展住房租赁市场特别是长期租赁，保护租赁利益相关方合法权益，支持专业化、机构化住房租赁企业发展。”为今后住房租赁市场的发展指明了方向。各地政府积极贯彻中央要求，出台各项鼓励租赁市场发展的政策文件。金融机构、投资企业、房地产开发企业、住房租赁专业企业等市场主体纷纷投入到长租公寓的建设和管理之中。

共有产权住房是解决既不符合住房保障条件又买不起商品住房的“夹心层”群体住房需求的可行方式，是吸引人才的有效手段，是完善和规范住房供应体系的重要举措。2017 年 9 月，住房城乡建设部出台《关于支持北京市、上海市开展共有产权住房试点的意见》，提出发展共有产权住房，是加快推进住房保障和供应体系建设的重要内容。要求共有产权住房要面向符合规定条件的住房困难群体供应，优先供应无房家庭。要制定共有产权住房具体管理办法，核心是建立完善的共有产权住房管理机制。共有产权住房是在最低住房保障供给和市场供给之间增加的政策支持性住房，它通过共有产权的方式消除了过去经济适用住房的寻租空间。目前，共有产权住房已在部分城市积极探索发展。随着住房供应体系的完善，最终将形成政府（或单位）拥有产权的公共租赁住房、政府和个人共同拥有产权的共有产权住房和私人拥有完全产权可租、可售的私人住房组成的、相互衔接的覆盖城镇全体居民的住房供应体系，实现“住有所居”的住房目标。

2017 年，习近平总书记在党的十九大报告中提出：“坚持房子是用来住的、不是用来炒的定位，加快建立多主体供给、多渠道保障、租购并举的住房制度，让全体人民住有所居。”这一重要思想为构建适应新时代要求的住房制度指明了方向，为今后城镇住房的发展提供了根本遵循，标志着我国住房制度迈入新的历史阶段。

二、40 年来住房发展取得巨大成就

改革开放以来，我国在住房建设上，既保证了与城镇化进程、基础设施建设的同步性，又避免了许多国家在城镇人口快速增长的同时出现极端住房困难和大量贫民窟的现象。同时，还满足了居民随收入增长所带来的对居住品质提高的需求，基本实现了住房供给机制的平稳转型，初步建立了住房供应和保障体系，住房发展成效显著。

1. 城镇居民住房水平得到大幅提高

住房制度的不断深化改革使我国的住房需求得到空前的释放，住房建设速度快速提高，有效地应对了城镇化进程加快对住房产生的需求。特别是 1998 年停止福利分房以来，是我国城镇居民住房条件改善最快的时期，我国城镇人均住房面积稳步增加，住房品质、居住功能、居住环境和物业服务明显改善。一是城镇人均住房建筑面积以年均增加 1 平方米的速度稳步增长。在城镇户籍人口不断增加的同时，按常住人口计算，我国城镇人均住房建筑面积从 1998 年底的 18.7 平方米增加到 2016 年的 36.6 平方米，18 年来在城镇人口增长了 3.8 亿人的情况下，人均住房面积增长了 18 平方米，全国城镇整体水平已实现人均一间、户均一套房，基本达到了中等发达国家的平均水平，住房成为城镇居民最重要的家庭财富。二是住房品质快速提高，我国的住房建设发展已经走过了住房绝对短缺的时代，向着更加注重提高住房质量、节约资源的阶段发展，2015 年国家统计局 1% 人口抽样调查显示，全国城镇有 50.7% 的家庭居住在 2000 年以后竣工的住房里，随着住房规划设计水平的提高，住宅产业化进程的加快，“四节一环保”技术的推广和应用，住房综合品质和舒适度得以快速提高。三是居住功能明显提升，2000 —2015 年，住宅成套率由 67% 提升到 86%，从

整体上看，随着房地产市场的发展，住宅户型的设计更趋合理，在空间设计上不断满足不同功能细分的需求。四是居住环境大幅改善。随着规划设计水平的提高和物业服务的发展，住宅小区整体的居住环境得到了明显改善。五是物业服务覆盖面逐步扩大，物业管理制度随着新建住宅小区快速推进，住宅小区居民因此获得了专业的房屋及设备设施维修维护和保洁、保安等物业服务，提升了综合的居住品质。

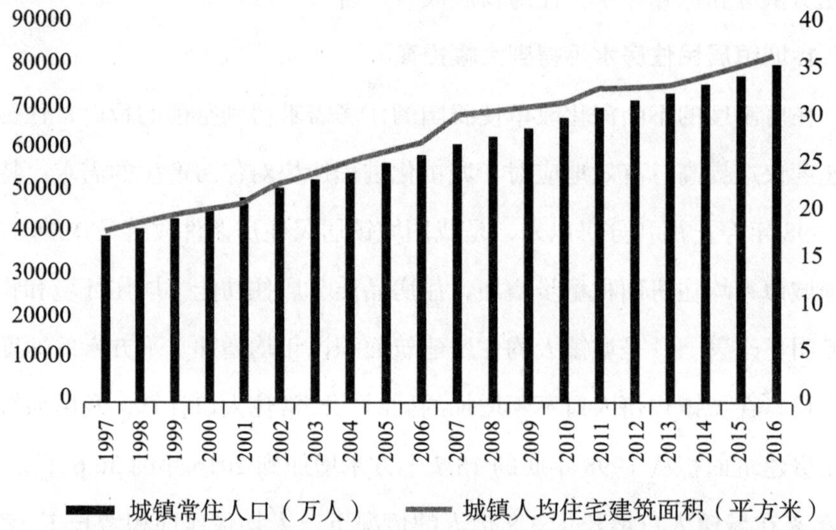

图 1 1997—2016 年全国城镇人口与人均住宅建筑面积

资料来源：《中国统计年鉴》。

2. 中低收入家庭住房得到保障

截至 2016 年，全国住房保障和支持覆盖率已经达到 19.8%。目前，公共租赁住房对城镇最低生活保障家庭、分散供养特困人员等住房救助对象等已实现了应保尽保，截至 2016 年底，全国居住公共租赁住房的城镇住房困难家庭达到 1126 万户，累计为 713 万户低收入家庭发放了租赁补贴；2008 年至 2015 年底，全国经济适用住房、限价商品住房累计开工 855 万套，帮助了买不起商品住房又有一定支付能力的城镇中低收入家庭改善了居住条件；6000 多万棚户区居民“出棚进楼”。通过满足新市民住房需求的住房保障制度，促进了“实现 1 亿左右农业转移人口在城镇落户”，“引导约 1 亿人在中西部地区就近城镇化”目标的实现，使有能力在城镇稳定就业和生活的农业转移人口在城镇实现定居，有力地实现了以人为核心的新型城镇化。

近年来，各地政府将新市民纳入了城镇住房保障制度。一是将外来务工人员纳入公共租赁住房保障。到 2016 年底，通过新建公共租赁住房和发放租赁补贴，解决城镇稳定就业的外来务工人员约 370 万户。二是通过城中村改造实现就地城镇化。到 2016 年底，全国通过城中村改造，帮助了约 950 万农民就地转化为市民，住进了配套完善的安置房小区。

住房公积金对解决住房需求发挥了支持作用。截至 2017 年 11 月底，全国住房公积金缴存总额 12.3 万亿元，提取总额 7.2 万亿元，缴存余额 5.1 万亿元；累计发放住房公积金个人住房贷款 7.48 万亿元，个人住房贷款余额 4.5 万亿元，个贷率（个人住房贷款余额 / 缴存余额）为 87.6%。目前，我国已基本形成了救助、援助和互助相结合的住房保障与支持体系。

通过住房保障政策的实施，使城镇住房困难的中低及以下收入家庭、在城镇稳定就业的外来务工人员、居住在棚户区中的居民解决了住房困难，共享了改革发展的成果，有力地促进了社会公平，维护了社会和谐稳定。通过住房保障，使人民群众在住房这一最关心、最现实的利益问题上，获得感明显增强。

3. 以住房为主的房地产业为经济社会发展做出重要贡献

1998 年，停止实物分房的住房制度改革使居民的住房需求迅速转换为实实在在的购房意愿，住房消费的快速增长带动了城镇住房建设的快速发展。1998—2016年，城镇竣工住房面积为145.5亿平方米，城镇新建住房累计投资60万亿元，2016年城镇住房投资总额为7.7万亿元，是1998年的17.8倍。房地产业占GDP比重从1978年的2.2%、1998年的4.0%，上升到2016年的6.5%，成为影响国民经济发展的重要行业。

图2 1998—2016年城镇新建住房面积

资料来源：《中国统计年鉴》。

城镇保障房建设和棚户区改造，是“稳增长”的重要力量。2008年至2016年底，城镇保障性安居工程和农村危房改造完成投资10.6万亿元，带动了相关产业发展。保障性住房供应和棚户区改造，也是平衡房地产市场供求关系的重要渠道。房价上涨较快的城市，通过新建保障性住房和棚户区改造住房，增加了住房供应，平抑了房价，避免房地产市场过热；房地产库存过多的城市，通过公租房货币补贴和棚改货币化安置去库存，一定程度上化解和防范了房地产市场风险。2016年，全国棚户区改造货币化安置比例为 48.5%，消化库存商品住房 2.4 亿平方米，其中三、四线城市和县城消化了近 2 亿平方米，带动了房地产上下游产业的发展。

总之，住房建设的快速发展带动了整体经济的增长。随着住房制度改革的深化，以住房为主的房地产业逐步成为国民经济的重要产业，发挥着支撑我国经济增长的重要作用。

4. 住房发展带动了城市建设的大发展

住房建设、城市公共设施和基础设施建设都是城市建设的重要组成部分。住房建设是落实城市规划的具体构想，是实施城市建设的核心内容，离开了住房建设，城市建设则是不完整的、难以想象的。1998 年住房制度改革以来，是城镇住房建设的大发展时期。住房市场的发展为城市建设提供了大量的资金支持，大大提高了城市建设的速度和效率。在新建住房小区的规划建设带动下，与之配套的文化、教育、医疗、体育、商业等公共服务设施，以及道路交通、绿化、供排水、公园等市政基础设施得以快速发展，使得以住房建设为核心内容的城市建设飞速发展，城市面貌日新月异。

特别是近几年通过保障性住房建设和棚户区改造，引导城市中心人口向城市外围转移，促进了新老城区协调发展，提升了城市综合承载力。原有老城区调整和优化了城市功能，改善了城市面貌，实现了人口合理布局和居住环境的大改观；城市新区迅速聚集人气，盘活了土地资源，对发展产业起到了重要牵引作用。许多城市人居环境和城市品质也快速提升，被评为最宜居城市、最具幸福感城市。

（作者系住房城乡建设部政策研究中心主任）

论城市化是走出低谷的唯一通道

王建

从今年（本文作于 2009 年）前四个月的主要数据看，自去年 9 月以来的经济刺激路径是难以“保 8”的，由于世界经济的困境明年会甚于今年，如果振兴中国经济的宏观政策方向不调整，严重的生产过剩危机今年不爆发，明年也会爆发，虽然今年到四季度经济增长率可能回升到 8%，但是，明年全年可能会低于 5%，所以对宏观刺激方向的调整已经迫在眉睫，而这个方向就是城市化。

一、前两月的主要数据已说明目前的刺激政策有极大局限

自去年 9 月至今年 4 月，中国宏观政策从紧到松的调整已经有八个月时间，从国际国内的宏观调控经验看，宏观调控的效果应该有所显现，然而前四个月的工业生产增长率仍然比去年四季度 7.3% 的水平又有显著下滑，为 5.5%。从 5 月上旬发电量仍是负值情况看，2009 年上半年的工业生产增长率仍难以显著回升，若五六月份为 7%，上半年的工业增长率只会略高于 6%，上半年的 GDP 增长率也不会超过 7%。

自年初以来，宏观经济运行中的最显著特点，就是投资与工业增长走

出了一高一低两条相互分离的曲线，2008 年 12 月投资增长率只有 20%，到今年 4 月份已超过了 30%，工业生产去年 12 月下降到 5%，今年头两月继续下降到 3.8%，3 月份反弹到 8.3%，但 4 月份又下降到 7.3%，从发电量看，3 月份曾回升到 -0.7%，4 月份又下降到 -3.5%，所反映的工业生产下降趋势更明显。

一直以来，投资与工业生产走势都是呈高度正相关，即投资高工业产出也高，反之则相反，但今年以来的经济形势却出现了十分显著的反常变化，在投资增长率出现近三年来的最高峰值时，工业生产却没有随之走向高峰，而是仍在低谷中波动，这种反常现象折射出的是什么信号，必须高度重视。

投资是对工业品的需求，投资的增长必然会带来工业产出的高增长，如果投资增长而工业生产仍然低迷，就只能有一种解释，即满足投资增长的工业品供给来源，不是现行工业生产，而是工业库存。

在去年全年，前半年企业的投资活动面临着巨大的宏观货币紧缩，导致投资活动的资金链发生某种程度的断裂，后半年则由于国际金融危机开始，对中国经济活动产生显著影响，生产经营活动大幅度下滑，企业盈利显著减少，也影响了投资活动。所以，大量投资项目被停建、缓建，以前由投资商向工业企业发出的订单由此不能按期兑现，但工业企业已经按订单安排了生产，我们的工业产值统计又是按生产法进行的，即只要产品进了仓库就可以报产值，所以我们在去年就已经可以观察到产成品资金增长率超过工业增长率的情况。并且到去年底，中国的未完工程量超过了 20 万亿元，其中由于银根过紧和企业盈利下滑所导致的工程项目停建、缓建，应该不是一个小数目。

今年以来经济运行中的另一个显著特点就是贷款的大投放，以至于前四个月已经超过了全年计划指标。而贷款的投放就成了引起投资增长与工业生产增长曲线相分离的基本原因，即投资商由于银根松动获得了流动性，有能力向工业企业付款而获得设备，进而完成投资项目，工业企业也可以在订货人没有能力及时付款的时候，用商业票据到银行贴现，这些情况反映到银行贷款活动中，就发生了票据融资比重提高和中长期贷款比重提高的变化。但是，由于投资需求对工业生产的拉动作用在以前已经实现，被统计到以前的工业增长中，因此贷款投放虽然拉动了投资，却不能拉动工业增长，这就是投资与工业增长曲线相分离的原因，也是前四个月短期贷款占全部贷款比重持续下降，以及 M1/M2 比率不断下降的原因。

所以，投资高、工业产出低反映的经济现象，就是用工业库存所满足的原有投资项目在加快竣工速度。这种情况也可以从钢材价格持续走低的情况中得到印证，因为如果是有大量新开工项目上马，由于新项目必须从土建工程起步，就会带来对钢材、水泥等建材产品需求的增长，进而拉高这些产品的价格。但是从年初以来，伴随着投资不断走高的却是钢材价格持续低迷，直到 4 月末，全国钢材市场价格平均指数仍低于去年 11 月份的最低点。

如果目前的投资高增长是建立在加快完成已有项目的基础上，则今年的生产过剩发生的情况就会更猛烈。目前，还没有前两月投资完成额的构成数据，但到一季度数字出来的时候，我相信一定会出现在已经严重过剩的钢铁、电力、有色、煤炭等领域的投资完成额的高增长。所以，目前的经济刺激方向是在缓解生产过剩还是在加重生产过剩，就不难有个判断了。

二、为什么已有的经济刺激路径会效果有限

目前的经济刺激路径被概括为扩内需、振产业、科技撑、提社保，这就把刺激路径分成了供给和需求两个方面。扩大内需和提升社保水平是从需求方面出发的政策，振兴十大产业和促进科技则是从改善供给方面考虑。

扩大内需包括扩大消费和投资需求两方面，如果扩大投资需求的功效已如上面分析，则效果会极为有限，甚至有很多负面影响。扩大消费目前的重要举措是家电下乡，但占全国居民总数2/3的农村居民，其收入总量仅占全部居民收入的1/3，想用农村需求增长弥补城市需求下降，空间极为有限，且在城市经济收缩后，农民工大量返乡，在岗农民工的收入水平也大幅度下降，农村家庭收入也是收缩的背景，所以启动农村消费的前景必定是步履维艰。

目前，已出台了十大产业振兴方案，其中也包括科技支撑的内容，据说还会有更多的振兴方案出台，但这都是从增加和改善供给方面来考虑的政策，虽然也有增加投资的相应安排，其结果仍是增加和改善供给。西方市场经济国家在长达200多年的现代市场经济发展过程中，也会在爆发生产过剩危机的时候，出现投资设备更新的高潮，这是推动市场经济国家技术进步和走出萧条的重要市场机制，但这首先是市场机制，其次是萧条的过程，就是强制消除过剩产能，使供给与需求强制实现平衡的过程，没有这个过程，也不会引发企业内生的技术进步和更新设备要求。如果我国不对社会总供求结构作大的调整，而是在延续目前经济结构的基础上由政府来推动产业振兴，就是把结构调整措施变成了总量扩张措施，其效果与西方市场经济国家在发生危机后的设备更新高潮效果就很不同，这个不同之处就在于，我们的产业振兴方案不会有效消除过剩产能，反而会

加大过剩产能。例如，出台的汽车产业振兴规划就要求，在未来三年中央财政要投资百亿元，促使汽车产量的年增长率达到 10%。从前四个月的工业产出结构看，代表生产能力增长的通用设备、专用设备和电器机械设备这三个设备制造业部门的增长率，都分别比同期平均工业生产增长率高出 20%～120%，这说明产能释放阶段还没有过去，如果再要求产业振兴，结果可想而知。

如果延续目前的经济结构，增加投资与产出，越往后看，宏观调控的实施空间就越小，因为到 2007 年四季度最高峰时，由净出口所代表的国内生产过剩程度，已相当于 GDP 的 12%，在出口大幅度萎缩和产能继续释放的背景下，今年的过剩程度可能会达到 15%，按去年 30 万亿元总产出计算，就是 4.5 万亿元。虽然中国财政赤字占当年 GDP 的比率目前还不到 20%，但若是走到像日本那样因民间需求持续萎缩，只能由财政来担当需求大局的那一步，只要不到 4 年时间，财政累计赤字就会超过占 GDP60% 的警戒线，年度赤字规模也会 4 倍于占 GDP3% 的警戒线。因此如果危机持续，用光了政府的调控回旋余地，经济可能还是走不出来。

所以结论就是，目前经济刺激政策的效果会很有限，而且越往后其局限性就越明显，甚至会由于加重了未来的生产过剩而走到政策出发点的反面。如果美国次贷危机所引发的这场萧条，是一场温和的、短期的世界性经济萧条，我们目前的刺激政策就是足够的，但情况显然已经不是如此，我们的经济振兴方案就必须立足于应付一场严重的、长期的世界性萧条，必须有战略性的考虑了，而这个战略方向就是城市化。

三、工业化创造供给，城市化创造需求

众所周知，工业化的过程也是城市化的过程，经济的现代化就是依托这两个过程完成的。这两个过程之所以不可分割，就是因为工业化所创造的现代消费品是面向城市人口的，而工业化所带来的社会分工要求，也只有在城市体系中才能得以顺利实现，所以，工业化要以城市化为基础，城市化则要靠工业化来推动，从这个意义上讲，在经济现代化过程中，工业化创造供给，城市化创造需求。

城市化创造需求的能力主要表现在三个方面：

第一，是会引发大规模的投资需求，这又分成三方面：一是会引发生产性投资，从而为转入城市的劳动力提供就业机会。二是会引发建设城市所需要的基础设施投资，如道路、给排水、电力、通信、垃圾和污染物处理等，这些基础设施建设不仅是为满足城市人口生活的基本需要，也是为现代消费品进入居民消费领域所准备的基础条件。例如，目前中国城市人均生活用水量是农村人口的 11 倍，就是因为洗衣机、热水器等产品有城市中发达的给排水和电力体系依托，能得以普及，这也是彩电、冰箱和洗衣机等基本家电在城乡之间的普及率能相差 2 ～ 4 倍的根本原因，至于轿车进入居民家庭，更是需要城市中发达的道路建设条件。三是会引发房地产投资，以满足城市人口的居住需求和工商企业的发展需求。以住宅投资看，由于城市住房比农村要讲究，地价也高，所以 2007 年中国的城市仅占 1/3，但人均住宅投资却大约是同年农村人均住房投资的 12 倍。从总体看，粗略地计算，中国从 2003 —2008 年，每增加 1 个城市人口大约会引出 50 万元的城镇固定资产投资。

第二，城市化会引发更多的消费需求。这是因为城市人口收入要高于

农村，有能力消费更多的商品，而且现代大工业所生产的消费品，都是以城市基础设施配套为使用条件的。此外，即便是现代农村，也仍保留了很多自然经济的痕迹，许多消费品是自给自足的，例如，从统计资料看，在改革开放初期，中国农村居民消费中有超过 40% 是非现金形式的，而直到 2007 年，全国农村消费平均仍有 14.2% 是非现金形式的。所以城市人口比重的提升就会带来消费总量的扩张。

第三，服务产业的发展也是与城市规模的扩张密不可分的，不仅依托城市的大工业体系发展，必须有与之配套的生产性服务体系，如流通与通信服务体系、金融与法律服务体系、劳动力市场与交易体系等，城市居民的基本生活保障与生活质量的提高，也离不开商业服务与医疗、娱乐的服务产业的发展，而在农村，由于受到人口聚集程度和收入水平的限制，这些服务产业就没有巨大发展空间。

在我国，改革前 30 年为了完成需要高积累才能建成的军重工业建设，而把长期保持高比重的低收入农村人口当作了主要的积累机制，所以只有工业化而没有城市化，1978 年，从第二产业比重和工业劳动者人均资本拥有量看，中国已相当于人均 GDP3000 美元的中等发达国家的工业水平，但是从农村人口比重看，却只相当于人均 GDP200 美元国家的水平，这就是我们经常说的“二元结构”，即先进的工业与落后的农村并存。二元结构在发展中国家普遍存在，但在 1978 年时以中国为甚。例如，根据当时世界银行的统计，用比较劳动生产率来衡量的二元结构强度，世界发展中国家平均为 3 倍，最高的国家也刚超过 4 倍，而中国则是 6.1 倍。

改革开放以来，为了给长期欠缺的轻工业发展补课，也为了解决庞大农村人口的就业问题，在全社会资本积累不足的背景下，从节省城市化成本出发，从 20 世纪 80 年代中期开始，又长期实行了“离土不离乡、进厂不进城”的农村工业化政策，农村工业化进而国家工业化虽然获得推进，工业内部的轻重工业比例关系也得以优化，但工业化超前、城市化滞后的矛盾仍然没有解决，二元结构不仅没有消失，反而出现了强化趋势，到2003年，农业与非农业的比较劳动生产率差距倍数，从1978年的6.1倍上升到6.6倍，到2007年，虽然由于本轮工业化所带来的农村劳动力转移效应，又回落到5.4倍，但是今年随着城市经济萎缩及其所产生的农民工倒流，估计又会回升到6倍以上。

由于新中国在改革前及改革后30年长期发展中，都延续了工业化超前而城市化滞后的经济发展模式，所以就形成了独特的经济结构：从产出水平看，已经达到了可以满足人均收入3000美元国家的生产能力，但是从需求水平看，由于占人口主体的农村人口人均收入水平去年只有4761元，折合美元只有700美元，导致国内需求总规模与供给总规模严重不对称，形成了社会经济总量循环过程中的巨大断裂层，这是中国形成长期过高的储蓄率，以至于不得不长期高度依赖外需的基本原因之一。

在当代中国，收入差距拉大是导致过度储蓄和生产过剩的基本原因。但收入差距既表现在人群之间，也表现在城乡之间，例如，城乡人均收入差距1978年是2.68倍，2008年已上升到3.31倍。经济学理论说明，居民储蓄水平是随收入水平上升而不断提高的，2007年，农村人均消费支出占当年农民人均纯收入的比重是77%，而同年城市居民人均消费占收入的比例是67%，说明城市居民家庭的储蓄能力比农村居民的要高出10个百分点，城市人口虽然不是主体，但因为人均收入是农村居民的3倍以上，所以1/3的人口比重却占有超过70%的居民总收入，城市人口的储蓄能力强就导致了过高储蓄率的发生，相应抑制了消费总量与供给总量的平衡，由此引发生产过剩。

如果工业化创造供给，城市化创造需求，则工业化超前而城市化滞后的战略，就必然会导致一国的内部需求被长期压抑的结果，所以调整城乡人口比例结构，加快中国的城市化进程，就可以释放出巨大的内需，从而使中国的经济结构更加协调，使中国的经济发展更加符合市场化条件的经济规律。

从国际经验看，当一国处在人均收入 3000 美元发展阶段的时候，各国的平均城市化率在 55% 左右，人口稠密的东亚地区在 75% 左右，服务产业比重在 50% 左右，而在今天的中国却只有 1/3 的城市人口（1/3 这个比率是根据目前中国的非农人口有 3.5 亿人，再加上 1 亿长期稳定在城市定居的农业人口估算出的数字。按照统计口径，2008 年城市人口已超过 6 亿人，但那是包括了城镇周边人口在内的数字，例如，把一个乡划为一个城市的区，这个乡的农村人口也就被计算入城市人口了，这是不准确的城市人口数字），服务产业比重只有 40%。如果把中国城市人口的比重提升到 2/3，即从目前的 4.5 亿增加到 9 亿，使服务产业比重提升到 50%，就可以为经济增长创造出一个长期的内需释放过程。

例如，如果 2008 年中国的城市人口有 9 亿，当年的社会消费总额就需要增加 55%，相当于要求 GDP 规模要扩大 27%，如果把服务产业比重提升 10 个百分点，也等于为经济增长创造出 10 个百分点的新空间。从 2003 年到 2008 年，中国的固定资产投资总额有 64 万亿元，其中 85% 是城市投资，总额超过 54 万亿元，同期城市人口约增加了 1 亿人，即每增加一个城市人口需要 50 万元投资额，则增加 4.5 亿城市人口就需要增加 225 万亿元投资，是去年投资额的 13 倍，可释放的需求空间更是巨大，并且没有造成新的过剩之忧。中国是发展中国家，在现代化道路上还有很长的路要走，现在一些主要工业品产量看似过剩，但从长期看仍远远不足。以目前陷入严重过剩困境的钢铁产业为例，发达国家在完成工业化的时候是人均年产量为 700 公斤到 1 吨，目前的钢铁产能虽已达到 6.6 亿吨，但是如果到 2030 年 15.5 亿人口高峰的时候，按人均 700 公斤计算，就是近 11 亿吨的年需求，所以从长远看，目前的过剩显然是相对的，还有着巨大的增长前景，关键看中国是否会为城市化补课。

为城市化补课是中国朝向现代化迈进的过程迟早要做的事情，这不仅可以在世界经济长期陷入低迷的过程中，为中国创造出一个可以长期增长的内需，而且原有的城乡二元结构在本次经济低谷中也难以继续维持下去了。新中国在长期以来的经济发展中，总是把农村当成是一个吸纳城市经济波动的海绵，例如，60 年代、70 年代知识青年的上山下乡，就是把城市经济难以吸纳的过剩人口向农村输送，改革开放以来，一遇到城市经济收缩，也是让农民工大量返乡，用农民工家里的承包田作为他们的失业保障。但是，自 80 年代后期开始的民工潮，到今天已经持续了 20 年，在这 20 年中，农民工的结构已经发生了巨大变化，已经是以 80 后和 90 后的民工为主体了，这些年轻人已经习惯了城市生活，甚至就出生在城市，已经不会种田，许多人在出生后家乡也没有分给他们田地，因此他们已经是既不愿种、不会种、又无田可种的一代新农民工了。有资料说明，在目前失业的 2000 多万农民工当中，至少有一半并未返乡而是在城市游荡，当他们找不到工作又花完了手中积蓄的时候，就会成为城市社会的不安定因素，这也从一个方面说明了调整城乡结构的迫切性。

离土不离乡式的工业化过程使工业企业在全国呈散点式布局，2007 年乡镇企业增加值占全国 GDP 的比重高达 28.5%，水泥等建材产品和机械、电子产品的产出比重在全国占到 20%～40% 以上，同时二氧化硫和固体污染物等的排放量也占到了全国的 23%～37%，由于不能像在城市那样集中处理工业污染物，乡镇企业对环境的污染程度就更严重，随着工业污染已经成为中国经济增长的严重制约瓶颈，乡镇企业向城市集中也是必然趋势。此外，由于乡镇企业缺乏良好的外部市场环境，在劳动力流动、技术与信息获得、仓储、运输、法律服务等方面，都必须支付比城市企业更高的成本，这极大地限制了企业在农村的发展，特别是金融服务无法有效深入到农村经济体系中，更是乡镇企业发展的巨大制约，所以，已经实行了20多年的离土不离乡的农村工业化政策到今天真是走到尽头，必须作大的调整了。

在本轮经济增长高潮中，政府提出了“新农村”的政策主张，去年的“三中全会”又提出了“新土改”的命题。新农村运动在某种程度上，是希望通过改善农村生活环境而减轻农民向城市转移的压力，显然不是基于推进城市化的考虑，而新土改则是要解决土地在农村的流转问题，使土地使用更有效率。但是，农民失去土地使用权就是失去了生活来源，如果出让土地所获得的收入花光后又没有在农业以外找到新的谋生手段，就会产生大量无业游民。中国两千年的封建史说明，小农经济遇婚、丧、病、事或自然灾害极容易破产，其结果就是产生土地兼并和大量游民，这是历代发生社会动乱的基本原因。因此，不推动城市化就搞农村新土改，是不利于社会稳定的制度安排，而只有在大规模城市化启动后，当城市经济成为可以吸纳大量农村转移人口的时候，农村的土地集中过程，才是一个有利于农业发展和现代化建设的过程。

中国虽然国土辽阔，但是由于人口众多且山川河流纵横，耕地面积很有限，随着工业化过程的推进，工业和交通、城市建设占地日益增多，吃饭和建设之间的矛盾开始激化。根据有关部门预计，到2030年，中国人口还要再增加2亿以上，而根据农业部的预测，在保持18亿亩耕地与考虑科技进步因素后，未来十几年中国的粮食总产量再增加也是有限的，但是根据国际经验，西方国家在完成工业化的时候，人均粮食占有量是1000千克，东亚地区经济体在500千克上下，如果到2030年中国完成工业化的时候，人口是15亿人以上，则那时对粮食的需求总量就会高达7.5亿～8亿吨，比目前增加2.5亿吨以上，以1亿吨的可能增产量显然是不够的，这就要求必须对土地的存量格局进行大调整，以此来提高土地的使用效率。这个调整将集中在两方面：一个是要大幅度提高现有城市的土地容积率；另一个就是要通过城市化过程中农村人口向城市的转移，把农村的宅基地转变成城市化用地。目前，中国的农村人口总户数有2.5亿，按每户宅基地3分即200平方米计算，大约是7500万亩，如果按东亚发达经济体85%的城市化率计算，中国保留5000万农户就可以了，可以转出80%的宅基地用于城市化，大约是6000万亩。不要小瞧这个数字，因为中国政府规划的未来十年的耕地占用总规模也只有2300万亩左右。因此，即使没有国际经济严重衰退这个背景，仅仅出于继续推动经济增长的考虑，也已经到了必须推动中国城市化进程的时刻了。

推动城市化进程不仅有来自城市经济发展的需要，也有来自农业发展的需要。中国的耕地不能增长而人口却仍在增长，解决吃饭问题就越来越多地依靠农业科技和工业化资本物品的投入，以此来提高土地产出率，这就不可避免地提升农业产值中物耗所占的比重，从而会不断挤压农业纯收入的增长，导致农民增产不增收的情况越来越严重，极大地挫伤了农民的务农积极性。到目前阶段，中国农业物耗比重已从改革开放初期的不到30%上升到45%左右，而发达国家的农业，如美国，农业物耗比重在50%左右，但美国的家庭农场平均占有耕地在400英亩左右，即2400亩，由于人均耕地资源占有量高，总收入就高，除掉物耗开支后，所得的纯收入仍然很高，而中国则不然，2007 年农村户均耕地只有 7.3 亩，且还在不断减少，所以就很难负担得起高物耗。90 年代以来，“三农”问题日渐突出，主要表现在农民收入增长率日益下降，其中一个重要问题就是 90 年代是中国农业物耗急剧提升的时期，农民增产不增收的情况在广大农村地区日益蔓延，程度也越来越严重。发达国家都对农业实行补贴政策，2003 年以来，中国也对农业实行了大规模的转移支付，如对农民购买农机具的补贴和对耕地的直补政策，但这是由 1/3 的城市人口补贴 2/3 的农村人口，是少数人补贴多数人，与发达国家以城市人口为主体的多数人补贴少数人的政策根本不同，因此不是解决“三农”问题的根本出路。而根本出路就是通过大规模的城市化过程减少农村人口，从而大幅度提高农户的耕地资源占有量，以此来提升农民收入，这样才有了建立在提升农业物耗基础上的农业总产出增长的可能。

马克思曾说：“超过劳动者个人需要的农业劳动生产率，是一切社会的基础。”（《马恩全集》第 25 卷）就是说，只有当农业可以养活更多农业以外人口的时候，社会分工，从而工业化和城市化才会发生和发展。在我国，农业劳动生产率的提升，早已为大规模的城市化准备好了条件，表现为农村有大量剩余劳动力早已长期脱离农业而参与了非农产业的发展过程，其中有超过 2 亿以上农民工直接参与城市经济活动中。早在 80 年代后期，世界银行的专家在考察中国农业的时候就指出，以中国的耕地面积和所使用的耕种、排灌机械，以及化肥、农药等工业化投入物，中国只需要 1.5 亿农业劳动力就可以完全满足农业生产需要了。如果说 80 年代后期到 90 年代初期，中国还存在资本不足问题，到了今天中国已经出现了大量资本和产品剩余，到 2008 年底，中国银行体系内的存差规模已高达 17 万亿元人民币，还有近 2 万亿美元的外汇储备，大量剩余资本和大量农村剩余劳动力只要在城市经济中结合，就可以形成现实的生产力，所欠的，只是政府是否有推动这种结合的意愿。

2003年以来，随着中国的工业化进入重化工业阶段，以石油、铁矿和有色金属矿所代表的重工业所需资源性产品消耗，逐步成为中国经济增长的制约瓶颈。在本轮经济增长高潮中，这些资源的国际依赖率不断提高，近年来在国际贸易中，新增石油贸易量的40%流向了中国，铁矿砂和铜、铝等有色金属进口则占到了80%～90%。中国的城市化将会带来更多的城市人口和资源需求，对国内和国际资源都是巨大压力，如果在本轮经济增长中就同时为城市化补课，中国面临的资源压力及其所引起的资源价格上涨就会更猛烈，但是全球经济危机的深化和长期持续前景，给中国在此时推动城市化过程提供了一个好机会，因为全球经济落潮造成全球资源需求减少和价格下跌，中国在这个时期启动城市化进程，就会减少很多国际麻烦与支付更低的成本。正是“此时不动，更待何时”！

综上所述，只有城市化才能打开中国一个长期巨大需求，是对冲外部需求严重萎缩的唯一出路，而且也是中国经济在走向现代化过程中的内生性要求，即便没有这场世界性危机，中国也必然会由于长期积累的结构矛盾，出现一个为城市化补课的城市化高潮。目前的国内国际因素都在推动中国立即推出城市化战略，我相信在政府看清了世界经济危机将长期化这个前景后，城市化就必将成为中国政府下一步的必然选择。

四、城市化的步子应该怎么迈

推动城市化战略就要对中国的产业空间布局、人口布局、交通网络布局等都进行重大调整，如果未来10年中国的城市人口增加一倍，达到9

亿人，许多中小城市将变成百万人口以上的大城市，许多大城市将变成人口超千万的中心城市，但这些城市有哪些？建在哪里？怎么建？等等，都必须进行审慎而详细的规划与论证，这些不是短期内能够实施的事情，但如果此时开始启动，相信有两年时间也足够了。

对应付世界性经济衰退来说，这是否有些缓不济急？并非如此，因为城市化还包括对城市存量结构进行大规模调整这个重要内容。我在 1993 和 2005 年曾经承担了国家计委“九五”和“十一五”规划有关区域经济的背景研究工作，曾分别提出到 2010 年建立九大都市圈和到 2030 年建立二十大都市圈的构想，其中在最近的研究中设想，到 2030 年中国达到 15.5 亿人口时，从兼顾吃饭和建设需要出发，中国将只有 450 个百万人口以上规模的大城市，而千万人口以上的特大城市将达到 30 个以上。由于目前中国的城市已经超过 600 个，在未来还要减少，因此中国的城市化基本上是依托现有城市规模展开，而通过改革开放以来的经济高增长，有哪些城市可以作为未来的中心城市或重要的功能型城市，目前就已经可以看得出来，城市化就可以先从这些城市起步。

现有城市的扩张也要分两步走，第一步是对旧城区的改造，大幅度提高城市的容积率，第二步才是以旧城改造所创造出的新空间，为未来的新增城市人口建设就业与居住条件，如工商企业和住宅小区等。东亚地区都与中国相似，人多地少，而日本的城市容积率（城市建筑面积与城市建成区的比率）是 2，我国台湾地区是 1.2，香港地区是 1.6，中国内地平均只有 0.78（2006），因此一方面土地紧缺，另一方面严重浪费，就是中国城市土地利用的现状，而改变这个现状是推动中国城市化的必要条件。

同时，自 1998 年以来，中国城市的住宅发展走的是单一市场化道路，而在本轮经济增长中大约有 40% 的城市居民，其收入增长率低于房价上涨率，使相当一部分城市居民永远不可能通过市场化途径解决住房问题，由此引发了强烈的不满。而在发达国家，长期实行的是市场化与保障性住房两分开的政策，即有大约一半的居民是住政府提供的公房或廉租屋。如果中国在未来 10 年城市人口增加到 9 亿人，其中有一半人口，特别是新增农村转移入城市的人口是居住在保障性住宅，按人均 25 平方米建筑面积和每平方米 2500 元投资计算，投资总额将高达 28 万亿元，如果未来 5 年每年的保障性住宅开工面积达到 10 亿平方米，总投资达到 2.5 万亿元，就已相当于去年全年的住宅开工面积和 83% 的住宅投资额，将是对房地产业的强劲拉动，也会极大缓解已严重过剩的钢铁、水泥等生产领域的困境。

从长远看，中国的城市化必须走大都市圈的道路。目前，中国百万人口以上的大城市的人均占地是中小城市的 1/6，单位土地产出率却是中小城市的 40 倍，不走大城市化的道路，到人口总数上升到 15.5 亿人，其中 12 亿人居住在城市的时候，耕地面积就会缩减到 16 亿亩以下，就不能满足中国人对农产品的基本需求。大城市还不够，还必须建设大都市圈，因为都市圈的概念是，在都市圈内生活的人口，基本是依托都市圈内的生产体系来满足生活消费的，这就是“圈”这个概念的由来。都市圈的地理半径在 120 ～ 150 公里，这是汽车 1 小时的运输半径，不仅可以保有最高的运输效率，更由于交通半径小而节约了对交通占地的要求，而自 2003 年以来，中国因交通占地增长所占用的空间，更大于城市占地规模。

土地稀缺所导致的地价上涨和企业在竞争压力下提高效率的要求，都在推动中国城市以都市圈模式发展，许多地方政府顺应市场规模和企业发展要求已提出了建设都市圈的设想。从交通方面看，中国长距离运输基本是走铁路，短距离走公路，而自 90 年代中期以来，铁路货物平均运距一直呈下降趋势，已从 1995 年的 807 公里下降到去年的 759 公里，公路平均运距则从 1995 年的 50 公里上升到去年的 69.5 公里，而且在同期内，公路货运周转量占铁路货运周转量的比率，从 36% 上升到 48%，说明国内短途货运增长显著快于长途货运增长。这就是都市圈经济在不断孕育发展的标志。我们可以把铁路与公路运输里程的变化当作是都市圈发展的标志或指数，如果公路平均运距上升到 100 公里以上，则大都市圈模式就已经在中国生根了。

以城市化为取向的经济振兴方案，在未来 10 年可以产生超过 225 万亿元的投资规模，由此可引发实物产品消费需求与服务业需求增长，也是前景无限。由于从根本上解决了产出结构与人口结构不对称所造成的过度储蓄和消费不足，在相当长时期内也有利于缓解中国的收入分配矛盾，所以可以使中国的企业与居民增强战胜世界性经济萧条的信心，由此建立一个科学的也是雄厚的基础上，使中国成为世界经济持续低迷过程中的唯一亮点。此文有关城市化的论证还很粗疏，但相信方向是正确的，而只有对于这一问题的全社会认同，才能成为中国经济的自觉实践。

（作者系中国宏观经济学会副会长兼秘书长）

抓住社会主要矛盾　推动城乡融合发展

郑新立

党的十九大报告指出，我国社会主要矛盾已经转变为人民日益增长的美好生活的需要同不平衡、不充分的发展之间的矛盾。城乡发展的不平衡是主要矛盾的集中体现。围绕解决主要矛盾，推进城乡融合发展，不仅能够释放巨大发展新动能，推动国民经济以中高速持续增长，而且能够缩小城乡居民收入差距，对于全面建成小康社会，进而实现建成社会主义现代化强国的目标，具有决定性意义。

一、城乡发展差距大是社会主要矛盾的集中体现

当前，我国发展的不平衡、不充分，主要体现在城乡之间、区域之间发展不平衡和生态环境恶化、公共产品短缺四个方面。而城乡之间发展不平衡更带有本质性的特征，是其他三个方面矛盾的集中表现。区域发展的不平衡本质上就是城乡发展不平衡的反映，因为中西部的城市与沿海城市相比，几乎没有多少差距，主要是中西部的农村发展严重落后于沿海农村。生态环境恶化突出表现在农村的脏乱差、农业面源污染和食品质量问题上。公共产品供给不足也突出表现在农村公共服务和基础设施远远落后

于城市。

截至 2016 年底，我国农村仍有 58973 万人，占总人口的 42.7%。城乡居民人均可支配收入为 3.1 ：1。低收入人群和贫困人口主要分布在农村。农业劳动生产率低下，农业仍是一个缺乏国际竞争力的弱质产业。农业从业人员仍有 21496 万人，占全社会从业人员的 27.7%。第一产业的增加值仅占国内生产总值的 8.6%。农业劳动生产率仅相当于全社会平均劳动生产率的 31.0%，这是农村居民收入水平低于城镇居民的决定性原因。而造成农业劳动生产率低的根本原因，是土地经营规模过小。按全国共有 18.37 亿亩耕地计算，平均每个农业劳动力的经营规模为 8.5 亩。根据农业部的测算，北方单季农业地区，平均每个劳动力种 100 ～ 120 亩；中南部双季农业地区，平均每个劳动力种 50 ～ 60 亩地，农业劳动生产率才能赶上社会平均水平。按照习近平总书记所讲，达到了这样的经营规模，农民才能真正成为一个体面的职业。在人多地少的基本国情下，除了继续加快农业劳动力向非农产业转移，农村人口向城镇转移之外，就要提高农产品的附加值，发展花卉、药材、果蔬等劳动密集型农产品，继续提高畜牧养殖业在农业中的比重，通过出口劳动密集型农产品，换回一部分饲料、粮食等等资源密集型农产品。也就是说，要加快发展规模化、社会化、专业化、现代化大农业。有人从发达国家农业现代化的历史经验出发，认为中国的农业现代化还需要几十年时间，可以慢慢来。这是没有看到当前我国工业化、城镇化进展已经为农业现代化提供了良好条件和机遇，低估了加快农业现代化的潜力，低估了中国的后发优势。没有农业的现代化，没有城乡居民收入差距的迅速缩小，中国的现代化和跨入高收入国家行列是不可能实现的。党的十九大指出当前社会主要矛盾的变化，将动员全党和全国人民把注意力放在解决这一主要矛盾上，集中力量实施乡村振兴战略，农业现代化和农民收入必将出现一个前所未有的快速增长局面。

二、导致城乡发展差距拉大的主要原因

造成目前城乡差距大的原因有很多，我们必须找到根源所在，抓住主要症结，对症下药，才能取得事半功倍之效。

城乡市场行政分割是城乡发展差距拉大的根本原因。特别是改革开放40年来，城市的市场化进程远远超过农村。目前，城市的生产要素基本上都已市场化了，但农村的生产要素仍处于半市场化或非市场化状态。按照市场规律，商品总是朝着价格高的地方流动，因此，农村的劳动力、土地、资本等要素源源不断地从农村流向城市，而城市的资本、技术和劳动力却流不进农村。农村2.8亿精壮劳动力进入城市，在建筑等劳动密集型行业，农民工已经占80%以上，成为工人队伍的主体。农村的土地以较低的价格被政府征收，经过“招拍挂”，再以几十倍甚至上百倍的价格出售，变为城市建设用地。农村的各类金融机构像一台台抽水机，把农村那点小得可怜的积累能力集中起来，再输送到城市、沿海地区、国有企业和重大项目上。粗略估算，40年累计，农村流向城市的要素总价值在几十万亿元以上。正是这些从农村输入的巨量生产要素，造就了城市的发展和繁荣，也导致了今天的城乡发展差距。

城乡居民基本权益不平等是导致城乡差距拉大的重要原因。一是城乡居民财产权不平等；二是城乡居民户籍权益不平等。突出表现在住房上，城市居民的房产都已市场化，随着城市化进程带来的不动产升值，城市居民都已享受到住房升值带来的财富效应，很快进入中产阶层。在一线城市，这种财富效应表现得尤为显著。而农村居民眼巴巴地看着城市居民

魔术般地富起来，自己却与此无缘。农民工打工挣的血汗钱在城市买房无望，只好回家造房。在中部一些农民工输出的重点地区，建起了数以亿计的三四层高的楼房，里面却空荡荡的，常年无人居住，又缺乏市场价值，造成惊人的资源浪费。这种浪费不仅仅是农民工家庭和个人的，而且是全社会的。农民工在城市干了十几年甚至几十年，为所在的城市做出了巨大贡献，但是由于其农村户籍，使他们分享不到所在城市户籍居民所能享受的公共服务，包括养老保险、医疗保险、住房保障、子女入托入学等服务。更令人揪心的是农村6000万留守儿童、4500万留守妇女、4000万留守老人，他们朝思暮想能够在城市全家团聚。正是这种财产权益和户籍权益的不平等，对城乡收入差距起到了助推作用。然而，令人悲哀的是，至今我们有许多研究农村经济的人，自称是农民利益代表的人，却把城乡市场之间的行政壁垒视作天经地义，竭力加以维护，把打破城乡市场壁垒、城市资本下乡视作洪水猛兽。

韩国的城乡发展历程为我们提供了借鉴。20世纪70年代，韩国工业化、城市化开始起步，至今40多年来，城乡居民收入始终保持在1∶0.9左右。韩国之所以能做到城乡居民收入同步增长，关键是两条：一是早在70年代就开始搞新农村建设，政府财政向农村倾斜，企业也注重向农村投入；二是健全城乡一体化的市场体系，包括城乡一体化的房地产市场，农民通过出让土地获得财产性收入，与城市居民同等分享到了城市化过程中不动产增值的收益。韩国能做到的事情，我们也应当能够做到。

党的十八届三中全会的决定明确无误地提出要深化农村土地制度改革，在保持土地公有制的前提下，通过所有权与用益物权分离，再通过土地用益物权的流转，既满足城市建设用地需要，又使农民获得财产性收入，为我们建立城乡一体化发展新制度指明了方向。现在需要做的是，抓紧总结农村土地制度改革试点经验，以只争朝夕、时不我待的精神推广已被实践证明了的正确经验，把乡村振兴战略落到实处。

三、实施乡村振兴战略关键在推进城乡融合发展

党的十九大报告提出实施乡村振兴战略和区域协调发展战略，同时提出要推进城乡融合发展，后者是前者的根本途径和前提条件。因为只有推进城乡融合发展，实现城乡要素双向自由流动，城市的闲置资本、技术和人才才能大批流入农村，才能为农业农村发展注入强大要素支持；而农业的现代化才能进一步释放富余劳动力，解决城市到处存在的招工难问题，支持第二、第三产业发展，加快城市化进程。离开城市经济的支持，仅靠挖掘乡村内部潜力来实现乡村振兴，必然旷日持久，是不必要、不现实的。

实现城乡融合发展，必须紧紧抓住以下四件事整体推进。

一是加快农业现代化。要把当代最新技术推广应用到农业生产的全过程，用先进的机械设备武装农业，发展节水灌溉。通过土地承包权入股，发展股份合作制和各类农业公司，使农民成为农业合作社和农业公司的所有者和劳动者，既获得劳动报酬，又获得股权分红。通过农业经营主体的创新，提高对新技术的吸纳能力、新产品开发能力和对国内外市场的应变能力，改变现有农业经营主体规模狭小、素质不高、抗风险能力差的状况。要通过体制创新推动传统农业向现代农业的转变。

二是加快新农村建设。自“十五”规划提出新农村建设以来，农村基础设施和公共服务有了很大改善，农村面貌有了很大变化。但是，与全面建成小康社会和建设美丽乡村的要求相比，还有很大距离。特别是与城市

相比，农村基础设施和公共服务建设的任务仍然艰巨，农村生态环境亟待治理，农民居住条件需要改善。应结合村庄整治，唤醒农村沉睡的土地资源。要以农村住宅的商品化为杠杆，建立新农村建设的市场机制。

三是加快农民工市民化。对于在城镇已有稳定工作和收入的农民工，应允许在城镇落户，由农民工自主选择居住地和户籍。同时，应为进城落户的农民有偿退出宅基地和房产创造市场条件。重庆市创造的地票市场的经验，应允许其他城市借鉴推广。对进城落户的农民，应与城市居民一样享受各种公共服务。对农民工集中输出地退出宅基地所增加的建设用地指标，应允许跨省调剂交易，使退出的宅基地能获得更多补偿。

四是扎实推进特色小镇建设。特色小镇位于城乡接合部，鼓励城市中的企业、大学、科研机构等到城市郊区或交通便利的地方建设一个专业小镇，把上下游产业链的企业都吸引过来，完善配套服务设施，既有利于企业降低成本，又能带动周边地区发展。在今后的城市化进程中，应把发展特色小镇和特色小城镇作为重点，改变过去偏重发展大城市的倾向。这就能够有效避免交通拥堵、空气污染、房价畸高等城市病的出现。

做好以上四件事，必须形成强有力的市场机制，不能过度依赖财政投资。财政资金只能作为引导资金，把社会投资引导到城乡融合发展上来，才能起到决定性作用。应实行人、地、财等要素联动，以农村宅基地制度改革为杠杆，撬动城市资本下乡。根据安徽省金寨县和江西省余江县农村宅基地制度改革的成功经验，把进城农民退出的宅基地和村庄整治节约的建设用地，拿出一部分在省域范围的建设用地市场进行交易，每亩售价达50万元。全国农村宅基地共占用2.5亿亩，若以每亩50万元作为平均价格，其潜在总价值达125万亿元。以宅基地和房产的使用权为质押，撬动几十万亿元银行贷款和社会资金投入农业现代化、新农村建设、农民工市民化和特色小镇建设，是完全有可能做到的。如能建立起这样一个市场筹资运作机制，何愁乡村振兴缺钱？

四、特色小镇建设是实现城乡融合发展的突破口

建设特色小镇，能够实现第一二三产业融合发展，有效带动城乡一体化发展。

根据浙江的经验，特色小镇可以多种多样，诸如，衬衣小镇、袜子小镇、领带小镇、纽扣小镇、五金小镇、丝绸小镇、网络小镇、基金小镇、创意小镇、珍珠小镇、纺织小镇、印染小镇、旅游小镇、养殖小镇、花卉小镇、家具小镇、皮革小镇，等等。围绕一种产品，带动一个产业，富裕一方百姓。所以，特色小镇建设应成为解决社会主要矛盾、带动城乡融合发展的重要抓手。

2016 年 12 月 12 日，国家发改委、国家开发银行、光大银行、中国企业家协会、中国企业联合会、中国城镇化促进会六个单位联合发出了《关于实施“千企千镇工程”推进美丽特色小（城）镇建设的通知》，特色小镇迅速发展起来。去年，根据习近平总书记的批示精神，有关单位对特色小镇建设的情况进行了调查研究，于 12 月 4 日由国家发改委、住房城乡建设部、国土资源部、环保部发出《关于规范推进特色小镇和特色小城镇建设的若干意见》，指出，特色小镇是在几平方公里土地上集聚特色产业、生产生活生态空间相融合、不同于行政建制镇和产业园区的创业创新平台。特色小城镇是拥有几十平方公里以上土地和一定人口经济规模、特色产业鲜明的行政建制镇。对特色小镇和特色小城镇的概念和内涵做出了明确的界定，对有关规划、融资、土地、环保等政策做出了具体规定，

对特色小镇的健康发展具有重要指导意义。我们应认真学习和贯彻落实这些文件精神，确保特色小镇建设不走弯路。

根据实践经验，我认为，与以往的城市建设惯例不同，搞好特色小镇建设必须实行以下六个转变：

（一）城镇化的方向要由重点发展大城市向重点发展特色小镇转变

在特色小镇上围绕一种产品和服务来发展专业化协作，集中搞好技术研发，延伸辐射营销网络，能够形成更强的国际竞争能力。通过发展一批特色小镇，创造新的经济增长点，增加就业机会，吸引城市人口和农村转移人口向小城镇集聚，将改变我国城镇化的走向，优化城镇结构和布局。

（二）城市功能由过去工作和居住区域相互分离转变为向产城融合方向发展

过去那种“摊大饼”的城市发展方式造成就业地与居住地分开，上下班时形成潮汐式人流，导致无法解决的交通难题。今后发展小城镇必须是产城融合的，既要有产业和就业机会，又要有住房、学校、医院、商业、休闲等生活服务设施，甚至能够步行上下班。要努力打造既宜业又宜居的舒适优美的工作生活环境。

（三）在产业选择上由多业并举的综合性城市向专业化的特色产业发展

现在的大城市、特大城市和中等城市，往往各种产业都有，是一个综合性城市，缺乏特色。未来的特色小镇在产业上一定要高度专业化，一个产品、一家企业、一所大学、一家银行就可以形成一个小镇。比如，浙江嵊州领带的产量占全球80%以上，诸暨大唐镇的袜子年产量达70亿双，小产品、大市场，形成“块状经济”，在全球市场具有无与伦比的竞争力。又如德国的住宅储蓄银行，总部就单独坐落在一个小镇上，战后几十年不动，银行员工都在镇上居住，风景秀丽，宁静优雅，在那里工作居住非常安逸舒适。

（四）在投资运营上由政府为主体向企业为主体转变过去搞小镇建设

一般都是由政府作为投资运营主体，导致政府机构庞大，运转效率低下。河北廊坊固安县开发区委托华大幸福基业公司来投资运营，政府与企业实行 PPP 模式，大大提高了成效。过去多年招不来几个投资企业，运行主体改变后，调动了企业的积极性，过去由政府几个人搞招商，现在改变为企业 200 多人搞招商，一年就招来几百亿投资，而且招来了一些高科技企业。开发区以新增税收偿还华大幸福基业的投入，加大了企业的压力和责任。特色小镇的投资运营主体一定要由企业来担当，政府不要大包大揽，这是成功的关键。

（五）在土地供应上由政府先征地后招拍挂向土地用益物权入股的方式转变

过去，城镇建设用地都是政府先向农民低价征地，通过招拍挂让企业进驻，土地财政已成为第二财政，这个模式牺牲了农民的财产权益，不能再继续下去。中央批准的 15 个农村宅基地改革试点县经过 3 年试验，经验已经总结出来。2017 年 6 月 18 日《人民日报》详细报道了金寨经验，如能推广，就能解决特色小镇建设用地需求。而且金寨县农民退出宅基地节余的建设用地，拿出其中一部分在全省建设用地市场交易，每亩就能卖到 50 万元。按照 2018 年 1 月 2 日《中共中央 国务院关于实施乡村振兴战略的意见》，提出“建立高标准农田建设等新增耕地指标和城乡建设用地增减挂钩节余指标跨省域调节机制，将所得收益通过支出预算全部用于巩固脱贫攻坚成果和支持实施乡村振兴战略”。在建立建设用地指标跨省调节机制后，土地这一要素将可以在全国市场流通，这是我国土地管理制度的重大突破。这项改革必将形成一个有力的杠杆，撬动城市资本下乡，撬动特色小镇建设，撬动全国经济发展。特别是中西部农民工输出大省，通过跨省建设用地交易，将可获得更多的补偿，不仅能充分满足东部和中西部特色小镇建设用地需要，更能为进城落户并退出农村宅基地的农民带来更多的财产性收益。如能让农民以土地用益物权入股，获得特色小镇建设的长期稳定收益，更能调动农民参与特色小镇建设的积极性，形成城乡互动机制，从而成为推动城乡融合发展和乡村振兴战略的强大新动能。

（六）在融资方式上由间接融资为主向直接融资为主转变

改革开放 40 年来，在融资结构中，我们过分注重间接融资，以银行贷款为主，导致出现企业负债率过高的状况。建设特色小镇，切记不要把债务比例搞得太高，避免出现偿债付息成本过大。可由企业和相关各方带着生产要素投资入股，尽可能扩大股权融资，把债权融资保持在一个适当比例。这样，就可以降低小城镇未来运营的成本负担。

特色小镇的建设正处于探索之中。目前搞得最好的应数浙江省，已经建成了 78 个特色小镇。中西部地区应当研究浙江特色小镇建设的经验，并借鉴国外的经验，确保特色小镇建设沿着健康的轨道快步前进，从而在乡村振兴和城乡融合发展中发挥重要作用。

（作者系中国国际经济交流中心常务副理事长、中央政策研究室原副主任）

行政体制改革

中国行政体制改革的历程和经验

魏礼群

行政体制改革是政治体制改革的重要内容，是中国改革发展事业的重要组成部分。行政体制改革包括行政权力结构变革、行政组织机构调整、行政管理制度及行政手段方式创新等。中国改革开放以来，行政体制改革取得重大进展。回顾中国行政体制改革的伟大历程和宝贵经验，研究探讨继续推进改革需要解决的重点问题，对于深刻认识改革开放的伟大成就，继续深化行政体制改革，协调推进“四个全面”战略布局，具有重要意义。

一、中国行政体制改革的背景

行政体制是国家政治上层建筑的重要组成部分。一个国家的社会经济制度及其发展阶段，决定着一定的行政体制。中国行政体制改革离不开中国特定的行政框架、经济社会改革不断深化，以及国际行政理论与实践的发展。

（一）新中国成立后 30 年行政体制的演变

1949 年 10 月 1 日，中华人民共和国宣告成立，社会主义制度的确立为探索建立新型的行政管理体制创造了条件。1951 年，政务院作出《关于调整机构紧缩编制的决定（草案）》，进行了新中国成立后第一次精兵简政工作。1954 年，第一届全国人民代表大会颁布了中国第一部《中华人民共和国宪法》，选举了国家主席，成立了国务院，形成了新中国基本的行政体制框架。从 1954 年底，用了一年多的时间，对中央和地方各级机关进行了一次较大规模的精简。1956 年，重新调整中央与地方的权限关系，同年召开的全国体制会议提出，改进国家行政体制的首要步骤，是先划分中央和各省、自治区、直辖市的行政管理职权，并且对地方的行政管理权予以适当扩大，然后再逐步划分省和县、县和乡的行政管理职权。这次改革一直持续到 1960 年。20 世纪 60 年代初期，为适应国民经济调整的需要，进行了"精简加集中"的行政体制改革。20 世纪 60—70 年代，行政体制在中央和地方分权以及政府部门增减方面多次调整。总的来看，新中国成立后，中国行政体制建设取得了重要进展：一是初步构建了与社会主义国家性质要求相适应的行政管理模式；二是创建了与计划经济体制相适应的行政体制；三是积累了中国行政体制建设的正反两方面经验。可以说，这一历史时期的行政体制发展历程尽管有不少曲折，但探索了中央与地方的权限关系，实施了精兵简政，调整了政府机构设置，建立了社会主义行政体制基本框架，促进了经济社会发展。这一历史时期的行政体制建设，为改革开放后的行政体制改革提供了基本前提和重要借鉴，其中最根本的教训就是不能超越经济社会发展水平及相应的客观条件，而一定要从本国国情和实际情况出发，着眼于适应生产力发展需要，稳步加以调整和变革。

（二）改革开放以来行政体制的变革

1978 年底，中国拉开了伟大的改革开放历史序幕。此后，从农村到城市、从经济领域到其他各个领域，全面改革的进程势不可挡。开放从对内到对外、从沿海到沿江沿边、从东部到中西部，对外开放的进程波澜壮阔。这场历史上从未有过的大改革、大开放，有效地调动了全国人民的积极性，极大地解放和发展了社会生产力，推动了经济社会的全面进步，使中国成功实现了从高度集中的计划经济体制到充满活力的社会主义市场经济体制、从封闭半封闭到全方位开放的伟大历史转折。中国人民的面貌、社会主义中国的面貌、中国共产党的面貌发生了历史性变化，综合国力大幅度提升，国际地位和影响力显著提高。特别是中国经济以世界上少有的速度持续快速发展，从一度濒于崩溃发展到总量跃居世界第二，人民生活从温饱不足发展到全面小康，为世界经济发展和人类文明进步做出了重大贡献。持续快速的经济社会发展和不断深化的改革开放事业，为中国行政改革提供了强大动力和基础支撑。

（三）国际行政改革理论与实践

自 20 世纪 70 年代以来，随着国际形势的变化，国际行政改革理论与实践取得了积极进展，相继出现了以新公共管理运动、公共选择理论和治理理论为代表的政府行政改革理论，并在美国、英国、法国、澳大利亚、新西兰等国家取得了很大成功。国际行政改革理论和实践的主要内容与措施有：一是政府职能的优化。重新界定政府职能是当代西方发达市场经济国家政府改革的重点之一。在新公共管理运动视野中，政府从大量社会事务中解脱出来，将这些职能交给或归还社会，由社会经济组织或中介组织去承担，政府则制定法律和规章制度，监督和执行法律法规。二是公共服务的市场化和社会化，即政府充分利用市场和社会的力量，推行公共服务市场化和社会化。三是分权。当代西方国家行政改革的目标之一在于分散政府管理职能，缩小政府行政范围，因而必然要求实行分权与权力下放。四是引入现代化管理技术。“重塑政府”，实现政府管理的现代化，建立一个“市场化”“企业化”政府。中国行政改革理论与实践，在借鉴国际最新行政改革理论与实践的基础上进行。虽然国家与国家之间的行政体制，由于政治、历史、文化等原因，其改革路径不可能相同，不可能照抄、照搬国际行政改革的模式，但国际行政改革的理论与实践，对于中国开阔眼界、打开思路，具有积极的启迪意义。实际上，中国行政体制改革正是在借鉴国际行政改革理论与实践有益做法的基础上，不断探索、不断深化，走出了一条中国特色行政改革之路。

二、中国行政体制改革的历程

1978 年底召开的党的十一届三中全会，开启了中国改革开放和社会主义现代化建设的历史新时期。40 年的大改革大开放，使经济和社会发展取得了举世瞩目的巨大成就。在这个过程中，按照建设和发展中国特色社会主义的总目标，根据解放和发展生产力、上层建筑适应经济基础的根本要求，坚持不懈地推进行政体制改革，并不断取得新突破和重大进展，中国特色社会主义行政体制不断变革与完善。40 年来，中国行政体制变革大体经历了三个阶段。

（一）冲破高度集中的计划经济体制模式（1978—1992）

从党的十一届三中全会召开到党的十四大前夕，主要是冲破高度集中的计划经济体制和行政管理模式，对完善中国特色社会主义行政体制进行积极探索。1982年和1988年实施了两次集中的行政体制改革。1982年进行的国务院机构改革，重点是适应工作重点转移，提高政府工作效率，精简调整机构。国务院部门机构改革完成后，进行了地方机构改革，重点是精简庞大臃肿的机构，克服官僚主义，提高工作效能。1988年实施了新一轮行政体制改革，进一步转变职能，理顺关系，精简机构和人员，提高行政效率。总体上看，通过这一阶段的改革，初步摆脱了与高度集中的计划经济体制相适应的行政管理模式的羁绊，激发了经济社会活力，促进了社会生产力的解放和发展。

（二）探索适应社会主义市场经济的行政体制（1993—2012）

从党的十四大召开到党的十八大前夕，主要是按照发展社会主义市场经济的要求不断深化改革，中国特色社会主义行政体制改革取得重大进展。1993年和1998年实施了两次集中的行政体制改革。1993年国务院机构改革方案的主要内容：一是转变职能，推进政企分开。二是明确部门职权，理顺权责关系。着力理顺国务院部门之间，尤其是综合经济部门之间以及综合经济部门与专业经济部门之间的权责关系，调整中央与地方权限。三是精简机构，压缩人员编制。1998年改革的主要内容：一是进一步调整部门职能。二是进一步精简机构编制。

2002年党的十六大以来，行政体制改革的主要任务是推进服务型政府和法治政府建设，中国特色社会主义行政体制改革全方位深化。重点围绕构建有利于推动科学发展、促进社会和谐的体制机制，着力进行制度机制创新和管理方式创新。主要包括：注重以人为本，促进经济社会全面协调可持续发展和人的全面发展；注重发展社会主义民主政治，大力推进科学民主决策，完善决策信息和智力支持系统，增强决策透明度和公众参与度；注重全面履行政府职能，强化社会管理和公共服务职能，加快以改善民生和公共服务为重点的社会建设，增强社会创造活力；注重规范政府行为，全面推进依法行政，加快建设法治政府；注重改进管理方式，推进政务公开和电子政务，探索实行行政绩效管理制度。党的十七届二中全会提出了到2020年建立起中国特色社会主义行政管理体制的改革目标，此后，行政改革取得了新突破。政府职能转变取得积极进展，在探索实行职能有机统一的大部门体制方面迈出新步伐，集中解决了在宏观调控、资源环境、市场监管、文化卫生等方面70余项部门职责交叉和关系不顺问题。

（三）推进政府治理现代化（2013年之后）

这一阶段行政体制改革的主要任务，是推进简政放权、放管结合、优化服务等改革，行政体制改革向纵深推进。党的十八大以后，中国进入全面建成小康社会的决胜阶段，党的十八届三中全会提出了全面深化改革的总目标：发展和完善社会主义制度，着力推进国家治理体系和治理能力现代化。行政体制改革围绕这一总目标，加快建立中国特色社会主义行政体制。党的十八届三中全会提出："必须切实转变政府职能，深化行政体制改革，创新行政管理方式，增强政府公信力和执行力，建设法治政府和服务型政府。"主线是深入推进政企分开、政资分开、政事分开、政社分开，持续推进简政放权、放管结合、优化服务等改革，建设职能科学、结构优化、廉洁高效、人民满意的服务型政府。

三、中国行政体制改革的主要内容

改革开放以来，进行的中国行政体制改革，是在推进经济体制改革、社会体制改革、文化体制改革和政治体制改革的情况下，对行政体制的性质、特点、规律、关系、目标和任务不断深化认识和逐步推进的探索过程，也是对建设中国特色社会主义的重大探索过程。实践证明，这个时期的改革和探索取得了很大成功，从根本上摒弃了高度集中的计划经济体制和行政管理模式，基本上建立了与社会主义市场经济相适应的行政体制。其主要内容是：

（一）转变政府职能

从传统的计划经济转向社会主义市场经济，必然要求转变政府职能，这不仅是贯穿于改革开放以来中国行政体制改革历程中的一条主线，也是中国行政体制改革的核心。党的十四大提出，转变政府职能的根本途径是政企分开；党的十六大明确提出，政府职能主要是经济调节、市场监管、社会管理和公共服务；党的十八大以来，中国行政体制改革更是紧紧扭住政府职能转变这个“牛鼻子”，以简政放权为突破口，加快转变政府职能，使市场在资源配置中起决定性作用和更好发挥政府作用，切实推动政府职能向创造良好发展环境、提供优质公共服务、维护社会公平正义转变。通过40年来的行政体制改革，中国政府对微观经济运行的干预明显减少，企业作为市场竞争主体地位得到确立，市场配置资源的决定性作用明显增强，新型宏观调控体系逐步健全，社会管理和公共服务职能不断加强。

（二）调整行政区划

行政区划的调整与优化，是中国行政体制改革的重要内容。改革开放以来，中国行政体制改革不断适应经济社会发展、城镇化进程和生产关系的变革，先后进行了包括建立特区、新建省（直辖市）、撤地建市、县改市、市领导县、县改区等一系列行政区划改革，极大地丰富了中国行政区划的实践内涵。受城镇化进程、中心城市空间拓展、人口集聚与增长、交通和通信条件改善及政策因素等影响，中国行政区划调整主要有五种模式：建制变更、行政区拆分、行政区合并、建制升格以及新设立行政区。其中，撤县设市的行政区划调整，是中国改革开放来最重要的一种行政区划调整模式。从 1979 年开始到 1997 年暂时结束，这一时期中央两次设市标准的调整，极大地影响了区划变更的进程和周期。

（三）改革政府组织结构

机构是职能的载体，职能配置需要科学的机构设置来履行。改革政府组织机构，是中国行政体制改革的重要内容。改革开放以来，已经先后进行了 7 次大的政府组织机构改革，总的趋势和要求是根据经济社会发展变化和全面履行政府职能的需要，明确划分、合理界定政府各部门职能，不断理顺行政组织纵向、横向以及部门之间的关系，健全部门间协调配合机制。通过合理调整机构设置，优化人员结构，既要解决有些部门机构臃肿、人浮于事的问题，又要解决有些部门因职能加强而出现的编制过少、人员不足问题，做到职能与机构相匹配、任务与人员编制相匹配。2008 年政府机构改革的一个重要特点，是积极推进大部门改革。这次改革对职能相近、管理分散的机构进行合并，对职责交叉重复、相互扯皮、长期难以协调解决的机构进行合并调整。同时，对职能范围过宽、权力过分集中的机构进行适当分设，以改变部门结构失衡和运行中顾此失彼的现象。2013年进行的政府机构改革，进一步优化了部门设置，协调了部门关系，不断完善了决策权、执行权、监督权既相互统一又相互协调的行政运行机制，建立了以宏观调控部门、市场监管部门、社会管理和公共服务部门为主体的政府机构框架，机构设置和职责体系趋于合理。可以说，每次政府组织机构改革都是由经济体制改革推动，以适应发展和完善社会主义市场经济需要为目标，对行政管理体制进行调整与改革。

（四）创新政府管理方式

改革开放以来，中国政府主动适应国内外环境变化和经济社会发展要求，不断创造行政管理方式，坚持以人为本原则，利用市场机制，采用现代科技成果，简化行政程序，调整管理流程，将政府规划、政策引导、法规制定、经济激励、信息服务等多种管理方式和手段相结合，使行政管理方式向更加科学化、人性化、简便化、效能化转变。一是创新宏观调控方式。例如，近几年面对经济下行压力较大的情况，积极创新宏观调控方式，明确守住稳增长、保就业的下限和防通胀的上限，保障经济运行在合理区间；集中精力转方式、调结构，适时适度进行预调和微调，提高宏观调控的针对性和协调性。二是将政府管理由事前审批更多地转为事中事后监管，堵塞监管缝隙和漏洞，加大对违法违规者的处罚力度，努力做到"宽进严管"，着力营造公平竞争的市场环境。三是推广政府购买服务，创新政府职能方式。四是加强电子政务建设，着力推进"互联网＋政务服务"，利用电子政务平台实施管理和服务，增强了对公众诉求的回应性，提高了行政效率，降低了管理成本，方便了人民群众。

（五）推进法治政府建设

建设法治政府是改革开放以来中国行政体制改革的重大成就，突出标志是政府逐步实现从全能政府向有限政府，从管制政府向服务政府、法治政府转变。公民的权利意识和法治观念不断增强，法治政府建设取得了显著进步。法治政府的核心是依法行政，1989 年通过的《行政诉讼法》被认为是中国法治建设历程中的里程碑。2004 年 3 月，中国政府发布《全面推进依法行政实施纲要》，明确提出用十年左右的时间，基本实现建设法治政府的目标。此后，法治政府建设步伐加快，《行政许可法》《行政复议法实施条例》等一系列法律法规颁布实施。中国法治政府的法律制度框架已基本建立，依法行政的法律法规体系不断完善，行政立法、执法和监督工作进一步加强，政府建设和行政工作法治化、制度化加快推进，着力用制度管权、管事、管人。法治政府基本建成，行政法规不断健全，行政执法体制改革不断深化，行政执法组织体系更加健全，行政执法程序化、规范化水平明显提高，行政监督制度建设加强，行政权力运行和行政行为实施的法治化、规范化、公开化程度大幅提高。

（六）加强公务员队伍建设

公务员队伍是政府管理的主体，其素质和能力直接影响政府的执行力和公信力。改革开放以来，中国逐步建立现代国家公务员制度。1993 年 4 月，国务院通过并颁布了《国家公务员暂行条例》，并于同年 10 月起施行，这标志着中国公务员制度的初步形成。此后，全国各地自上而下逐步开始建立和推行国家公务员制度，加强公务员队伍建设。公务员管理法律法规体系逐步健全，包括准入、激励、退出等机制在内的具有中国特色的国家公务员制度基本建立；政风建设和廉政建设不断推进，公务员队伍整体素质和能力明显提高，形成了一支爱岗敬业、忠于职守、素质优良、作风过硬、勤政廉政的公务员队伍，为进一步建成完善中国特色社会主义行政体制奠定了坚实基础。

（七）推进反腐倡廉，建设廉洁政府

廉洁是从政道德的底线，也是政府公信力的基石。改革开放 40 年，尤其是近些年来，中国政府坚持不懈地推进廉洁政府建设，在查办大案要案、惩处腐败分子、加强制度建设、强化对领导干部的监督、治理商业贿赂、纠正损害群众利益的不正之风等方面，取得了更大进展。国务院每年召开廉政工作会议，对政府系统的反腐败和廉政建设作出部署。全国各地区、各部门都把反腐败和廉政建设纳入经济社会发展总体规划，寓于各项改革和重要政策措施之中。通过制定建设廉洁政府的一系列法律制度，包括制定《中华人民共和国政府采购法》《中华人民共和国反垄断法》《中华人民共和国招标投标法》，规范行政自由裁量权，发挥市场在资源配置中的决定性作用，着力防止腐败行为的发生。通过体制机制创新，建设廉洁政府。推进行政审批制度改革，推进干部人事制度改革，推进司法体制和工作机制改革，推进财政、投资、金融、资源等体制改革；依法查处腐败案例，大力建设廉洁文化；积极开展反腐败国际交流与合作。反对腐败、建设廉洁政治，是全人类的共同愿望，也是世界各国政府和政党面临的共同课题。中国将在国际和地区性反腐败交流与合作中发挥积极作用，为建设一个公正廉洁、和谐美好的世界而奋斗。

四、中国行政体制改革的基本经验

改革开放以来，中国行政体制改革不仅取得了显著成效，而且在实践中积累了宝贵经验，主要有以下六个方面。

（一）坚持顶层设计，统筹规划

这既是中国行政体制改革的重要经验，也是今后深化行政体制改革的基本遵循。深化行政体制改革，需要放到党和国家发展的大局中统筹谋划，在中央统一领导下，与其他方面的改革统筹规划部署，整体协调推进。邓小平同志在《党和国家领导制度的改革》中指出："改革党和国家领导制度及其他制度，是为了充分发挥社会主义制度优越性，加速现代化建设事业的发展。""我们要不断总结历史经验，深入调查研究，集中正确意见，从中央到地方，积极地、有步骤地继续进行改革。"中国行政体制改革正是在中国共产党的领导下统筹协调推进。党的十八大报告指出："完善体制改革协调机制，统筹规划和协调重大改革。"这对加强行政体制改革的顶层设计，统筹规划、协调推进各方面改革有着重要意义。中国政府始终把行政改革作为全面深化改革的关键环节，深入研究行政改革与经济改革、政治改革、文化改革、社会改革的相互关系，把握好各方面改革相互适应、相互支撑的规律性和相互制约、相互影响的复杂性，正确处理好改革发展稳定的关系，提高体制改革决策的科学性、权威性，增强各方面改革措施的协调性、配套性、实效性，确保社会主义改革的正确方向和顺利推进。

（二）坚持积极稳妥，渐进深化

行政体制改革是深化整个改革的重要环节，是建立和完善社会主义市场经济体制、发展社会主义民主政治的必然要求，在40年来的改革开放中，中国走出了一条开拓性创新、渐进式改革的成功道路。这一改革道路的基本特点，是在坚持中国特色社会主义基本制度框架的前提下，进行的一场有领导、有秩序、有创新的社会主义行政制度的自我完善和革命。有领导，是指行政体制改革与其他方面改革一样，坚持在党的坚强领导下进行，坚定社会主义改革的方向，有组织分步骤推进。有秩序，是指行政改革正确处理了改革、发展、稳定的关系，协调改革力度、发展速度和社会承受度，是在保持社会主义基本政治制度和政体基础上，对行政体制进行的改革。有创新，是指既对原有行政权力结构和利益格局的重大调整，也是一场深刻的观念变革和思想革命，必须把创新精神贯穿于改革的全过程和每个环节。实践证明，中国行政体制改革在理论和实践上的每一个进步，都是坚持解放思想、实事求是、与时俱进的结果。推进行政体制改革，要有长远目标和总体规划，明确改革的路径与方向，确定每个时期的重点任务，改革不可能毕其功于一役。既要充分利用各方面的有利条件，正确把握有利时机，坚决果断地推进改革，在一些重要领域迈出较大步伐，又要全面分析面临的矛盾和风险，充分考虑各方面的承受能力，积极稳妥实施。

（三）坚持服务人民，依靠群众

全心全意为人民服务是中国共产党和中国政府的根本宗旨，一切为了人民、一切依靠人民，是推进各项改革的根本出发点和动力所在。推进行政体制改革始终以人民为中心，坚持为了人民、服务人民、依靠人民，着眼于适应推进经济和社会发展，不断提高人民群众物质文化生活水平，促进人的全面发展；坚持尊重人民群众的主体地位，维护人民群众的各项权益；充分体现广大人民群众的利益和诉求，使全体人民共享改革发展成果。从行政体制改革的动力机制看，高度重视发挥人民群众的积极性、主动性和参与性，增强社会经济活力和创造力。实践证明，中国行政改革只有符合人民利益，反映人民呼声，紧紧依靠人民，建设人民满意的政府，才能得到广大人民群众的真心拥护和有力支持。

（四）坚持围绕中心，协调推进

经济建设是中心任务，围绕经济发展，服务经济发展，适应经济发展，始终是中国行政体制改革的内在驱动力。行政体制是国家体制的基本框架，是上层建筑的重要组成部分，是经济体制、政治体制、社会体制以及其他体制的关键结合点，并且有着密切的联系。行政体制改革，尤其是政府机构设置和职能调整，涉及国家经济、政治、文化和社会生活的各个方面，涉及中央与地方、政府与社会、政府与企业、整体利益与局部利益等一系列重要关系。因此，行政体制改革必须放到中国经济社会发展的大局中统筹谋划，服从并服务于促进经济社会发展的需要，做到与完善社会主义市场经济体制进程相适应，与建设社会主义民主政治、完善国家治理体系相协调。

（五）坚持鼓励创新，勇于实践

在推进行政体制改革中，始终鼓励和支持地方、部门从实际出发，因地制宜，大胆探索，推进创新，为深化改革积累经验。近些年来，许多地方和部门围绕政府组织结构、层级体系、管理体制、运行机制、服务方式等进行了积极探索，包括推进大部门制改革、探索省直接管理县（市）改革、创新行政管理方式、政务服务标准化、综合执法体制改革等。有关部门和地方深入调查研究和客观评估这些改革效果，认真研究解决改革过程中出现的问题，使那些在实践中被证明行之有效的改革措施得到完善和推广，并体现在顶层统筹和决策部署中。

（六）坚持立足国情，善于借鉴

改革开放以来，中国以开放的胸襟、宽广的视角，大力开展中外行政文化交流，在相互学习借鉴中，为推动人类文明进步做出了应有努力。行政改革涉及行政权力关系的调整和政府组织结构的变动，中国行政改革既善于研究借鉴国际上公共治理方面的有益成果，顺应时代发展和变革潮流，又不盲目照抄照搬国外模式。中国地域辽阔、各地情况差异性很大、发展很不平衡，在推进改革中，充分考虑各地特点，分类指导，做到借鉴国际经验与中国特殊国情相结合。

（作者系国家行政学院原院长）

科技体制改革 40 年回顾与展望

王宏广

科技发展决定着未来，科技体制的未来则在一定程度上决定着科技发展的未来。改革开放 40 年来，我国采取了一系列重大政策与措施加速科技体制改革，为科技事业的发展创造了良好的政策环境，极大地解放并发展了科学技术这一第一生产力。我国科技创新主要指标已跃居世界前列，已经成为具有国际影响力的创新型大国，正在加速迈进全球科技创新第一方阵。为加速建设世界科技强国，还将进一步改革与完善科技体制，世界一流的科技强国需要一个符合科技发展规律、具有中国特色的科技体制与机制。

一、40 年科技体制改革经历了六个阶段

作为世界四大文明古国之一，我国的四大发明曾为世界发展和繁荣做出了重要贡献。但自指南针发明后，我国出现了长达 900 年的重大科技创新的空白期。

新中国成立以来，我国科技取得了举世瞩目的成就，科技在经济中的支撑作用正在不断提升，我国科技在世界科技中的地位也在迅速提升。

1956 年 1 月，毛泽东同志向全党、全国发出“向科学进军”的号召，其后十年，在各方共同努力下，我国建立了学科齐全的科学研究体系、工业技术体系、国防科技体系、地方科技体系，取得了以“两弹一星”为标志的一批重大科技成果，奠定了我国和平的坚实基础，也奠定了我国未来经济发展的良好基础。

1978 年以来，我国科技体制改革大致经历了六个阶段，同时也取得了巨大成就，一是知识分子成为工人阶级的一部分，二是加速了科技与经济有效结合。

第一阶段，拨乱反正，迎来科学春天（1978 年至 1984 年）。1978 年，党中央召开全国科学大会，邓小平同志在大会上作出“科学技术是生产力”的重要论断，我国迎来“科学的春天”。“文革”后，对科技体制及知识分子政策做了重大改革，“知识分子是工人阶级的一部分”，“臭老九”的帽子得到摘除，一大批知识分子中被错划的“右派”得到平反，广大科研人员的科研时间得到保障，国际科技合作与交流逐步开展，极大地激发了广大科技人员的积极性，迎来了“科学的春天”。

第二阶段，“断粮断奶”，面向经济建设（1985 年至 1992 年）。1985 年发布《中共中央关于科学技术体制改革的决定》，从科技运行机制、组织结构、人事管理等方面，出台了一系列重大措施，改革拨款制度，开拓技术市场，改变研究、设计、教育、生产脱节，军民分割、部门分割、地区分割的状况，引导科技工作面向经济建设主战场，鼓励科技人员进入经济主战场做贡献。先后启动了支撑农村经济发展的“星火计划”，以及为工业发展提供科技支撑的“火炬计划”，建立了“国家高新技术开发区”，为加速科技与经济的结合起到了良好的推动作用，开辟了良好的局面。

第三阶段，科教兴国，稳住一头、放开一片（1993 年至 1998 年）。1995 年，党中央、国务院召开全国科学技术大会，江泽民同志发表重要讲话，正式发布《中共中央、国务院关于加速科学技术进步的决定》，确立了“科教兴国”战略，对科技体制改革作了进一步部署，提出了“稳住一头、放开一片”的科技改革方针，确定深化体制改革的重点是调整结构、分流人才，目的是进一步解决机构重复、力量分散、科技与经济脱节的问题。“稳住一头”主要是自己稳住、加强基础研究，“放开一片”就是放开与经济建设、社会发展相关的应用研究和技术开发，使广大科研人员有更加广阔的用武之地，有更加灵活的政策环境，支持科研人员创新创业，极大地激发了科研人员投入经济主战场建设的积极性，为经济发展注入了科技的动力和活力，进一步加速了科技与经济的结合。

第四阶段，院所转制，加速企业成为创新的主体（1999 年至 2005 年）。1999 年，中共中央、国务院召开了全国技术创新大会，发布了《关于加强技术创新、发展高科技、实现产业化的决定》，为了加速企业成为创新的主体，“从根本上形成有利于科技成果转化的体制和机制，加强技术创新，发展高科技，实现产业化”，并对科研院所的布局结构进行了系统调整，重点是推进分类改革，应用型科研机构和设计单位向企业化转制，社会公益类科研机构继续由政府支持，但也要实行分类改革。这一阶段科技体制改革的重要特点与贡献是采取了一系列重大措施，加速企业成为技术创新的主体、科技投入的主体、科技成果转化的主体、科技项目提出和研发的主体、科技效益与风险承担的主体，极大地推动了企业科技活动，提升了企业的科技创新能力。2016 年，全国共投入研究与试验发展（R&D）经费 15676.7 亿元，其中企业研发经费支出 12144 亿元，占全社会科技投入的 77.5%。

第五阶段，实施重大专项，建设国家创新体系（2006 年至 2015 年）。2006 年，党中央、国务院召开全国科学技术大会，胡锦涛同志发表重要讲话，动员全党全社会为建设创新型国家而努力奋斗。2012 年，中共中央、国务院发布了《关于实施科技规划纲要，增强自主创新能力的决定》，制定了《国家中长期科学与技术发展规划纲要（2006 —2020 年）》，提出进一步消除制约科技进步和创新的体制性、机制性障碍，推动经济与科技的紧密结合，形成技术创新、知识创新、国防科技创新、区域创新、科技中介服务等相互促进、充满活力的国家创新体系。这一阶段科技体制改革的重大特点和成就是通过启动国家重大科技专项等重大科技活动，建设国家创新体系，大幅增加科技投入，解决经济社会发展中的关键性、战略性、长远性的重大问题，极大地推动了科技发展，解决了一大批制约国家经济发展和社会发展的重大难题。例如，重大新药创制专项，仅仅使用国外研发一个新药的经费就调动了整个中华民族创制新药的积极性，研发出一大批新药，有效替代了部分国外进口药品，更重要的是带动了接近 4 万亿元医药产业的转型升级，改变了医药行业的传统增长方式；传染疾病防治重大专项，极大地提高了我国防御传染病的基础研究能力和防治能力，奠定了快速防御传染病能力的基础，同时在帮助非洲国家防御传染病工作中发挥了重要作用，提升了我国的国际影响力。

第六阶段，军民融合，建设世界科技强国（2016 年至今）。2016 年，党中央、国务院召开全国科技创新大会、两院院士大会、中国科协第九次全国代表大会，这是中华人民共和国历史上的又一次科技盛会。习近平总书记发表重要讲话，把科技创新摆在更加重要位置，动员全党全社会力量“为建设世界科技强国而奋斗”。同年，党中央、国务院发布《国家创新驱动发展战略纲要》，明确我国科技事业发展的目标是，到 2020 年时使我国进入创新型国家行列，到 2030 年时使我国进入创新型国家前列，到新中国成立 100 年时使我国成为世界科技强国。自此，我国的科技改革与发展进入了一个新的阶段，这一阶段科技体制改革的最大特征是推进军民科技融合，建立国际一流的寓军于民的国家创新体系，同时改革科技管理体系、科技计划体系、经费保障体系、人才管理体系，在分配制度、科技评估与评价制度等方面也进行了一系列重大改革。在科技管理体制方面，结合 2018 年政府机构改革，将国家自然科学基金会划归科技部管理，将国家外专局并入科技部，加强了基础研究、应用研究、技术创新与人才引进的一体化布局；在科技计划管理改革方面，将国家及部门的 100 多个科技计划合并为五大科技计划，建立专业化科技项目机构，提高科技效率；在分配体制改革方面，建立以知识为基础的分配体系；在科技经费管理方面，加大对科研人员的支持力度；等等。这些重大的改革思想与举措，极大地推动了我国科技体制及其运行机制的优化与完善。

二、科技体制改革的主要成就与经验

40 年来，我国在科技体制上进行了一系列重大改革，落实科学技术是第一生产力的指导思想，实施科教兴国战略，建设创新型国家，建设世界科技强国，科技在支撑经济、改善民生、探索未知、培养人才等方面，已经取得了举世瞩目的成就，正在迈入国际科技创新体系的第一阵列。

1. 科技创新能力迅速提升，主要创新指标已经进入国际前列。2016 年，我国科技创新 11 个主要指标的国际排名，4 个指标已经居国际第一位，即研发人员数量第一、专利申请量第一、专利授权量第一[1]、高科技

[1] 国家统计局：《中国统计年鉴—2016》，中国统计出版社 2016 年版。

产品出口额第一；5个指标已居经济世界第2位，包括研发费用、国际科学论文数、被引数，世界500强企业数、世界500强品牌数；只有2个指标排在世界第5位以后，世界百强大学数第6位，创新指数第17位（世界知识产权组织测算为25位）[1]。可见，除创新指数、百强大学数量外，我国其余9个创新指标的国际排名均居世界前两位，创新数量问题基本解决，创新质量不高成为主要矛盾，科技创新已经进入提高创新质量、支撑经济发展的新阶段，而提高创新质量、占领新科技革命制高点，亟须一大批国际顶尖人才。

2017年我国全社会研究与开发投入预计达到1.76万亿元，比2012年增长70.9%，全社会研究与开发投入占GDP的比例达到2.15%，超过欧盟15国2.1%的平均水平。

科技与金融结合取得重大突破，全国科技成果转化基金设立14个创业投资子基金，中央财政投入56亿元，引导地方政府、金融机构、民间资本投资规模达247亿元，带动创业风险投资2393亿元。截至2017年9月，全国科技企业贷款余额达2.95万亿元，形成了天使基金、种子基金、IPO等完整的科技金融体系，多元化科技投融资体系已经形成。

全国技术合同成交额达1.3万亿元，全国高新技术企业总数达到1.36万家，营业收入预计将超过30万亿元，增长均达到10%以上，科技进步贡献率从2012年的52.2%上升到57.5%，国家科技创新能力排名从2012年的第20位上升为2017年的第17位。在“两弹一星”之后，我国在载人航天工程、“歼－10”飞机、超级计算机、核心软件、集成电路装备、超级稻育种技术、新药创制等领域取得重大突破，为经济发展、民生改

[1] 中国科学技术发展战略研究院：《国家创新指数报告2016—2017》，科学技术文献出版社，2017年。

善提供了有力支撑。近年来，科技创新为“中国制造 2025”、互联网 +、网络强国、海洋强国、航天强国、健康强国、“一带一路”、京津冀协同发展、长江经济带发展，特别是雄安新区建设做出了重要贡献，并将进一步做出重要贡献。

2. 科技与经济结合更加紧密，为经济社会发展发挥重要的支撑与引领作用，我国已经成为世界第一农业大国、第一制造业大国。农业方面，农业科技为我国解决粮食安全、食品安全、农民增收等问题发挥了重要作用，通过种植业、养殖业等自主创新技术，使拥有 13.9 亿人口的国家成功告别了持续数千年的饥饿历史，告别了农民“交皇粮”的历史，也告别了“二牛抬杠”手工农业的历史，建成了世界农业科技强国、农业大国。工业方面，我国在引进、消化吸收、再创新方面取得了举世瞩目的成就，建立了世界上体系最完整、规模最大的工业体系，我国 500 多种工业产品的产量均居世界第一，告别了持续数百年的工业产品短缺的历史，工业产品出现全面过剩。2010 年，我国制造业已经取代美国占据了 110 多年的制造业大国的地位，成为世界第一制造业大国。工业化不仅极大地丰富了我国人民的生活，而且价廉物美的中国产品已经为世界人民的生活改善做出了重要贡献。一个典型的农业大国，仅仅用 40 年就成为“世界工厂”，走完了发达国家 100 年到 150 年才走完的工业化道路，世界上人口最多的国家，成为经济增长最快的国家，我国已成为世界第二大经济体，农业大国、制造业大国、贸易大国、外汇储备大国，科学技术在其中发挥了不可替代的核心作用，科技体制改革为科技的发展奠定了重要的基础和保障。

例如，我国在移动通信斜塔研发上，在 2G 时代处于跟随水平，3G 时代实现突破，4G 时代实现赶超，5G 则达到引领与跨越发展阶段，5G 新型网络框架等技术已经纳入国际标准体系。华为、阿里巴巴、京东、腾讯等一大批科技创新企业已经进入国际大型创新企业前列。

3. 企业正在成为技术创新的主体。加速推动科研院所向企业转制，中央级民口院所已有一半完成了企业化转制，地方也有近 900 家开发类院所完成了企业化转制。企业已经转变为研究开发投入的主体、成果转化的主体、利益分享和风险承担的主体、发明专利形成的主体。

一是企业已成为研发投入的主体。2016 年，我国企业研发经费占全社会研发经费的 77.5%，这一比例已经超过美国（74%）、日本等发达国家企业研发经费占本国研发经费的比重，我国已经成为世界上企业研发投入占全社会研发投入比重最高的国家之一。

二是企业已成为成果转化的主体。随着我国经济体制、科技体制的不断完善，科技成果基本上都是通过企业转化的，通过非企业单位转化的极少。高校、科研院所、小微企业的科研成果通过技术转让，或者创办、合办公司等方式进行转化；大型企业在自主、合作研发的同时，面向社会收购科技成果并进行转化。

三是企业已成为利益分享与风险承担的主体。随着社会主义市场经济体制的不断完善，我国国有、集体工业企业占全国工业企业总量的比重已经由 1978 年的 98%，下降到 2012 年的 3.8%，也就是说 96% 的企业都是非国有的、自负盈亏的，企业已成为利益分享、风险承担的主体。

四是企业已成为技术发明的主体。2017 年，我国发明专利申请量为 138.2 万件，企业所占比重已达 63.3%；同年国内发明专利授权量为 32.7 万件，企业占 66.4%。

五是企业已成为科技项目执行的主体。2013 年，在重大科技专项（民口）、“863 计划”（民口）和其他支撑计划中，企业承担课题占民口总课题数的比重分别为 55%、39.4% 和 34.5%，企业承担课题经费占民口课题总经费的比重分别为59%、40.9%和37.3%。由此可见，企业已经成为科技项目的执行主体。

三、科技体制仍然面临的问题与困难

我国科技体制改革取得了巨大的成就，同时仍然存在着一些阻碍科技发展、阻碍科技与经济有效结合的突出问题。

1. 企业创新能力不强，核心技术仍然依赖进口。例如，2016年我国进口芯片花费2600亿美元，计算机与通信制造业主营收入接近7万元，产业发展“空心化”问题仍十分严重。重大经济建设项目缺少技术论证，重大科技项目缺少市场评估，许多大型企业研究机构、队伍、经费都不能及时到位，缺乏持续发展的动力，缺乏国际竞争的实力。

2. 原始创新能力弱，制约创新能力进一步提高。我国基础研究经费从2012年499亿元增长到2017年920亿元，增幅达83%。但是基础研究长期支持不足，科学积累少，虽然在量子科学、多光子纠缠、量子星际通信、暗物质、干细胞等方面取得了一些重大突破，但是基础创新能力弱仍是一个十分突出的问题，制约着我国科技强国建设。

3. 科技力量分散重复、项目重复、整体效率不高问题仍然比较突出。国家主管科技工作的职能部门直接管理的科技经费仅为全国R & D经费总量1.75万亿元的3%，97%的科技经费分散在其他有关部门、地方、企业等各个环节，重复研究、效率不高等问题在所难免。我国科技论文总量已居世界第二位，但论文质量还有待进一步提高，发明专利申请量与授权量均达到世界第一，但专利质量不够、成果转化率低等问题仍较突出，需要下大决心提高质量。

4. 以论文为主导的科技评价导向不适应科技与经济融合发展的基本要求。长期以来，科研机构、高等院校、医院，甚至基层技术推广机构、企业的科研人员职称晋升、年度考核、资金发放等等，都是以论文及获得奖励的数量为主要指标，这些成果对经济发展、民生改善的贡献未被列入考核指标，导致重论文数量、轻成果应用等问题日益严重。以论文数量为主要目标的科技评价导向已经不适应科技经济高效结合、融合发展的基本现状，这种评价导向亟待改革。

5. 吸引、培养顶尖的人才体制机制还需进一步完善。截至 2016 年，全球诺贝尔奖获得者共 861 人，其中美国为 287 人，我国大陆仅 2 人，数量仅为美国的 0.6%。根据全球最大的科技文献公司汤森路透的数据，2016 年全球高被引人才（各学科国际排名前 1% 的顶尖人才）共 3266 人次（3083 人），其中美国科学家 1736 人次，占 53.2%，我国大陆仅有 158 人次（139 人），美国顶尖人才数量是我国大陆的 11 倍，加上港澳台共 196 人次，我国国际顶尖人才仅占全球总数的 6%。显而易见，顶尖级人才缺乏是我国建设科技强国的又一个重要限制因素，迫切需要改革人才培养、引进的体制机制，尽快改变全球顶尖人才格局，进而促进世界科技格局的变化。

四、深化科技体制改革的方向与政策展望

党的十九大报告明确指出，“深化科技体制改革，建立以企业为主体、市场为导向、产学研深度融合的技术创新体系，加强对中小企业创新的支持，促进科技成果转化。倡导创新文化，强化知识产权创造、保护、运用。培养造就一大批具有国际水平的战略科技人才、科技领军人才、青年

科技人才和高水平创新团队”。科技体制改革要以党的十九大报告精神为指导，按照建设世界科技强国的总要求，建立符合经济发展规律、适合我国国情的科技体制及其运行机制。

科技体制改革的最终目标是加速科技与经济的紧密结合，建设创新型国家，建设世界科技强国，支撑经济强国建设。新一轮科技体制改革，核心是加速企业成为技术创新的主体，前提是深化科研院所体制分类改革，关键是解决好科技领域“四大闲”问题，提升科技工作效率。科技体制改革主要包括管理体制、组织结构、项目管理、经费管理、评价与奖励制度、人事制度、技术创新体系、知识创新体系、创新文化建设等方面内容。

第一，改革科技管理体制，要建立健全市场经济条件下的举国体制，推倒一堵墙、构建五条链、消除“五大闲”。推动政府管理创新，形成多元参与、协同高效的创新治理格局。要合理确定中央各部门的功能性分工，科学划分中央和地方的科技管理事权，中央政府职能侧重全局性、基础性、长远性工作，地方政府职能侧重推动技术开发和成果转化应用。要强化科技主管部门职责，加强部门之间、地方之间、部门与地方之间、军民之间的统筹协调，改变管理政出多门、课题重复、经费浪费的状况，建立健全“职责明确、高效协调、公正廉洁”的科技管理体系，完善举国体制。要加强科技决策机制改革，建立国家高层次创新决策咨询机制，充分发挥国家科技专家咨询委员会的作用。既要避免政府盲目决策的行为，也要防止以专家评审代替政府决策的现象，建立政府决策、专业化管理机构执行、社会力量监督相结合，决策、执行、评价相对分开的运行机制。

加强国家创新治理的现代化，推倒一堵墙、构建五条链、消除“五大闲”、建立新体制。

推倒一堵墙就是要推倒隔离科技与经济的“墙”，科技体制、经济体制同步改革，让更多科技力量走出高校与科研院所进入经济主战场。改革科技体制，打破课题、论文、专利、奖励、再课题的“科技小循环”，进入论文、专利、产品、企业、产业的“经济大循环”，把提高科技对经济增长的贡献率作为科技工作新导向。

建立五条链就是要紧紧围绕产业链构建技术链、价值链、人才链、利益链。“围绕市场选产业、围绕产业选产品、围绕产品选技术，围绕技术选人才”，认真遴选对国计民生具有战略作用的产业及相关企业，“组织大专家、进入大企业、开发大产品、占领大市场、实现大发展”，加速科技与经济结合、融合。

解决“五大闲”就是要果断终止一些重复研究、难以取得有效成果的“闲项目”；分流从事“闲项目”研究的“闲人”；实现大量重复购置、闲置科研仪器的共享共用，提高“闲仪器”的利用率；杜绝重复建设的“闲设施或机构”；加速推广应用一些没有被产业化的“闲成果”。

第二，推进军民融合，建立符合国际惯例、适合国情的新型国家创新体系。针对不同行业发展对技术的需求，建立健全以企业为主体的行业技术创新体系；瞄准新科技革命的需求，重点办好一批研究机构与大学，建立国际一流的知识创新体系；建立“机构多元化、人员专业化、机制市场化、形式多样化”的宏大高效的技术推广体系；完善保护与转化相结合的知识产权保护与交易体系；建立健全多元化、国际化的科技投融资体系；按照军民融合发展战略的总体要求，发挥国防科技创新的重要作用，加快建立健全军民融合的创新体系，形成全要素、多领域、高效益的军民科技深度融合发展新格局。遵循经济建设和国防建设的规律，构建统一领导、需求对接、资源共享的军民融合管理体制；开展军民协同创新，建立军民融合重大科研任务形成机制，推进军民科技基础要素融合，促进军民技术双向转移转化。

第三，加速使企业成为技术创新的主体，是新一轮科技体制改革最重要的目标。要从体制上保障科技与经济长期、有机地结合，把经济发展、民生改善建立在创新驱动的基础上，必须使企业成为技术创新的主体。支持企业成为技术创新主体的主要途径有：

一是完善企业技术创新体系，激发企业创新活力。通过政策引导使企业产生强烈的创新意愿，让企业通过企业创新体系建设形成强大创新能力，这是新一轮科技体制改革的突破口。培育世界一流的创新型企业，鼓励企业创建高水平研发机构，形成完善的研发组织体系，集聚高端创新人才。企业创新体系建设要力争做到“七有”：有研发机构、有研发队伍、有科技规划、有研发经费、有产品知识产权、有储备新产品、有国际竞争力。对于事关国计民生的大型企业、事关国家竞争力的战略性新兴产业，政府应通过建立技术工程中心、重点实验室、博士后流动站等方式支持企业完善创新体系，通过政府采购、科技项目、财税、金融等多种方式，为企业技术创新提供服务。

二是建立健全一批产学研战略联盟，努力打造一批国际一流的大型高科技企业或高新技术园区。在无硝烟的经济战争中，企业是“野战军”，科技是“后勤部”，要调动一切可以调动的后勤力量为“野战军”服务，这是争取经济战争胜利的必然选择。政府“搭台”，企业“唱戏”，按照“技术水平世界一流、产品市场规模世界第一”的长远目标，建立一批由政府牵头、支撑企业参与国际竞争的产学研战略联盟。针对企业技术需求，“引导大专家、进入大企业、开发大产品、占领大市场、培育大产业”，支撑一批技术国际一流、主导产品市场占有率世界第一的大型企业，建好一批高科技园区，这是科技工作的根本任务，也是经济发展的战略措施。

三是实现技术开发类院所转型，从体制上解决应用性科技要素游离企业之外的问题。坚持分类改革的方针，应用型研究院所要进入企业、转化为企业，从体制上解决项目、人才、资金、设备、基地等应用性科技要素游离企业之外的问题，进一步加速技术、项目、人才、资金等科技要素向企业聚集。建议参照荷兰皇家应用技术研究院（TNO）和中国台湾工业研究院的做法，组建中国战略性新兴产业技术研究院，为战略性新兴产业发展提供技术支撑。

第四，深化科技计划管理改革，要提高科技创新效率，建立国家科技管理基础制度。要再造科技计划管理体系，改进和优化国家科技计划管理流程，建设国家科技计划管理信息系统，构建覆盖全过程的监督和评估制度。完善国家科技报告制度，建立国家重大科研基础设施和科技基础条件平台开放共享制度，推动科技资源向各类创新主体开放。建立国家创新调查制度，引导各地树立创新发展导向。科技计划之间要相互协同、突出重点、防止重复，实现重大需求由政府出题，技术需求由企业出题，科学探索由专家出题。建议将科技计划分为项目类、基地类、人才类等三类，分类支持，重点支持国际一流人才、国家亟须的关键技术及国际一流的创新基地。统筹部署行业科技计划、协调地方与企业的科技活动，切实改变部门、地方、企业科技计划相互脱节的现状，形成全国一盘棋，减少浪费，提高效率。

第五，实施新产品战略，改革科技评价导向，调动全社会科技力量进入经济主战场。根据不同创新活动的规律和特点，建立健全科学分类的创新评价制度体系。推进高校和科研院所分类评价，实施绩效评价，把技术转移和科研成果对经济社会的影响纳入评价指标，将评价结果作为财政科技经费支持的重要依据。果断调整应用型研究工作的评价导向，取消当前应用型研究以论文、奖励为主要评价指标的传统做法。

实施新产品战略，建立健全以“新产品开发数量、产品销售额”为主要评价指标的新机制，调动全社会科技力量投入经济建设主战场。一是引导国内更多科技人员以开发新产品为研究目标。二是制定新产品转化优惠政策，吸引世界各地的专家、企业带着有产权的新产品来中国产业化。如新产品开发利润或股权最高 90% 可归技术发明人或团队；新产品增值税和相关研发人员个人所得税免征 3 ～ 5 年或降低 2 ～ 3 个百分点等。力争通过 15 年左右的努力，使我国成为新产品开发强国、世界技术创新中心之一。

第六，要奖励对科技工作做出重大贡献的公民。改革国家科技奖励制度，优化结构、减少数量、提高质量，逐步由申报制改为提名制，强化对人的激励。发展具有品牌和公信力的社会奖项，努力营造“崇尚科学、尊重人才、鼓励创新、激励贡献、全民参与”的良好氛围。调整奖励导向，加大对在经济建设、民生改善、国防巩固中做出重大贡献的公民与组织的奖励力度；扩大奖励范围，建议增设“创新型企业奖”“创新型标兵奖”“创新机构奖”，奖励在专利、新产品开发、论文等方面走在全国前列的机构、企业与个人；增设“创新型产品奖”，重点奖励“中国独创”、市场潜力大的新产品；改进奖励方式，在政府奖励的基础上，允许企业按技术创造的价值的一定比例、在一定时期内给予奖励补贴。

第七，科技人事管理制度改革，要着力解决尖子人才少、企业人才少、人才流动难三大问题。完善人才评价制度，进一步改革完善职称评审制度，增加用人单位评价自主权。深化岗位聘任制度，加大流动岗位比例，加快科研人员流动；改革职称评审指标，实行分类评定；改革工资制度，强化实际贡献与工资挂钩。建议出台“高端人才引进计划”，抓住当前世界金融危机、优秀人才流动性加剧的机会，吸引一批国际一流的外籍优秀人才。

第八，科技经费管理改革要着力解决经费总量不足、效率不高的双重问题。建立多元、强大的科技投入体系，在中央财政科技投入逐年增加的同时，鼓励地方政府增加科技投入。强化企业科技投入的主体地位；建立中央、地方、企业科技投入的协同机制；建立国家科技信息平台，尽力避免科技项目重复、仪器重复购置、设施重复建设等问题。建立科技创业企业发展的金融服务模式，鼓励银行业金融机构创新金融产品，积极发展天使投资，壮大创业投资规模，运用互联网金融支持创新。

第九，优化科技要素配置，切实解决好科技“四大闲”的问题。当年农村经济体制改革有效解决了农村“闲人”吃大锅饭的问题，加速我国成为农业大国；国有企业体制改革有效解决了企业“闲人”的问题，促进我国成为制造业大国。新一轮科技体制改革同样需要有效解决“闲人”等“四大闲”问题，有效解决科技资源分散重复、封闭低效等问题，才能成为世界科技强国。当前院所体制改革的难点：一是如何终止一些科学价值、应用价值都不高，甚至重复的“闲项目”；二是如何分流从事重复研究的“闲人”；三是如何实现闲置科研仪器的共享共用，提高“闲仪器”的利用率；四是如何杜绝重复建设的“闲设施”。因此，终止“闲项目”、用好“闲人才”、利用“闲仪器”、不建“闲设施”，已经成为深化改革、提高效率的关键。

第十，深化知识产权领域改革，加强知识产权保护。提高知识产权的创造、运用、保护和管理能力，以知识产权利益分享机制为纽带，促进创新成果知识产权化。充分发挥知识产权司法保护的主导作用，增强全民知识产权保护意识，强化知识产权制度对创新的基本保障作用。健全防止滥用知识产权的反垄断审查制度，建立知识产权侵权国际调查和海外维权机制。

总之，我国的科技创新能力与发达国家还有很大差距，科技实力与支撑、引领世界第二大经济体的持续发展的能力仍有很大差距，与世界科技强国对科技体制机制的需求还有很大差距，迫切需要大幅度提高科技创新能力，迫切需要加速科技与经济紧密结合，迫切需要站在国家发展的高度进一步深化科技体制改革。

（作者系科技部中国科学技术发展战略研究院副院长）

金融改革

建设现代化金融体系

王宇

根据我国新时代、新特征、新形势，党的十九大报告提出“建设现代化经济体系”，并明确指出，建设现代化经济体系是跨越关口的迫切要求和我国发展的战略目标。2018 年 1 月中共中央政治局就建设现代化经济体系进行第三次集体学习，习近平总书记强调：“建设现代化经济体系是一篇大文章，既是一个重大理论命题，更是一个重大实践课题，需要从理论和实践的结合上进行深入探讨。”金融是现代经济的核心，建设现代化金融体系是建设现代经济体系的重要组成部分，对于实现中国经济高质量发展具有重要意义，为此，我们必须认真学习贯彻习近平总书记的指示精神，从理论和实践的结合上，深入探讨如何建设现代化金融体系。

一、建设现代化金融机构体系

（一）完善现代金融企业制度

健全金融机构公司治理。在保持对国有重点金融机构控制力的同时，通过引资、扩大对外开放等方式，扩大民间资本股权，优化金融机构股权结构。严格股东资质和准入管理，规范股东行为。规范股东大会、董事会、监事会与管理层关系，完善经营授权制度，形成有效的决策、执行、制衡机制。加强董事会建设，严格董事选任标准、优化董事会结构、完善决策机制，加强董事会在重大决策、选人用人和激励机制等方面的重要职责。建立董事履职问责制度，严肃追究失职或不当履职董事责任。明确监事会监督职责，加强对企业财务及高管人员履职行为合法性监督。

完善激励约束机制。完善经营约束机制，优化管理层考评，规范高管人员行为，建立董事会与管理层制衡机制，防止内部人控制。研究制定市场化选聘金融企业负责人制度。鼓励金融企业实施高管人员市场化选聘任用与管理，实行与经营业绩相挂钩的差异化薪酬分配办法，突出专业人才的价值创造。畅通现有经营管理者与职业经理人身份转换通道，全面构建契约关系。完善职业经理人业绩考核评价机制、淘汰和退出等管理机制，明确责任、权利、义务。推动管理层履行好日常经营管理职责，严格任期管理和目标考核。深化用人、用工制度改革，增强管理层和员工积极性、凝聚力。加强外部市场约束，提高会计、审计等机构自律性、公正性和专业化水平，主动回应市场关切，强化社会舆论对金融机构的监督。

（二）发展中小银行和民营金融机构

推动民间资本进入银行业。支持民间资本进入银行业，参与或发起设立中小型银行业金融机构。稳妥有序推动民营银行常态化发展工作。引导民营银行切实发挥市场化优势，把握好发展方向、战略定位、经营重点，突出优势、做精专业。鼓励其在风险可控、成本可算的基础上，探索金融与互联网融合发展，创新业务和服务模式，缩短企业融资链条，更好服务小微企业和“三农”领域。

鼓励民间资本进入证券业。简化行政许可事项，便利民间资本依法参与证券公司增资扩股、参股基金管理公司及通过增资入股、兼并重组等方式投资期货公司。鼓励和引导民营证券投资咨询机构、证券资信评级机构进一步增强资本实力，加快业务转型，提升专业服务能力。

鼓励民间资本进入保险业。按照“权利平等、机会平等、规则平等”等现代市场体系一般规则，在完善负面清单管理、加强监管的前提下，依法合规支持符合条件的国有资本、民营资本和境外资本投资保险公司，激发市场主体竞争和创新活力。鼓励资本多元化和股权多元化，推进保险公司混合所有制改革。

（三）优化金融机构布局

完善银行业金融机构。加快实现国有大银行战略转型，鼓励引导全国性股份制银行、城市商业银行、民营银行等金融机构专业化、差异化发展，发挥比较优势，提高核心竞争力。进一步深化农村中小金融机构改革，保持县域法人地位总体稳定。因地制宜推动农村信用社省联社改革，强化服务功能。规范发展信托公司、财务公司。稳步发展消费金融公司。有序发展融资租赁。进一步发挥金融资产管理公司不良资产处置主业优势，服务实体经济发展。积极支持外资银行本土化发展，为外资银行在华服务提供更加便利的政策环境，促进我国银行业服务国际化程度不断提高。

稳步发展证券期货经营机构。支持发展具有国际竞争力和品牌影响力的投资银行、资产管理机构和投资咨询机构。支持证券期货经营机构、各类资产管理机构在依法合规、风险可控的前提下，围绕财富管理、资本中介等业务自主创设产品，规范发展柜台业务。建立健全长期资金投资资本市场的制度，加强基本养老基金投资管理，在符合规定的前提下，推动全国社会保障基金、商业保险资金及境外养老资金等扩大资本市场投资范围和规模，完善企业年金投资资本市场的制度机制。大力发展专业投资机构，推动基金管理公司向现代资产管理机构转型。培育发展私募基金市场，建立健全私募基金管理法规体系。

更好发挥保险机构功能。保险机构回归本源，做强主业、专业化经营，更好发挥风险保障和长期储蓄功能，成为促进经济发展、维护金融安全、改善民生保障、创新社会治理的重要力量。不断增强保险机构核心竞争力，着力发展农业保险、大灾保险、企业财产险、责任保险、商业车险等业务，更好地发挥弥补经济损失、参与社会管理等作用，努力成为经济“减震器”和社会“稳定器”。支持发展相互保险、健康和养老保险等机构。鼓励保险机构在大病、健康、养老等领域精耕细作，积极发展长期寿险、意外险、健康险、养老险等人身保险，完善社会保障体系。

二、建设现代化金融市场体系

（一）完善金融要素市场定价机制

深化利率市场化改革。完善金融机构公司治理，健全内控制度，增强自主合理定价能力和风险管理水平，培育市场基准利率和收益率曲线，健全市场化的利率形成机制，充分发挥市场化竞争性利率体系在资源配置中的决定性作用。

深化人民币汇率形成机制改革。完善以市场供求为基础、参考一篮子货币进行调节、有管理的浮动汇率制度，加大市场决定汇率的力度，逐步退出外汇市场常态式干预，增强汇率弹性，保持人民币汇率在合理均衡水平上的基本稳定，促进国际收支基本平衡。

积极推进新股发行市场化定价。增强发行人信息披露的真实性、准确性、完整性、充分性和及时性，投资者自行判断发行人的盈利能力和投资价值，自担投资风险。

深化保险市场价格改革。进一步完善中国风险导向的偿付能力体系。继续推进商业车险费率市场化改革。完善交强险费率动态调整机制，健全区域差异化费率制度。

（二）有序发展股权融资市场

加快多层次股权市场建设。统筹股票市场主板、中小板和创业板的市场定位和功能分工，健全完善发行上市财务指标及监管规则，推进股票发行市场化改革，推进新股发行常态化。深化创业板改革，在提高投资者适当性要求的基础上，支持发展潜力好但尚未赢利的创新型企业上市或在新三板挂牌。深化新三板改革，提升新三板市场融资和交易定价等核心功能，完善分层管理制度。规范发展区域性股权市场，严守服务当地中小微企业的私募股权市场定位。优化创业投资市场环境，对创业投资企业在行业管理、备案登记等方面采取与其他私募基金区别对待的差异化监管政策，依法设立全国性创业投资行业协会，促进创业投资更好地发挥支持创业创新的作用。完善市场化并购重组机制，规范上市公司重大资产重组和股份减持行为。提高上市公司质量，完善信息披露制度和公司治理结构。

健全市场各板块之间的有机联系。研究建立多层次资本市场转板与合作对接机制。探索新三板挂牌公司到交易所上市的介绍上市机制。建立新三板与区域性股权市场的合作机制。完善集中统一的证券登记结算制度。

完善市场化退市制度。构建符合我国实际并有利于投资者保护的退市制度，建立健全市场化、多元化退市指标体系并严格执行。发挥交易所主体责任。严格执行财务指标退市标准，促进"僵尸企业"出清。对严重违法的上市公司实行强制退市。支持上市公司以吸收合并、股东收购、转板等形式实施主动退市。明确退市公司重新上市的标准和程序。

（三）发展债券市场和货币市场

完善债券市场制度安排。发展并规范债券市场，提高直接融资比重。深化市场互联互通，按照分类趋同的原则推动公司信用类债券信息披露标准的统一，在符合投资者适当性管理要求的前提下，完善债券品种在不同市场发行和交叉挂牌。完善做市机制等债券市场基础制度，推进三方回购和集中债券借贷业务发展。建立健全债券发行人信息披露机制和信用信息查询系统。强化发行人和投资者的责任约束，健全债券违约监测和处置机制，支持债券持有人会议维护债权人利益，切实防范道德风险。

丰富债券市场品种体系。扩大双创孵化专项债券、绿色债券、社会领域产业专项债券、农村产业融合发展企业专项债券、社会效应债券、项目收益债券、政府和社会资本合作项目企业专项债券及其他创新品种发行规模，支持重点领域、重点项目建设。积极发展以应急可转债为代表的可转换债、可交换债等股债结合产品。发展并购重组债券、可续期债券。鼓励适合中小企业的债券品种创新。推动资产支持证券等创新品种发展。

推动建立统一高效的货币市场。加强基础制度建设，完善货币市场运行规则，增强货币市场流动性管理功能。进一步发展国债二级市场，稳步发展国债期货、利率互换等利率衍生产品市场，拓展国债担保品功能，增加国债交易需求。增强国债收益率在金融市场中的定价基准地位。逐步扩大大额存单发行主体范围，促进二级市场交易。加强货币市场基金审慎管理，促进货币市场基金健康发展。完善全国性票据交易平台，推广电子票据和数字票据，促进票据市场规范发展。

（四）发展外汇市场

改革完善外汇市场管理。推进市场交易主体多元化，支持中小银行和非银行金融机构参与外汇市场，允许合格境外主体进入境内外汇市场，满足投资者多样化配置和汇率风险管理需求。区分交易主体，发展多层次交易平台，加强外汇市场基础设施建设。完善外汇市场交易机制，丰富交易方式类型。积极培育和充分支持外汇市场自律组织的作用，推动市场自律管理。

丰富外汇市场交易产品。增加外汇期权产品类型，适时推出外汇期货，发展汇率交易所交易基金（ETF）、外汇保证金等交易型业务，满足市场主体对交易和避险工具的多样化需求。

（五）拓展保险市场保障功能

充分发挥保险经济补偿功能。全面提高保险业对社会经济风险的保障和管理能力。推进再保险市场体系建设。建立涵盖地震、洪水、台风等灾害的国家巨灾保险体系。扩大出口信用保险覆盖面。支持发展多种形式的农业保险，健全农业保险制度。积极推动小额贷款保证保险业务，为创业创新、小微企业提供融资增信服务。积极发展文化产业保险、物流保险，探索演艺、会展责任险等新兴保险业务，促进第三产业发展。稳步发展住房、汽车、教育、旅游等领域保险服务，促进居民消费升级。

构筑保险民生保障网。积极参与社会保障体系建设，把商业保险建成社会保障体系的重要支柱。完善商业健康保险顶层设计，鼓励发展与基本医疗保险相衔接的补充医疗保险，大力开发各类医疗、疾病保险和失能收入损失保险等商业健康保险产品，全面推开商业健康保险个人所得税税前扣除试点政策。创新发展多种形式的商业养老保险产品，支持保险机构拓展企业年金和职业年金业务，开展个人税收递延型商业养老保险试点。

三、建立现代化金融监管体系

（一）加强金融宏观审慎管理

健全金融监管协调机制，设立国务院金融稳定发展委员会。国务院金融稳定发展委员会负责落实党中央和国务院关于金融工作的决策部署；审议金融业发展改革重大规划；统筹金融改革发展与监管，协调货币政策与金融监管相关事项，统筹协调金融监管重大事项，协调金融政策与相关财政政策、产业政策等；分析研判国际国内金融形势，做好国际金融风险应对，研究系统性金融风险防范处置和维护金融稳定重大政策；指导地方金融改革发展与监管，对金融管理部门和地方政府进行监督问责。

强化人民银行宏观审慎管理和系统性风险防范职责。人民银行在国务院领导下制定和执行货币政策、负责宏观审慎管理。牵头建立宏观审慎管理框架，拟订金融业重大法律法规草案，制定审慎监管基本制度，建立健全金融消费者保护基本制度；牵头负责跨市场跨业态跨区域金融风险识别、预警和处置，会同有关部门制定统一的资管产品和公司信用类债券基本规则；牵头负责重要金融基础设施建设规划并统筹实施监管，维护重要金融基础设施安全稳健高效运行；统筹金融业综合统计；牵头指导金融业发展和金融服务实体经济工作。

（二）强化金融监管部门职责

明确监管职能定位。金融监管部门专司监管职责，加强微观审慎监管、行为监管与金融消费者保护。坚持恪尽职守、敢于监管、精于监管、严格问责的监管精神，形成有风险没有及时发现就是失职、发现风险没有及时提示和处置就是渎职的严肃监管氛围。

理顺监管职责分工。明确金融监管部门职能定位，依据审慎监管基本制度，负责制定行业审慎监管和行为监管规则，负责市场准入、日常监管及个案风险监控处置，按照监管需要做好行业统计。对跨市场跨业态跨区域金融产品、金融新业态新产品，以指定监管主体为主，相关监管部门信息共享、密切合作，强化对资金来源、投向、杠杆、嵌套、信息披露等穿透式监管。对各类资管业务，按照统一规则和标准由监管部门分别实施功能监管。对公司信用类债券，强化部际协调机制，由相关部门按照统一规则分头负责市场准入，加强监管和自律管理，证监会对违法行为统一负责执法。优化监管资源配置，加强基层监管力量，增强监管执法能力。完善存款保险职能，发挥存款保险在防范和化解金融风险中的重要作用。加强对金融机构的财政财务和会计监管。发挥好证券、期货交易所和行业协会的自律功能。

（三）强化行为监管和金融消费者权益保护

探索建立常态化行为监管体系。建立健全以维护市场有效、公平、有序的竞争秩序，保护金融消费者合法权益为核心的行为监管体系。要求金融机构将保护金融消费者合法权益纳入公司治理、企业文化建设和经营发展战略。规范和引导金融机构提供金融产品和服务的行为，大力培育公平公正、诚信有序的市场环境。有效运用市场约束手段，通过促进市场竞争，鼓励金融机构提高服务质量和提升客户满意度，维护金融消费者权益。

完善行为监管机制。完善金融消费者和投资者权益保护事前、事中、事后监管机制。加强并完善对银行理财、私募基金等线上线下业务监管，强化市场主体信息披露的法律责任，严格要求金融机构及时披露与消费者权益相关的产品和服务信息。督促金融机构在产品和服务的设计开发、定价管理、协议制定、审批准入、营销推介及售后管理等各个环节，全面落实有关金融消费者权益保护的内部规章和监管要求。完善以投资者需求为导向的信息披露制度，督促上市公司履行好信息披露义务，增强信息披露的有效性。完善公众公司中小投资者投票和表决机制，优化投资者回报机制，健全多元化纠纷解决和投资者损害赔偿救济机制。全面落实保险公司维护消费者合法权益的主体责任，持续治理理赔难和销售误导，完善保险投诉处理机制、保险纠纷调解处理机制和保险纠纷诉讼与调解对接机制，严厉打击损害保险消费者合法权益的行为，开展保险消费者教育和风险提示工作，推进保险业信用体系建设，健全保险消费者权益保护长效工作机制。

四、建设现代化开放型金融体系

（一）扩大金融业双向开放

放宽外资金融机构准入。坚持自主、有序、平等、安全，落实准入前国民待遇加负面清单制度，在持股比例、设立形式、业务范围等方面给予外资更大的空间。改进股比管理，放宽银行业、证券业和保险业的外资准入限制。取消对合资证券公司中方股东必须有一家是证券公司的限制。

提高中资金融机构国际化水平。支持有条件的中资金融机构“走出去”，优化网点布局，增强对境外中资企业服务能力，推动跨境金融服务从传统业务向新兴业务或高附加值业务方向发展，提高本土化程度和国际竞争力。构建开发性、政策性、商业性金融相互补充，子行、分行、非银行附属机构合理发展，自设机构、参股机构、代理行及战略合作伙伴共同支持的全球金融服务体系。加强中资机构“走出去”合规管理，遵守国际规则，规范投资行为。

（二）扩大金融市场开放

扩大国内债券市场开放。支持符合条件的国家和地区主权机构和商业机构等投资境内债券市场，支持符合条件的外国政府类机构、国际开发机构、境外金融机构及非金融企业在境内发行人民币债券。完善“债券通”相关制度安排。解决境外投资者在不同账户之间的头寸转换问题，提高资金使用效率。

推进股票市场双向开放。完善跨境投资制度安排。健全合格投资者制度，逐步取消合格境内、境外机构投资者的资格和额度审批。推动证券交易所的跨境合作，完善“沪港通”“深港通”，探索上市公司股票互挂等互联互通新模式；深化境外上市行政许可改革；研究推动 H 股公司“全流通”试点。有序推进境内投资者直接投资境外资本市场，丰富参与主体类别，优化基金产品跨境投资的监管环境。建立健全跨境投融资权益保护制度。

推进保险市场双向开放。支持中资保险公司参与国际资本市场投融资，稳步推进保险资源配置的全球化。努力推动保险服务出口。引导外资保险公司将先进经验和技术植入中国市场。

（三）稳步推进人民币国际化

有序实现资本项目可兑换。逐步加大资本和货币市场、衍生工具、信贷业务及个人资本交易等资本项目开放力度。研究推出可转换股票存托凭证（CDR）。研究推出合格境内个人投资者（QDII2）境外投资制度试点。在依法合规、风险可控的前提下，有真实贸易和投资背景的境内银行和企业可探索参与境外商品和金融衍生品市场，满足政策标准的境外机构可探索投资境内商品和金融衍生品市场。

提高人民币可自由使用程度。完善人民币的计价结算功能，研究推动大宗商品交易用人民币计价结算，支持跨境电子商务人民币计价结算。提升人民币交易和储备功能，进一步推动人民币对其他货币直接交易，扩大与境外中央银行或货币当局的货币合作，支持境外中央银行或货币当局将人民币纳入外汇储备，鼓励境外主体持有人民币资产。

支持离岸人民币市场健康发展。加强双边本币合作，发展人民币离岸市场，拓宽离岸市场人民币回流渠道，建立在岸市场、离岸市场的良性循环。研究推动人民币海外清算行在离岸人民币市场发挥积极作用。完善人民币国际化基础设施，构建安全、高效的全球人民币清算网络。

五、建设现代化风险防控和处置体系

（一）切实有效防控金融风险

防范处置突出风险点。严密防范流动性风险，健全金融机构和金融市场流动性监测指标体系，严格流动性风险审慎监管要求，推动金融机构同业业务回归流动性调节本位。着力化解银行不良资产风险，严格贷款分类管理，加强重点行业、地区和企业信贷风险排查防控，完善并落实不良资产处置政策，适当扩大银行自主权。防范化解地方政府隐性债务风险。有序处置债券违约风险，加强对高负债企业债务风险排查监测，做好重点行业和企业的债券违约风险摸底排查，完善市场化法治化的债券违约处置机制，有序打破刚性兑付，防范道德风险和逃废债行为。积极防控资本市场异常波动风险，强化资金动向监测和异常交易监控，规范程序化交易，规范融资融券和股票质押贷款，严厉打击非法场外配资，防止期货市场过度投机。着力防范房地产泡沫引发金融风险，合理确定房贷首付比例和最长贷款年限等政策，全面落实首付资金来源和偿债能力真实性审核，严禁“首付贷”，严格限制信贷资金用于投资投机性购房。有效防范跨境资金流动风险，做好跨境资金异常流动应急预案，强化交易真实性合规性审核，加强对外投资安全性审查，防范内保外贷风险，加大对违法违规活动的打击力度。

整顿规范金融秩序。清理整顿影子银行，对线上线下各类资管业务实施穿透式、全覆盖监管，建立复杂金融产品审批或备案制度，加强现场检查和联合风险监测，强化风险准备金计提要求，限制杠杆比例、多层嵌套，严禁开展资金池业务。严厉打击乱办金融、非法集资、非法证券期货活动等非法金融活动。出台处置非法集资条例，甄别并打击以各类合作金融组织为名的非法集资活动，遏制农村、校园高利贷多发势头。区域性股权市场不得变相公开发行证券，不得跨区域经营，不得违规发行或转让私募债券，坚决制止违规设立区域票据交易中心和金融资产交易场所，全面实施金融机构及业务持牌经营。规范完善互联网金融规制，完善市场准入、登记托管、资金监测等制度，规范网络借贷市场发展，加强非银行支付机构监管，禁止违规转让支付业务许可证等经营牌照，规范互联网金融广告，遏制虚拟货币投机炒作与利用虚拟货币筹资行为。整顿保险市场乱象，加强保险公司股东资质管理，优化股权结构，打击自我注资、循环注资、虚假出资等行为，规范万能险等产品，限制保险资金控股性收购，规范境外投资行为。严格规范金融市场交易行为，加强发行交易、资金管理等监管和现场检查，规范关联交易、再融资以及上市公司股东和董事、监事、高管人员减持行为，坚决打击内幕交易、市场操纵、利益输送、欺诈造假等违法违规行为。

（二）完善风险防控处置长效机制

加强系统性金融风险防控能力。加强逆周期、跨市场宏观审慎管理，加强宏观审慎管理与微观审慎监管配合。统筹用好各类政策工具，更加灵活、全面、有效地发挥逆周期调节作用，加强金融控股公司等金融集团、系统重要性金融机构、跨市场跨业态跨区域金融产品、金融新业态新产品监管，维护金融体系安全稳健运行。发挥国务院金融稳定发展委员会统筹协调作用，重点关注影子银行、资管行业、互联网金融和金融控股公司，统一建立资管行业监管规则，加强对互联网金融企业持牌监管，加强对金融牌照收购关联交易行为监管。

完善风险预警监测指标体系。完善金融风险动态监测和早期预警的指标体系和评估方法，提高风险识别和预判能力。加大现场和非现场监测力度，做好银行、证券、保险机构稳健性现场评估。

加强风险早期介入与及时纠正。及时采取补充资本、控制资产增长、控制重大交易授信、降低杠杆率等早期纠正措施，加强风险管理。推动金融机构建立健全内部控制体系，增强金融机构风险防控能力。发挥存款保险制度对问题金融机构风险早期纠正机制的作用，通过对金融机构风险状况的科学评价，适用风险差别的存款保险费率，引导金融机构审慎、稳健地经营，以此约束高风险金融机构行为，加强对金融机构的市场约束，增强金融业抵御和处置风险的能力。

完善风险应急管理和处置预案。制订完善突发性金融风险应急处置预案，建立健全恢复与处置计划制度，督促系统重要性银行业、证券业、保险业金融机构按照要求制订和完善恢复与处置计划，开展可处置性评估，强化危机预防。明确对问题金融机构接管、重组、撤销、破产处置程序和机制，推动问题金融机构有序退出。及时有效发挥存款保险制度防范化解金融风险的重要作用，处理好化解系统性风险和防范道德风险的关系。地方各级人民政府按照职责分工，做好金融风险事件牵头处置或协调配合工作。坚持市场化处置原则，明确股东、债权人自救义务，落实股东责任，降低道德风险。加强证券、期货、信托和保险保障基金的专业化管理，研究推动基金筹集方式改革，健全市场化风险处置和救助机制。

完善金融机构市场化退出机制。充分发挥存款保险制度作用，建立权责对等的正向激励约束机制，完善存款保险基金管理机构在退出机制中的处置权力与处置措施，包括由存款保险基金管理机构依法担任接管组织、实施清算，通过提供担保、损失分摊或者资金支持等方式实施收购与承接等处置措施，提高金融风险处置效率，降低处置成本，在充分保护存款人利益和快速、有效处置金融风险的同时，确保银行业正常经营和金融稳定。（个人学术看法，与供职单位无关）

（作者系中国人民银行研究局研究员）

对外开放视角下的人民币国际化：历史进展与路径选择

巴曙松　郑子龙

引言

改革开放以来，国际经济金融格局变迁及中国总体发展战略导向下市场主体需求的转换共同驱动了人民币的国际化进程。以人民币的货币职能跨境延伸扩展为主线，配套的金融改革政策、区域经贸金融合作布局，以及全球人民币基础设施与网络构建一直在积极稳健地实施推进。2008 年全球金融危机爆发以后，随着企业国际化从出口贸易与市场获取转向创新技术的全球配置与价值链上的重新定位，人民币国际化的动力逐渐由单一的贸易计价结算转向跨境贸易、金融产品创新与对外直接投资相互融合的均衡发展。2016 年，人民币正式被纳入国际货币基金组织特别提款权，标志着中国对全球经济金融体系治理的深度参与，而这又会在更高层次上进一步推动中国的对外开放。根据中国人民银行的统计数据，2016 年，全年跨境人民币收付金额合计达到 9.85 万亿元。2017 年底，以人民币计价的全球贸易结算份额为 1.61%，位列国际货币第八位。根据 IMF 公布的官方外汇储备货币构成（COFER）数据，截至 2017 年 9 月，全球央行所持有的人民币储备总额约合 1079.4 亿美元。在金融全球化背景下，未来以“一带一路”建设和金融市场国际化为先导，提升人民币在国际货币体系中作为投资与储备货币的地位，不仅要求健全人民币全球使用的金融基础设施系统，还应考虑完善跨境资本流动的宏观审慎管理政策架构。

一、人民币国际化的演进脉络

改革开放以来，中国在世界经济格局中的地位跃升决定了人民币扩大国际使用的长期趋势。中国经济贸易增长与国际收支波动的阶段性特征体现了不同时期市场主体在跨境贸易投资中使用人民币的需求转换，这种需求变化带动了机制改革与金融开放政策的有序推进。

从中国作为新兴经济体的国际收支周期来看，经济发展起步时所遇到的资金与技术缺口需要通过引入外资来弥补，这一阶段主要为本币获得国际认可积蓄贸易与经济基础；在经济实力显著增强与国内要素禀赋结构发生变迁以后，开始出现资本向外投资的诉求与机会，此时以既有的贸易规模与国际合作为支持，通过企业海外经营带动人民币进入全球经济也就水到渠成。

2008 年全球金融危机引发全球储备货币流动性收缩与货币政策溢出传导的金融风险蔓延。寻找国际结算替代性货币的外部需求与关于单极化储备货币体系的缺陷反思为人民币提升国际地位提供了历史机遇。顺应储备货币多元化趋势，主动推进人民币国际化，不仅可提升全球金融体系的稳定性，还可有力支持中国经贸发展与企业全球布局。

货币国际化的过程同时伴随着本国信用逐渐被国际社会所接受。有中国经贸实力与金融改革成就做背书，人民币更易于作为现行国际货币体系的新晋平衡力量加入世界金融秩序的治理中。同时，人民币更多参与全球金融活动有利于降低中国对内对外经济政策的协调难度。

人民币国际化基本遵循了从结算货币职能起步到贸易计价与投资交易职能均衡推进，进而提升储备货币国际地位的演进思路。从政策引导的具体路径来看，主要从金融改革、区域贸易金融合作以及金融基础设施与网络搭建三个维度来创造人民币扩大国际使用的适宜条件。

从措施组合来看，发展结算货币职能主要涉及建设离岸人民币中心与人民币跨境支付体系、推进全球央行间货币互换合作等；深化投资货币职能涉及境内外金融市场联通、汇率形成机制改革、丰富离岸市场人民币产品类别等。储备货币作用的提升则来源于前两种职能的不断强化。

二、人民币国际化的历史进展

表1　人民币国际化的重点举措一览

基础夯实阶段（改革开放之初—2009年）	
金融改革	20世纪80年代初开始鼓励外商直接投资。 1981年中国第一家外资银行成立（南洋商业银行深圳分行）。 1994年官方汇率与市场汇率实现并轨。 1996年在中国的外资银行可开展外汇买卖等有限人民币业务；实现人民币经常项目可兑换。 2002年QFII开启资本市场开放。 2004年香港地区银行允许开展人民币储蓄与汇兑业务。 2005年开始实施以市场供求为基础、参考一篮子货币调节、有管理的浮动汇率制度；“十一五”规划中明确提出“逐步实现人民币资本项目可兑换”。 2006年根据WTO框架取消外资银行在中国的经营业务限制（包括人民币存款）。 2007年QDII允许境内居民投资海外市场；允许境内金融机构在香港发行人民币计价债券。

续表

区域贸易金融合作	2000 年签订区域性货币双边互换网络协议《清迈倡议》。 2003 年与俄罗斯签订关于边境贸易的银行清算协议[1]，推广人民币在边贸结算中使用，之后又与蒙古、缅甸、越南、老挝、巴基斯坦和尼泊尔等国家签订类似协议。 2003 和 2005 年参与发起亚洲债券基金（ABF），第二期基金中人民币在中国基金发行中得到使用。 2008 年与韩国签署第一笔中央银行间双边互换协议。
起步跃升阶段（2009—2015 年）	
金融改革	2009 年跨境贸易人民币结算试点启动，并在随后的两年内逐渐扩大到全国范围。 2010 年新疆成为跨境直接投资人民币结算试点（人民币 FDI）；银行间债券市场向境外机构（中央银行或货币当局、港澳人民币业务清算行和境外参加银行）开放。 2011 年《境外直接投资人民币结算试点管理办法》（人民币 ODI）正式实施；RQFII 制度出台，并在 2013 年扩大试点机构范围。 2012 年深圳前海跨境人民币贷款业务启动。 2014 年沪港通启动。
区域贸易金融合作	从 2009 年开始与马来西亚、白俄罗斯、阿根廷等多国央行签订双边互换协议，以人民币作为支付货币。 2010 年参与将《清迈倡议》发展成为《清迈倡议多边化协议》（CMIM），构建区域性外汇储备库，解决区域内短期流动性短缺等问题；中国外汇交易中心发展人民币对马来西亚林吉特直接交易。 2013 年提出“一带一路”战略构想。

[1] 该协议的全称为《中国人民银行与俄罗斯联邦中央银行关于边境地区贸易的银行结算协定》，2003 年 1 月。

续表

金融基础设施与网络搭建	2009 年人民币跨境收付信息管理系统（RCPMIS）上线运行。 2012 —2014 年分别在中国澳门、中国台湾、新加坡、英国、德国等地区和国家授权人民币清算安排。 2013 年上海自贸区成立并作为人民币国际化前沿，随后又成立广东、天津和福建三个自贸区。
调整巩固阶段（2015 —2018 年）	
金融改革	从 2015 年 8 月开始人民币汇率形成机制进入新一轮市场化改革。 2016 年中国银行间债券市场向境外机构投资者全面开放；深港通启动。 2017 年“债券通”的北向通启动。
区域贸易金融合作	2014 —2017 年银行间外汇市场先后推出人民币对南非兰特、韩元等 12 个币种的直接交易。 2015 年亚洲基础设施投资银行成立。
金融基础设施与网络搭建	2015 年人民币跨境支付系统（CIPS）正式上线运行。 2016 年中银香港作为首家境外直接参与者接入 CIPS。 2016 年人民币清算安排扩大到 23 个国家和地区。

资料来源：中国人民银行，国家外汇管理局，作者整理。

（一）基础夯实阶段（从改革开放初期到 2009 年）：基于配合外向型经济发展的考虑，以汇率形成机制改革与区域经贸合作为主线增强跨境商品与资本双向流动，支持中国对外贸易增长与市场开放。该过程带动人民币的周边和区域化使用，为人民币通过贸易结算渠道输出并辐射全球打下坚实基础。

货币国际化往往伴随实体经济的国际化过程。人民币早期的国际需求来源于规模不断增长的边贸结算，而1998年亚洲金融危机爆发后，东盟国家基于构建常态化国际流动性互助机制形成的《清迈倡议》推动了人民币参与区域货币合作。2001年，加入WTO为中国企业打开融入全球市场门户的同时，也为未来出口贸易与人民币跨境结算发展作出远景布局。从人民币的海外存量变化来看，这一阶段人民币的国际使用有一定进展，香港地区离岸市场的人民币存款规模从2004年初到2009年底约增加了583.2亿元。

在构建开放型市场经济背景下，从机制改革视角，通过理顺汇率形成机制与削减外汇管理限制，以更规范和更适宜的市场条件支持企业对外贸易，为非居民接受人民币结算提供真实的货物交易规模保障；从市场建设视角看，通过建立离岸市场便利人民币的境外收付及投融资扩展，为境内外市场提供资源交互的窗口与渠道。

中国长期贸易顺差所积累的外汇储备引发了人们对关于投资效率与收支平衡的思考。推动人民币国际化可促进外汇资产投资思路从以央行储备形式持有发达国家债券向市场化的企业对外投资转变。这将提升外汇投资的回报水平与微观主体的经营创新活力。

（二）起步跃升阶段（从2009年7月跨境贸易人民币结算试点启动到2015年）：中国经济从逐步适应全球分工发展到主动融入国际市场，客观上需要一个与中国经济水平相匹配的本币国际地位。利用重塑国际货币体系与补充储备货币流动性的有利契机，以贸易计价结算与货币互换合作为主线推动人民币的海外使用，为进一步便利市场主体跨境贸易投资提供有力支持。

2008年全球金融危机爆发以来，单级化国际货币体系与多元化世界经贸格局之间的不协调加剧了新兴市场国家金融体系的脆弱性，人民币作为支付与交易媒介的需求在国际范围内显著增加。在中国长期经济高速增长所支撑的人民币升值趋势下，境外主体存在资产组合的货币替代需求。通过贸易渠道向外输送人民币并在离岸市场创新人民币产品为人民币国际化创造了良好开局。具体来说，从人民币的海外使用及沉淀情况来看，香港人民币存款额从 2009 年初的 543.9 亿元增长到 2014 年底的 1 万亿元，人民币在国际支付货币中的份额从 2011 年底的 0.25% 增长到 2014 年底的 2.17%，排名上升了 15 位；从人民币的跨境流动情况来看，经常项目下人民币收付总额从 2010 年的 3501 亿元迅猛增长到 2015 年的 7.23 万亿元。

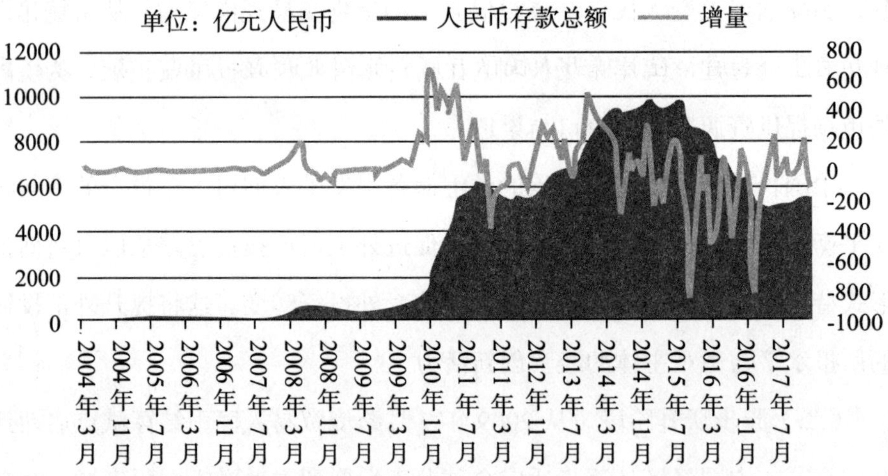

图 1 香港人民币存款总额及其变化（2004 年 3 月—2018 年 1 月）

资料来源：香港金融管理局。

构建人民币境内外贯通的循环模式对中国金融开放的同步深化提出更高要求。首先，为了避免贸易逆差与货币国际化的“特里芬悖论”，需要以促进资本项目开放来丰富人民币的输出渠道，进而改善中国国际投资头寸表。其次，人民币的国际使用要求资本项目提高可兑换程度，那么为了维持货币政策的有效性亟须进一步增强汇率弹性。最后，由于国际货币会充当大量与本国经济无关的交易计价工具，并且境外主体有在发行国以外持有国际货币的需求，因此离岸人民币市场的发展进程也需相应加快。

随着人民币国际化的深入，一些问题也逐步呈现。首先，在贸易结算单一动力的助推下，由于存在人民币升值预期，境外企业更愿意接受人民币付款，导致人民币用于进口支付远超过出口收款。这种贸易项下收付结构的不平衡导致外汇储备增速加快，人民币与弱势货币置换带来居民福利损失。其次，由于汇率改革滞后于人民币国际化进程，境外主体更多基于币值收益而不是资产收益来持有人民币，这将增大未来人民币国际化进程的波动性。最后，在为境外人民币开启回流投资通道的同时，资本账户下证券投资项目开放随之拓宽，这会增加管理短期跨境资本流动的难度。

（三）调整巩固阶段（从2015年8月至2018年）："8·11"汇率市场化改革后，在人民币汇率阶段性贬值预期下，人民币的跨境收支使用有所放缓。由于境外投资者人民币持有动机与境内企业国际经贸主要形态发生变化，人民币向全球输出的主要模式逐渐向国际金融市场与对外直接投资渠道转变，金融交易结算在人民币国际化的动力结构中权重提升。随着驱动因素完成切换，人民币国际化进程逐渐企稳。

在人民币阶段性贬值压力影响下，海外人民币规模出现下降，2016年底香港人民币存款额同比下降约35.8%；同期人民币跨境贸易总额下降约27.7%。全球贸易支付计价的人民币份额从前期高点的2.31%下降到2017年底的1.61%。随着人民币汇率形成机制市场化改革不断深入，人民币单边升值趋势被双向宽幅波动的新常态所替代。这一方面增加了离岸人民币持有者管理汇率风险的要求，另一方面促使人民币国际化的逻辑基础切换到提升人民币资产的国际吸引力上来。

在逆全球化背景下，原本通过经常项目与跨境贸易提升人民币海外存量的方式已面临瓶颈，直接投资与证券投资成为矫正上一阶段人民币国际化发展结构性失衡的主要方式。根据 2018 年 3 月发布的《2017 年中国国际收支报告》，2017 年中国对外直接投资资产净增加 1019 亿美元，证券投资项下境外股权、债券等资产净增加 1094 亿美元。在新动力的引领下，人民币国际化在经历了阶段性滞缓与退步后逐渐趋稳，从海外人民币存量指标来看，香港人民币存款额在 2017 年结束前期的下降趋势并且稳中有升（同比增幅约 4.5%）。

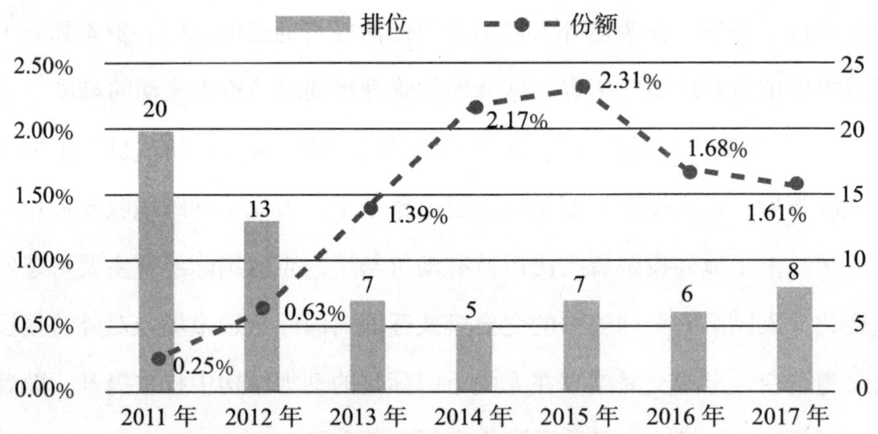

图 2 人民币在国际支付货币中所占份额及排名

资料来源：SWIFT，作者整理。

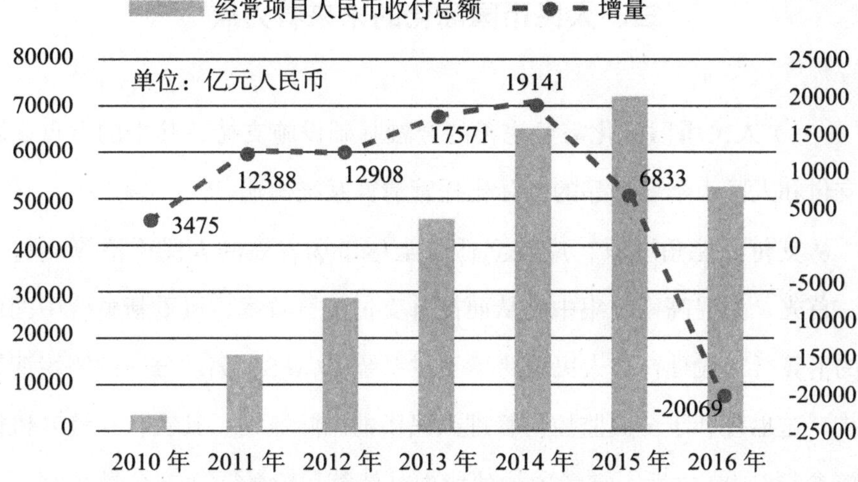

图3 经常项目人民币收付总额及其增量

资料来源：《2017年人民币国际化报告》，作者整理。

人民币加入SDR为海外投资者配置人民币资产提供了新动力，这将促进中国境内金融市场以创新产品为基础加速融入全球金融体系，由此引致的更高水平的金融开放也可顺应境内居民的全球资产配置与财富结构调整需求。2017年，境外对中国证券投资净流入1168亿美元，较上年增长1.3倍。

人民币直接投资将促使人民币国际化进程更加稳健。首先，人民币跨境直接投资可有效优化人民币在境外实体经济中的循环模式，帮助构建以中国企业为核心的人民币计价全球供应链结构。其次，减少人民币输出受汇率和资产收益率的影响，丰富人民币使用与回流的通道。再次，对外投资可有效撬动人民币在与项目所在国贸易中的计价结算使用。最后，有真实交易背景的直接投资对短期跨境资本流动的替代有利于维护境内金融体系的稳定。

三、人民币国际化的未来着力点

（一）人民币国际化需要完善的金融基础设施支持，其中的重点是跨境支付和人民币金融产品的国际化托管清算系统构建。

从支付职能角度看，应建立适应全球市场发展的人民币清算支付系统。首先，为提高系统集中度从而提升支付清算效率，可重新整合中国现有的清算行、代理行与人民币跨境支付系统（CIPS）离散分立的跨境清算安排，这也有利于全面监控与管理人民币的国际流动。其次，在境外机构直接参与 CIPS 之后，需考虑构建境内外清算风险的隔离与分散机制。现有清算行与代理行的清算模式都须依赖境内的跨行清算系统完成，有可能引发风险的跨境传导。最后，从功能服务角度看，应将 CIPS 所覆盖的范围从单一的贸易项下跨境支付向金融市场业务延伸。2018 年 3 月，CIPS 二期正式进入试运行阶段，采用效率更高的全额与净额混合结算的模式，将为人民币国际化提供有力的技术支撑。

从投资及价值储藏职能角度看，应该为全球投资者提供国际化的人民币产品托管清算系统。目前，人民币金融产品在海外可获得的基础设施支持与日趋扩大的全球投资需求无法匹配，中国境内现行的托管清算制度与国际通行的规则仍存在较大差异。以人民币债券为例，包括伦敦清算所集团（LCH）与欧洲清算所（Eurex Clearing）在内的国际主流清算机构还都不能为人民币债券提供托管与清算服务。应考虑加强与国际交易平台、中央托管机构的业务合作，做好境内外市场制度安排的衔接；还可以考虑在香港建立符合国际惯例的托管清算机构，从而消除人民币证券资产用于抵押、回购等金融交易的机制壁垒，释放人民币资产的海外流动性，支持人民币金融资产的国际化。

（二）从全球视角提升人民币资产的配置价值，需要继续培育有深度的人民币金融产品市场。

从人民币产品市场的创新发展角度看，首先，应着重推动债券市场的机制完善，考虑优化国债的做市机制，维持各期限国债发行规模与频次的稳定均衡，构建市场化的债券基准收益率曲线。其次，应推进股票市场的发行制度注册制改革，将监管重点从市场准入转向发行主体的信息披露与行为监督，从而帮助投资者提升风险辨识能力并优化资产配置。最后，应注重发展股票期货、国债期货与大宗商品期货等金融衍生品市场，为投资者管理投资组合的风险敞口增加市场化的工具选项。同时，衍生品交易也可促进现货市场的价格发现。

从人民币产品市场的对外开放角度看，应同步推动现有的中国投资者到海外交易（QDII）、国际投资者到中国开户投资（QFII、RQFII、CIBM）以及资本市场互联互通（沪港通、深港通、债券通）等三类投资渠道的开放与扩大。在此过程中，对中国交易环境与制度框架的不熟悉将增加外资机构进入境内金融市场的成本。应该协助外资机构充分了解并适应中国金融市场的交易规则，促进中国金融市场的运行制度同国际金融市场的通行标准接轨，放开境内与境外市场价格联动与套利交易的管理，从而最大限度争取海外投资者的参与，扩大人民币产品市场的国际影响。

（三）继续扩大人民币的海外需求，应完善跨境资本流动的宏观审慎管理框架。

首先，逐步建立跨境资本流动的数据统计监测与预警响应机制。在银行结售汇头寸管理与金融机构外汇资产负债申报的基础上，将金融机构全口径的外汇流动性统筹到监测框架下。在监测指标选取方面，可以从全球视野出发将境内外资本市场回报率差异、非居民境内投资的资产结构变化等指标纳入监测体系。

其次，减少进而逐步取消额度管理等数量型管理工具的使用，更多地采用价格型市场化工具来调节跨境资本流动。例如，应用风险准备金工具有利于降低跨境资本的大幅波动。

最后，进一步优化全口径跨境融资宏观审慎管理模式，增加中国企业境外融资的自主性。可考虑设计关于外债结构调整阈值、外债豁免项、跨境融资杠杆率等参数的动态调整机制，并根据本外币业务合规度对不同的市场主体设计差异化的跨境融资杠杆率，来完善外债管理激励机制。

（作者：巴曙松，中国银行业协会首席经济学家、香港交易所首席中国经济学家，金融学教授；郑子龙，就职于中国农业银行总行，经济学博士，美国波士顿大学商学院访问学者。）

社会融资规模成为我国金融宏观调控的重要指标

盛松成

一、社会融资规模是衡量金融支持实体经济的重要指标

2018 年政府工作报告提出，“管好货币供给总闸门，保持广义货币 M2、信贷和社会融资规模合理增长，维护流动性合理稳定”。其中，社会融资规模指标由我国首创，近年来已为社会各界所广泛接受，并成为我国货币政策和金融宏观调控的重要指标。2010 年 12 月，中央经济工作会议首次指出，要“保持合理的社会融资规模”。迄今为止，这一指标已连续八次被写进中央经济工作会议文件和总理《政府工作报告》。

2010 年 11 月，按照人民银行领导的要求，人民银行调查统计司开始研究、编制社会融资规模指标。自 2011 年起人民银行按季发布社会融资规模增量数据，2012 年起按月发布，并在 2012 年 9 月公布了 2002 年以来的月度历史数据。2014 年起，按季发布地区社会融资规模增量数据。2015 年起，按季发布社会融资规模存量数据。2016 年 1 月起，按月发布社会融资规模存量数据，使得存量数据具备了衡量同比增速的意义。

二、社会融资规模的内涵和理论基础

社会融资规模是指一定时期内（每月、每季或每年）实体经济从金融体系获得的资金总额。社会融资规模由四大类融资构成，共10个子项。四大类融资分别是：一是金融机构表内贷款，具体包括人民币贷款和外币贷款两项融资。二是金融机构通过表外提供的融资，具体包括委托贷款、信托贷款和未贴现的银行承兑汇票等三项融资。三是直接融资，具体包括非金融企业债券和境内股票融资两项融资。四是以其他方式向实体经济提供的资金支持，具体包括保险公司赔偿、金融机构投资性房地产、小额贷款公司及贷款公司贷款三项融资。这里的金融体系是整体金融体系的概念。从机构看，包括银行业、证券业、保险业等金融机构。从市场看，包括信贷市场、债券市场、股票市场、保险市场及中间业务市场等。从地域看，是实体经济从境内金融体系获得的资金总额。

社会融资规模指标具有深厚的经济理论基础。我们知道，货币政策传导机制是一根很长的"链条"，从理论重要性来讲，大致可以从金融机构资产和负债两个角度分为货币观点和信用观点。货币观点强调央行通过政策工具改变商业银行等金融机构的存款量（负债端），影响实际利率水平，从而影响总产出。信用观点则强调货币政策的变化，通过改变商业银行的贷款量（资产端），以及其他金融机构的资产方（如债券融资、股票融资等资产方的变动）来影响企业资金可得性，改变私人部门投资和最终产出。

从20世纪50年代开始，托宾、斯蒂格利茨以及伯南克等著名经济学家陆续提出并最终形成了货币政策传导的信用观点。例如，托宾Q理论指出，扩张的货币政策会使股票价格上升，当企业股票市值超过资本重置成本时，企业股票融资额增加，投资需求上升，带动总产出水平上升。但是，货币观点在西方国家的货币政策传导机制中占主导地位。基于货币观点的货币政策传导机制是以市场经济完善、信息充分为前提的，而信用观点则建立在信息不充分、金融市场不完善的基础上。与成熟市场经济国家相比，我国市场经济远非完善，金融市场尚不发达，信息往往既不充分也不对称，因此货币政策对实体经济的影响仅关注货币渠道是不够的，还需要同时关注信用渠道。

从我国货币政策实践看，历来我国金融宏观调控注重搭配使用金融机构负债方和资产方指标。1998 年以前，货币调控是以信贷行政分配方式进行的。尽管此后人民银行宣布取消信贷配额，以货币供应量作为货币政策的中介目标，但信贷指标在我国货币政策实践中仍发挥着重要作用，形成“两中介目标”的二元传导机制。随着金融中介的多元化发展，近年来实体经济可以通过银行表内贷款、银行表外业务、债券融资和股票融资等多种方式获得信用，信用渠道涵盖的范围进一步扩大。若宏观调控只控制信贷规模，其他方式的融资就可能快速增长，出现“按下葫芦浮起瓢”的现象，从而可能贻误调控时机，影响调控效果。为此，我国央行于 2010 年编发了社会融资规模指标，以衡量一定时期内实体经济从金融体系获得的资金。从某种意义上可以说，社会融资规模指标也是在这一实践基础上发展起来的。

社会融资规模指标本身是我国的独创，我国也是唯一统计这一指标的国家。尽管信用观点诞生于西方国家，但实践中西方国家单一地关注负债端，资产方复杂度高难以统计，并未将信用观点运用到统计实践中，由此导致的信息缺失进而监管不力是 2008 年金融危机爆发的一个原因。我国首创的社会融资规模指标开国际先河，反映了我国为弥补统计信息缺口而进行的努力，日渐被社会各界接受与应用，具有很高的开放性、可塑性，得到 IMF、BIS 等国际金融组织的高度认可。

三、社会融资规模的统计与分析

2002 年至今，社会融资规模的绝对值水平大体经历了三个阶段的变化。2002—2008 年，社会融资规模在 2 万亿～7 万亿元波动；2009—2014 年，社会融资规模攀升至 14 万亿～18 万亿元；2015—2017 年，社会融资规模在 15 万亿～20 万亿。2018 年 1—2 月份，考虑春节因素后，社会融资规模达 4.23 万亿元。

表 1 社会融资规模的量及构成

单位：亿元人民币	2018 年 1—2 月	2017 年	2016 年	2015 年	2014 年	2013 年	2012 年	2011 年	…	2002 年
社会融资规模	42303	194430	177101	154063	164773	173169	157631	128286	…	20112
人民币贷款	37050	138432	124400	112693	97816	88916	82038	74715	…	18475
外币贷款（折人民币）	352	18	−5640	−6427	3554	5848	9163	5712	…	731
委托贷款	−1464	7770	21900	15911	25070	25466	12838	12962	…	175
信托贷款	1115	22555	8593	434	5174	18404	12845	2034	…	—
未贴现的银行承兑汇票	1539	5364	−19500	−10567	−1198	7756	10499	10271	…	−695
企业债券	1101	4495	30000	29388	24329	18111	22551	13658	…	367
非金融企业境内股票融资	1101	8734	12400	7590	4350	2219	2508	4377	…	628

投资性房地产	—	—	—	138	100	323	50	166	…	—
保险公司赔偿	—	—	—	4922	4347	3850	3132	2455	…	
其他	—	—	—	−18	1232	2276	2008	1936	…	—

表 2　社会融资规模的结构演变

单位：%	2018 年 1—2 月	2017 年	2016 年	2015 年	2014 年	2013 年	2012 年	2011 年	…	2002 年
社会融资规模	100	100	100	100	100	100	100	100	…	100
人民币贷款	87.6	71.2	70.2	73.1	59.4	51.3	52.0	58.2	…	91.9
外币贷款（折人民币）	0.8	0.0	−3.2	−4.2	2.2	3.4	5.8	4.5	…	3.6
委托贷款	−3.5	4.0	12.4	10.3	15.2	14.7	8.1	10.1	…	0.9
信托贷款	2.6	11.6	4.9	0.3	3.1	10.6	8.1	1.6	…	—
未贴现的银行承兑汇票	3.6	2.8	−11.0	−6.9	−0.7	4.5	6.7	8.0	…	−3.5
企业债券	6.6	2.3	16.9	19.1	14.8	10.5	14.3	10.6	…	1.8
非金融企业境内股票融资	6.6	4.5	7.0	4.9	2.6	1.3	1.6	3.4	…	3.1
投资性房地产	—	—	—	0.1	0.1	0.2	0.0	0.1	…	—
保险公司赔偿	—	—	—	3.2	2.6	2.2	2.0	1.9	…	2.1
其他	—	—	—	0.0	0.7	1.3	1.3	1.5	…	—

表1、表二注：①“—”表示数据缺失或很小；②在2002—2012年社会融资规模中，人民币贷款为历史公布数，其余为核实数。

社会融资规模的结构具有较鲜明的趋势性特点。首先，2002年至今，新增人民币贷款占社会融资规模的比例经历了先下降后上升的过程。新增人民币贷款占社会融资规模的比例曾经大幅下降，由2002年的91.9%下降至2013年、2014年的55%左右，2015年恢复至73%。2017年以来，伴随着金融去杠杆进程，表外融资表内化，人民币贷款近期明显回升。2018年1—2月，人民币贷款占社会融资规模的87.6%，比2017年全年水平高16.4个百分点。其次，实体经济通过金融机构表外的融资先升后降。2006年至2013年间，实体经济以委托贷款、信托贷款和未贴现的银行承兑汇票获得的融资以年平均39.5%的速度增长，而2002年这些表外融资的业务量还很小。近期表外融资急剧缩减，2018年1—2月委托贷款、信托贷款和未贴现的银行承兑汇票在社会融资规模中的占比分别为-3.5%、2.6%和3.6%，表外融资合计仅占社会融资规模的2.8%。最后，直接融资占比呈上升趋势。2016年，非金融企业境内债券和股票合计融资4.2万亿元，是2002年的42.6倍，占同期社会融资规模的23.9%，比2002年提高了18.95个百分点。但2017年以来直接融资占比大幅下降。2017年直接融资占比骤降至6.8%。2018年1—2月，非金融企业境内债券和股票合计融资2795亿元，同比增加2653亿元。

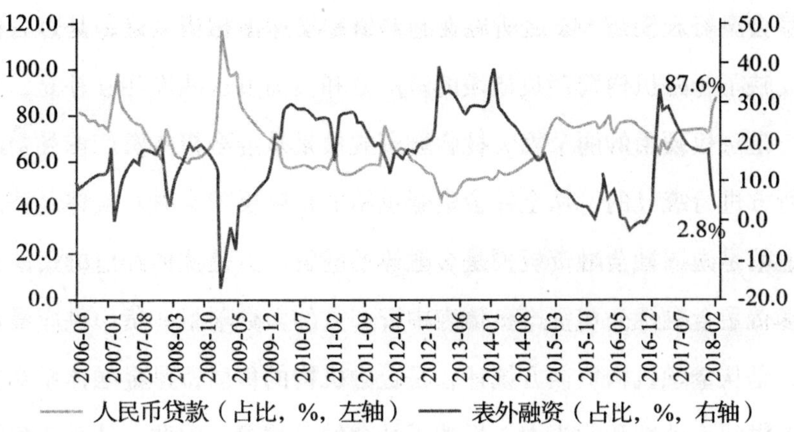

图 1　社会融资规模构成的变化

四、社会融资规模与货币供应量 M2 是一枚硬币的两个面

从历史上看，社会融资规模（存量）与 M2 增速走势基本一致，两者相关系数达到 0.88。个别月份两者的增速甚至完全一致，如 2016 年一季度末，社会融资规模存量增速和 M2 增速都是 13.4%。

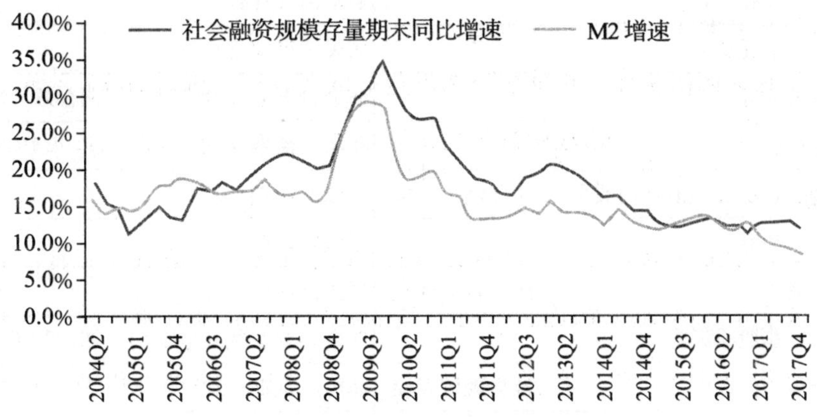

图 2　社会融资规模存量与 M2 增速

社会融资规模与M2之所以在绝对值和增速上相当接近，是因为两者分别反映了金融机构资产负债表的资产方和负债方，两者相互补充、相互印证，是一枚硬币的两个面。社会融资规模是从金融机构资产方和金融市场发行方进行统计的，从全社会资金供给的角度反映金融对实体经济的支持。也就是说，社会融资规模是金融体系的资产，是实体经济的负债，其内容涵盖了金融性公司资产负债表中资产方的多数项目。货币供应量正好相反，是从金融机构负债方统计，是金融机构的负债，是金融体系对实体经济提供的流动性和购买力，反映了社会的总需求。因此，从资产负债角度看，社会融资规模和货币供应量能够相互补充、相互印证。

表3 社会融资规模与M2是一枚硬币的两面

金融性公司概览（局部）			
资产		负债	
1. 贷款	（社会融资规模）	1. 流通中现金	（M0）
1.1. 人民币贷款		2. 本外币存款	
1.2. 外币贷款		2.1. 活期存款	
1.3. 委托贷款		财政活期存款	
1.4. 信托贷款		居民活期储蓄存款	（M2）
2. 有价证券		非金融企业及其他部门活期存款	（M1）
2.1. 股票		非居民活期存款	（M1）
非金融企业及其他部门股票	（社会融资规模）	2.2. 定期存款	
2.2. 债券		财政定期存款	
企业债券	（社会融资规模）	居民定期储蓄存款	（M2）
2.3. 非股票证券		非金融企业及其他部门定期存款	（M2）
银行承兑汇票	（社会融资规模）	非居民定期存款	（M2）
3. 国外资产		2.3. 其他存款	
4. 投资性房地产	（社会融资规模）	证券公司客户保证金存款	（M2）

作为一枚硬币的两个面，尽管社会融资规模与M2走势接近，但仍存在差异，这主要是由于两者统计的角度、范围和创造的渠道并不一致。

一是两者统计的角度不同。社会融资规模统计和反映的是整个金融体系的资产方（对应的是实体经济的负债方），M2统计的是金融机构的负债方（对应的是实体经济的资产方）；社会融资规模衡量的是货币如何被创造出来，M2衡量的是经济总共创造了多少货币。

二是两者统计的范围不同。社会融资规模统计涉及包括存款类和非存款类金融机构在内的整个金融体系提供的资金支持，M2则仅针对存款类金融机构提供的存款；社会融资规模统计的是住户部门和非金融企业部门获得的融资，M2则既包括住户和非金融企业部门的存款，也涵盖了非银行金融机构的存款。

理论上，社会融资规模与M2仅部分内容有对应关系，互有不对应项目，因而二者并不存在数量上的对等关系。M2来源结构中对非金融部门债权体现在社会融资规模中，就是其中的各贷款项目和企业债券中由银行持有的部分。但两者并不完全相等，主要是货币概览的机构范围不包括信托公司等非银行金融机构，因而M2来源结构中对非金融部门债权不包括信托贷款，即社会融资规模和M2统计口径在信贷和银行持有企业债券上存在重叠，但信贷部分不完全对等。

三是两者创造的渠道有差异。外汇占款、财政投放、银行投放非银（未投向实体经济部分，分别反映在货币概览中资产方的国外净资产、对政府债权、对其他金融部门债权等项目的变化上）能够派生M2，但不能增加社会融资规模；股票、债券等直接融资，以及发放未贴现的银行承兑汇票和信托贷款等，能扩大社会融资规模，但不能派生M2；银行发放人民币贷款、购买企业债等，以及银行投放非银（投向实体经济部分），既能派生 M2，又能扩大社会融资规模。

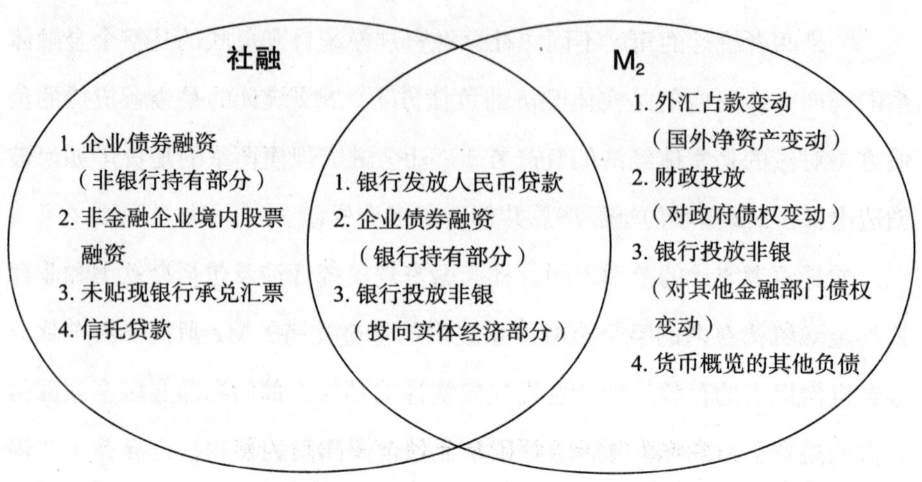

图 3　社会融资规模与 M2 的关系

五、近期社会融资规模与 M2 增速的背离

长期以来，社会融资规模与 M2 增速非常接近，而从 2016 年 10 月开始社会融资规模与 M2 增速的差异逐渐扩大。2017 年 8 月末，社会融资规模同比增速高于 M2 增速 4.2 个百分点，差距达到最大。2018 年 2 月末，M2 同比增速从 2017 年末的最低点回升至 8.8%，较社会融资规模增速（11.2%）低 2.4 个百分点，两者增速的差异较上年末收窄了 1.4 个百分点。

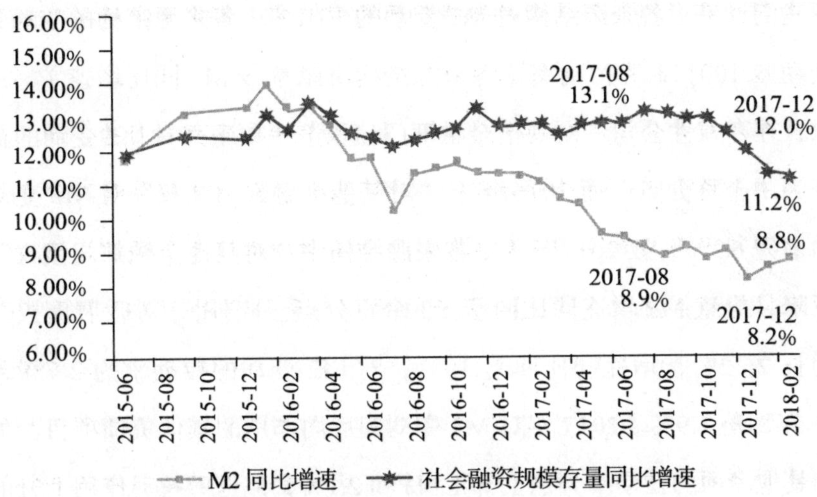

图 4　近期社会融资规模与 M2 增速的背离

近期社会融资规模与 M2 增速不一致主要是金融去杠杆的结果。一是金融去杠杆导致银行体系投向非银金融机构的资金减少。银行购买非银金融机构发行的资管等金融产品将派生 M2，但是否扩大社会融资规模，则要看非银金融机构有没有将这笔资金投入实体经济。如果非银金融机构从银行体系拿到钱后没有投入实体经济，就发生了资金空转，这时仅体现为 M2 增长而社会融资规模没有变化；只有非银金融机构将通过资管等产品融来的资金投入实体经济，才能扩大社会融资规模。

前几年，银行购买非银金融机构发行的资管等金融产品较为普遍，资金空转的现象较多。2017 年以来金融监管加强，金融去杠杆使得银行开始回收通过资管计划等投向非银金融机构的资金，资金内部往来减少，这导致 M2 增速下降，但社会融资规模扩大相对平稳。比如，2017 年末银行对其他金融机构债权同比增长 5.5%，该增速较 2016 年末下降 42.7 个百分点。

我们计算了各来源结构对 M2 变动的贡献率（各来源结构的变动 /M2 的变动 ×100%）和拉动率（各来源结构贡献率 ×M2 同比增速）。2017 年末，在存款性公司“对其他金融部门债权”一项中，对 M2 变动的拉动率仅为 1 个百分点，而 2016 年末“对其他金融部门债权”对 M2 变动的拉动率为 6.3%，故 2017 年 M2 各来源结构中“对其他金融部门债权”大幅下降，导致 M2 增速同比回落 5.3 个百分点。此外，“对政府债权”同比增长 26.2%，增速同比回落 39%；对 M2 变动的拉动率为 2.7%，较 2016 年回落 1.9%。2017 年对 M2 变动起反向作用的其他负债项目，如债券和其他净项的拉动率分别上升 1.4% 和 2.1%，但这些拉动作用上升的因素影响程度小于拉动作用下降的因素，最终 M2 同比增速回落。2018 年 1—2 月，对 M2 变动起正向作用的“对国外净资产”和“对政府债权”的拉动率分别较去年同期上升 1.5% 和 2.5%，对“其他金融部门债权”的拉动率为 0.9%，与 2017 年同期相比下降 3.1%，但较 2017 年拖累 5.3% 已有所缓和。

表 4　各来源结构对 M2 变动的贡献率与拉动率（2017 年末）

	贡献率（%）		拉动率（百分点）	
	2016 年	2017 年	2016 年	2017 年
广义货币	100.00%	100.00%	11.33	8.17
国外净资产	−10.58%	−8.41%	−1.20	−0.69
对政府债权	40.60%	33.58%	4.60	2.74
对非金融部门债权	72.84%	96.83%	8.26	7.92
对其他金融部门债权	56.02%	11.82%	6.35	0.97
冲销项：不纳入广义货币的存款	−5.35%	−1.71%	−0.69	−0.14
债券	−26.05%	−19.55%	−2.95	−1.60
实收资本	−2.50%	−3.85%	−0.28	−0.31
其他（净）	−24.97%	−8.71%	−2.83	−0.71

表 5　各来源结构对 M2 变动的贡献率与拉动率（2018 年 2 月末）

	贡献率（%）		拉动率（百分点）	
	2017.1—2	2018.1—2	2017.1—2	2018.1—2
广义货币	100.00%	100.00%	11.10	8.80
国外净资产	−8.11%	4.82%	−0.90	0.42
对政府债权	−18.19%	5.37%	−2.02	0.47
对非金融部门债权	71.93%	71.13%	7.98	6.26
对其他金融部门债权	35.70%	10.18%	3.96	0.90
冲销项：不纳入广义货币的存款	−6.63%	−2.04%	−0.74	−0.18
债券	−21.07%	−3.54%	−2.34	−0.31
实收资本	−0.78%	−0.02%	−0.09	0.00
其他（净）	47.16%	14.10%	5.24	1.24

金融去杠杆导致表外融资渠道减少，货币创造的途径压缩。金融去杠杆导致表外融资渠道减少，虽然部分表外融资转移到表内（表现为银行信贷增加），但贷款以外的表外融资压缩更多，货币派生的渠道被抑制，这使得 M2 增速下降。而萎缩的表外融资中有些没有被统计到社会融资规模中去，或被转移到社会融资规模统计的其他表外项目中（如信托贷款），因此社会融资规模增速表现得相对平稳。比如，据中国银行业协会统计，银行理财同比增速从 2016 年末的 23.6% 下降到 2017 年末的 1.7%。这导致非银金融机构存款同比减少，企业融资来源减少、存款下降，M2 增速相应下降。

金融部门在去杠杆，实体部门相对不明显。M2 增速下降意味着银行体系的负债下降，表明去杠杆主要发生在金融部门；而社会融资规模反映了实体经济获得的资金支持，社会融资规模增速平稳，意味着实体部门融资状况依然良好。我们计算了各项目对社会融资规模变化的贡献率和拉动率。2017 年人民币贷款的拉动率与 2016 年持平，信托贷款和未贴现银行承兑汇票的拉动率上升，而委托贷款和企业债券的拉动率下降。2018 年 1—2 月份，人民币贷款的拉动率较去年同期上升 1 个百分点，表外融资中的委托贷款、信托贷款、未贴现银行承兑汇票的拉动率均下降，说明实体经济融资结构正在从表外转向表内。

表 6 各来源结构对社会融资规模变动的贡献率与拉动率（2017 年末）

	贡献率（%）		拉动率（百分点）	
	2016 年	2017 年	2016 年	2017 年
社会融资规模存量	100.00%	100.00%	12.92	11.95
其中：人民币贷款	69.81%	74.61%	9.02	8.92
外币贷款	−2.19%	−0.82%	−0.28	−0.10
委托贷款	12.74%	4.16%	1.65	0.50
信托贷款	5.16%	11.98%	0.67	1.43
未贴现银行承兑汇票	−10.94%	2.90%	−1.41	0.35
企业债券	18.46%	2.45%	2.39	0.29
非金融企业境内股票	6.96%	4.72%	0.90	0.56

表 7 各来源结构对社会融资规模变动的贡献率与拉动率（2018 年 2 月末）

	贡献率（%）		拉动率（百分点）	
	2017.1—2	2018.1—2	2017.1—2	2018.1—2
社会融资规模存量	100.00%	100.00%	12.75	11.22
其中：人民币贷款	71.15%	89.93%	9.07	10.09
外币贷款	0.55%	−0.35%	0.07	−0.04
委托贷款	9.07%	−3.71%	1.16	−0.42
信托贷款	8.29%	2.93%	1.06	0.33
未贴现银行承兑汇票	9.44%	3.78%	1.20	0.42
企业债券	−2.38%	5.21%	−0.30	0.58
非金融企业境内股票	3.87%	2.20%	0.49	0.25

2017 年金融去杠杆和强监管导致 M2 增速大幅下降，但社会融资规模指标显示，金融对实体经济的支持没有减少，这再一次证明了社会融资规模指标的合理性和重要性。2018 年政府工作报告未对社会融资规模和 M2 设定具体的增速目标。随着金融运行情况的变化，社会融资规模和 M2 的决定因素也发生了变化，一时难以准确预测这两个指标的增速。回过头来看，前几年的金融创新为实体经济服务不足，致使资金在金融体系内部空转，并积聚了较大风险。鉴于金融去杠杆的进程和大量融资回表，预计未来一段时间 M2 增速与经济增长的相关性将会提高，M2 与社融增速的差异将会缩小，M2 增速或有所回升，将超过去年。

六、社会融资规模符合金融宏观调控的需要

随着我国金融市场的多元化发展，金融市场的创新发展为实体经济提供了日益多样化的融资方式，单一的信贷规模已无法全面、准确地反映金融体系对实体经济的资金支持，而社会融资规模能综合反映全社会融资总量和结构的指标。利用 2002 以来的月度数据，我们对社会融资规模、新增人民币贷款、货币供应量 M2 与主要经济指标、央行货币政策操作目标的关系进行计量分析，以考察社会融资规模在货币政策传导机制与宏观经济调控中的作用。从货币政策中介目标或监测指标的可测性、相关性和可控性等“三大属性”出发，实证分析显示以通胀率和产出增速为货币政策最终目标时，社会融资规模增量与货币政策最终目标的相关性大于新增人民币贷款，即在“相关性”上社会融资规模增量优于新增人民币贷款。另外，无论央行采用数量型或价格型操作目标，社会融资规模均比新增人民

币贷款具有更强的可控性。特别是 2009 年以后，社会融资规模增量与新增人民币贷款在货币政策传导机制中的作用分化更加明显。社会融资规模存量与 M2 是一枚硬币的两个面，不仅在绝对数值和增速上相当接近，实证研究亦表明两者对货币政策最终目标的影响以及与操作目标的关系高度一致。

社会融资规模满足了货币政策中介目标的可测性、相关性、可控性的三大要求，不仅社会融资规模增量是比新增人民币贷款更优的中介目标或监测指标，而且社会融资规模存量可与 M2 相互印证、相互补充，构成“两中介目标、两传导机制”模式中的“新搭档”。虽然当前我国货币政策操作正在逐渐由数量型调控向价格型调控转变，但由于不同层次利率之间尚未形成市场化的传导链条，经济结构中还存在一些利率不敏感部门，金融市场尚未全面形成市场决定的价格体系，因此搭配使用 M2 和社会融资规模等数量型货币政策中介目标或监测指标能起到很好的过渡作用。

社会融资规模与主要经济指标具有较强的相关性。利用 2002 年以来的季度数据，我们对社会融资规模增量、广义货币 M2 新增额、新增人民币贷款与主要经济指标分别进行计量分析。我国社会融资规模增量与主要经济指标（如 GDP、社会消费品零售总额、固定资产投资完成额等）均具有较高的相关性（相关系数 0.89 ～0.94），且相关系数均高于 M2、新增人民币贷款约 0.1。社会融资规模增量与 GDP、投资和物价等经济变量之间存在长期稳定的协整关系和显著的因果关系。

七、社会融资规模能够反映金融领域供给侧改革的推进情况

金融的根本要求是服务实体经济。社会融资规模从全社会资金供给的

角度反映金融对实体经济的支持，而 M2 衡量的是金融机构负债方，难以准确衡量金融体系对实体经济的支持。作为一个整体流动性指标，M2 很难统计其行业、区域结构，而社会融资规模在综合反映实体经济融资总量的同时，还提供了行业结构、地域结构、融资结构（如银行表内、表外和直接融资结构）等信息，能够观察到分行业、分地区、分融资方式的各种类型资金支持，在结构上优于 M2。

社会融资规模多元化的结构属性能够将金融体系对实体经济的支持力度细分到方方面面。社会融资规模中的贷款、表外融资、直接融资等可以细分到各行业，例如社会融资规模能反映“两高一剩”行业的融资情况，有助于产业结构调整和打好污染防治攻坚战。可以细分到各地区，观察到各地区的融资情况，有助于地方政府把握当地经济金融形势，并及时有效防范化解地方政府、地方国企杠杆率过高的风险。可以反映房地产开发贷款、房地产企业直接融资的情况，观察到房地产去库存的趋势，并且居民部门购房贷款的增长情况能够反映出居民部门的杠杆率水平。可以观察到支持小微企业、三农建设的资金，观察到金融对精准扶贫的支持力度，有助于小微企业、农业等领域补齐“短板”。可以反映新产业、新业态等领域融资增长情况，有助于推进我国的产业升级和高质量发展。可以反映不同融资工具、不同融资渠道的资金情况，例如直接融资与间接融资的比例关系，来源于银行和非银行渠道的资金比例关系，银行表内融资和表外融资的比例关系，有助于反映我国金融市场和金融产品的多元化发展趋势，反映宏观杠杆率的去化程度，反映金融领域供给侧结构性改革的推进情况。因此，社会融资规模指标所具备的开放性指标属性，允许我们适时地根据金融宏观调控的需要，针对金融体系对实体经济的资金支持展开多角度、全方位的分析，进而促进政策的科学研判和精准调控。

社会融资规模能够多角度、全方位反映全社会各类融资支持实体经济的状况，对于促进金融支持实体经济具有重要意义。社会融资规模在综合反映实体经济融资总量的同时，还提供了类型结构、地区流向和行业投向等信息，有利于更全面地反映我国经济金融运行情况，前瞻性地反映实体经济融资规模变化的方向、经济运行的边际变化、地区发展差异、行业发展动向等，符合金融宏观调控的需求，为防范化解金融风险、推动产业结构转型升级、做实做强做优实体经济、迈向高质量发展提供指引。

（作者系中国人民银行参事、中欧陆家嘴国际金融研究院常务副院长）

九论中国金融系统性风险

张明

引言

所谓金融系统性风险，是指金融体系作为一个整体可能存在的风险及其可能对金融体系与实体经济所造成的不利冲击。[1] 国外文献主要从事件冲击视角与演化视角来分析系统性风险。从事件冲击视角来看，系统性风险是指特定事件的发生对经济金融体系造成的巨大的、宏观的冲击。从演化视角来看，系统性风险是指特定风险在不同部门或区域之间的传递与扩散。

本文试图从私人部门、公共部门与对外部门这三个部门的角度出发来分析中国金融体系面临的系统性风险。[2] 第一，本文将依次梳理私人部门、公共部门与对外部门各自面临的特定风险（第一节至第四节）；第二，本文将分析这三个部门之间可能发生的风险传递（第五节）；第三，本文将解释过去中国金融体系存在的风险减震器为何濒临失效（第六节）；第四，本文将展望未来中国金融危机爆发的可能路径（第七节）；第五，本

[1] Bank of International Settlements.（2011）. "The Impact of sovereign credit risk on bank funding conditions". CGFS Paper， No. 43.

[2] 关于从三个部门的角度出发对系统性风险的研究综述，可参见：赵静、王宇哲、张明、郑联盛：《开放经济体面临的三类系统性风险：文献综述》，中国社会科学院世界经济与政治研究所国际投资研究（IIS），工作论文 No.201405。

文将预测一旦金融系统性风险爆发可能产生的后果（第八节）；第六，本文将提出应对中国金融系统性风险的政策建议（第九节）。

一、私人部门系统性风险：高杠杆与房地产

很多年来，外国投资者一直在质疑中国经济增长的可持续性，国内也不乏类似的怀疑论者。迄今为止，他们都错了。中国经济不但没有崩盘，反而不断给出了亮丽的成绩单。然而，过去的成功未必预示着未来能继续获得成功。中国经济能否继续打破怀疑论者的预期，再次实现10年、20年的持续较快增长，实则面临较大的不确定性。

鉴于中国政府对宏观经济的强大掌控能力，以及在实施扩张性财政货币政策方面的巨大空间，再加上超过3.5万亿美元的外汇储备，中国政府有能力避免小型局部危机的爆发。因此，中国未来面临的一种尴尬或许是，要么不爆发危机，要么就爆发一次大规模的系统性危机。这种尾端风险爆发的可能性，越来越不能令人忽视。

本文首先将分别剖析中国的私人部门、公共部门与对外部门可能蕴藏的系统性风险，之后再剖析三个部门的风险之间可能发生的传导与联动。本文将重点分析中国私人部门（包括国有企业、国有银行与地方融资平台）面临的系统性风险。笔者认为，这方面至少有两大风险不能忽视，即高杠杆与房地产。

杠杆率也即负债率。当前，中国国民总负债占GDP的比率为250%～260%，这在全球主要大国中位居中游，杠杆率并不算高。然而，如果分部门来看，则中国家庭与政府部门的杠杆率显著低于全球平均水平，这就意味着中国企业部门的杠杆率显著高于全球平均水平。根据不同

机构的估算，目前中国企业负债占GDP比率为150%～160%，在全球主要大国中位居第一。

企业总负债对应着企业高投资。在外需强劲、本国经济潜在增长率较高的背景下，高负债推动的高投资不是问题，反而可能给企业带来可观的利润。然而一旦外需萎缩、本国经济潜在增长率走低，那么高投资的结果就可能造成庞大的过剩产能，而高负债的结果将会造成商业银行不良贷款攀升。

这恰好是中国在本轮全球金融危机爆发后面临的问题。首先，受金融危机影响，发达国家经济增长低迷，而新兴市场国家的经济增长也未能与发达国家充分脱钩，中国出口面临的外需不容乐观；其次，受国内要素价格市场化、人口红利与后发优势的衰减等因素影响，中国经济潜在增速已经由过去的10%左右下降至当前的6%～7%。

在外需萎缩与内需不振的背景下，过去持续高投资形成的庞大产能不能通过国内消费与对外出口这两个渠道充分消化，这无疑会导致大规模的产能过剩。在制造业，产能过剩不仅出现在钢铁、水泥、电解铝、玻璃、PVC等传统行业，甚至出现在光伏、风电、造船等新兴行业。在基础设施领域，产能过剩体现在，在2008年以来千万亿浪潮中上马的很多高速公路与机场，特别是位于中西部地区的新建基础设施项目，目前使用率严重不足，要收回投资成本可谓遥遥无期。

一旦以各种形式存在的产能过剩问题不能得到解决，那么为企业高投资提供融资的商业银行就不得不面临不良贷款率迅速上升的局面。这一现象可能首先爆发于商业银行表外的影子银行体系，之后再转回商业银行的资产负债表上。

其实，即使不考虑产能过剩问题，未来几年内中国商业银行的资产负债表本身就很难消停了，这是由于中国商业银行的资产负债表，在很大程度上与房地产完全捆绑在一起。

假定中国商业银行的总贷款是100元。其中20元直接给了房地产行业，包括开发商贷款与住房抵押贷款，这些贷款背后的抵押品自然是土地与房产。另外20元给了地方融资平台。地球人都知道，地方融资平台的资本金是地方政府通过土地形式出资的（而且经常存在出资不实的状况），地方融资平台申请银行贷款的抵押品也是土地，就连地方政府对地方融资平台提供的隐含担保，其最终支撑其实是地方政府未来的土地出让金收入。商业银行剩下的60元基本上贷给了企业，包括抵押贷款与信用贷款。而在企业抵押贷款中，又有很大一部分是用土地与房产作为抵押的。

这样一来，仅仅粗略估算，我们就不难发现，中国商业银行的总贷款中，可能有50%～60%直接与房价、地价密切相关。尽管对居民住房抵押贷款而言，银行有着较高的安全边际（首套房首付比率20%～30%），但对其他相关贷款（如开发贷与抵押贷）而言，安全边际远没有住房抵押贷款那么高。

让我们来做一个思想实验。如果不考虑安全边际，假定中国商业银行60%的贷款直接与房价、地价密切相关。那么，如果一个外生性或内生性冲击导致全国平均地价与房价下跌15%，中国商业银行将会出现相对于总资产9%的损失，这意味着商业银行的自有资本金将消耗殆尽。

这恐怕是中国的屡次房地产调控没有达到理想效果的重要原因。地方政府害怕土地出让金萎缩，固然会反对房地产调控。中央政府一来担心房地产投资下滑拉低经济增长，二来担心房价地价下滑冲击商业银行资产负债表，因此，宏观调控的目标从来都不是压低房价，而是让房价的增速与人均收入的增速相匹配。

自2013年上半年以来，中国政府屡屡面临一个三难选择，既要保经济增长，又要控制地方债务，还要调控房价。笔者当时的判断是，要解决这个三难问题，必须牺牲掉一个目标。保增长是首要的，这意味着中国政府必须在地方融资平台与房地产两个方面选择一保一压。而最可能的选择是压地方融资平台，保房地产。

最终的结果印证了笔者的判断。为什么事实发展会如笔者所预期的呢？道理很简单。放房地产，既有助于稳定经济增长，又能增强银行资产负债表，同时还能增强地方融资平台的实力。你好，我好，大家好。苦的仅仅是有着刚性需求的购房者。

当然，这是一个越来越危险的游戏。

二、同业借贷已成为私人部门系统性风险的重要结点

2013年，笔者所在的中国社科院世经政所国际金融中心完成了一个重大调研项目“中国影子银行研究”。在项目结项会上，与会专家一致认为，银行同业借贷已经取代银行理财产品，成为中国金融体系系统性风险的重要结点。而2014年5月出台的银监会9号文，已经将银行间拆借市场与债券市场搅和得“风乍起，吹皱一江春水”。因此，本节将结合笔者做课题的感受，谈谈中国影子银行体系的兴起与变迁。

中国影子银行体系的兴起，归根结底取决于商业银行强大的监管套利动机，而源头则来自中国政府宏观经济与监管政策的嬗变。中国影子银行体系的蓬勃发展始于2010年，其背景则是为了抵御美国次贷危机对中国经济的冲击，中国政府出台了轰轰烈烈的4万亿财政刺激方案，并辅之以连续两年（2009年与2010年）超过9万亿的人民币信贷。事后来看，中

国政府对金融危机的反应过头了。尽管中国经济很快触底反弹，但也相继出现了产能过剩、房价泡沫与通胀压力。

因此，从2010年下半年起，中国政府开始收紧宏观政策与金融监管。具体到商业银行，对信贷额度、贷存比、风险拨备与准备金的要求重新变得严格。这就让商业银行处于两难境地。不收缩贷款吧，将会面临银监会的严厉处罚，行领导的仕途也将受到影响。收缩贷款吧，由于2009年至2010年的贷款大多数流向中长期建设项目（尤其是基础设施与房地产），这些项目需要持续的信贷支持，否则将会沦为烂尾工程，这意味着收缩贷款将使得银行账面出现大量坏账，同样会遭遇来自监管机构的压力。

怎么办呢？市场的智慧是无穷的。由于监管机构对商业银行的管制主要基于资产负债表，那么只要把信贷资产从表内转移至表外，就可以不再受相关法规约束。最早的监管套利方式是银信合作，即银行将自己发放贷款的债权转移给信托公司，让信托公司代为持有。这样就降低了银行的风险资产规模，使银行的资产负债表变得更为稳健。因此，银信合作的规模快速攀升，早在2010年下半年就接近两万亿人民币。这一快速膨胀的新生事物很快引起监管机构警惕，银监会要求商业银行必须把银信合作的贷款规模回表，造成银信合作对商业银行的吸引力下降。

道高一尺，魔高一丈。商业银行很快就通过开发银行理财产品来加以应对。所谓银行理财产品，是指银行通过发行收益率富有吸引力的理财产品，吸引银行客户购买，将募集的资金投资更高回报的资产。如果客户购买的是非保本型理财产品，则相关资金会由银行资产负债表内流向表外，这些钱再次离开了监管者的视力范围。钱去了哪儿呢？这些钱的很大部分，或者流向了信托公司的受益权，而信托公司收益权的基础资产，仍是银行授意信托公司提供的贷款；或者流向了城投债，而城投债是银行过去的大客户地方融资平台发行的债券。这意味着，商业银行通过发行理财产品，再次突破了银监会管制，继续为地方融资平台与房地产企业源源不断地提供信贷。

银行理财产品在2011年至2012年出现爆发式增长，其管理资产规模由2009年底的1万亿人民币上升至2012年底的7万亿人民币，2013年6月底，进一步攀升至9万亿人民币。这一态势再度引发监管机构警惕。2013年3月，银监会出台8号文，重点是对理财产品持有的非标准化债权资产（简称非标资产）进行管理，要求商业银行理财资金投资的非标资产余额不能超过理财产品余额的35%或者总资产的4%。8号文的出台虽然没有限制理财资金投资城投债，但显著限制了银行用理财资金购买信托受益权，银信合作再度面临冲击。

市场再度进行反击。一方面，诸如银证合作、银基合作、银保合作等新形式层出不穷。这些合作与银信合作的逻辑基本上相似，信托公司、证券公司、基金公司、保险公司仅提供通道服务，赚取手续费，而风险最终仍由商业银行承担。值得注意的是，银证合作发展的速度极其迅猛，2011年底中国银证合作通道业务的规模为2000亿元，2012年底已飙升至1.9万亿元。

另一方面，2013年以来，同业借贷业务已经成为商业银行的新兴主流监管套利模式。同业借贷原本是商业银行之间通过彼此的短期拆借来弥补流动性需求的常规式操作，但在当前已经沦为一种新的套利工具。让我们以信托受益权的购入反售为例。在过去，商业银行通过银信合作持有的信托受益权，被视为非标资产，将受到8号文的监管。然而，在新的操作模式下，原本是银行甲持有信托公司A的信托受益权，现在银行甲可以将信托受益权转让给银行乙，同时承诺半年后购回。这一购入反售操作，就使得银行甲原本持有的非标资产转变为银行持有的同业资产。一旦风险资产转为同业资产，则银行甲需要计提的风险拨备与占用的资本金都会显著下降，这扩大了银行甲的放贷能力。与此同时，购入反售还虚增了银行甲的存款规模，帮助后者规避了贷存比管制。有人问，银行乙怎么办呢？道理很简单，银行乙把自己持有的票据或信托受益权卖给银行甲即可。

最近两年来，银行同业业务逆风狂飙。16 家上市银行的同业资产由 2010 年底的 5 万亿人民币蹿升至 2012 年底的 11 万亿人民币，目前已经达到 18 万亿人民币。同业资产占银行业总资产的比重，则由 2010 年的 8% 上升至 2012 年的 12%，其中有些股份制银行已经超过 25%。这些同业业务中，隐藏着大量的高风险资产，已经成为系统性风险的潜在引爆点。

2014 年 5 月出台的 9 号文，对银行同业资产进行了更加严厉的监管，例如将会禁止两家银行之间直接互盘信贷业务，将信贷业务伪装为同业资产的做法。

然而，9 号文出台之后，商业银行的监管套利行为就会停止了吗？市场与监管的博弈，会不会向迄今为止的中国影子银行发展史所展示的那样，按下葫芦浮起瓢？

三、公共部门系统性风险：未来十年中国主权债困局

九年前，笔者与两位师友完成了一个世界银行委托的主权债重组课题，当时该课题是为阿根廷主权债务危机而做的。2013 年，我们终于将该课题成果付梓。[1] 没想到的是，书中的大部分内容居然毫不过时，因为

[1] 钟伟、郑英、张明：《国家破产：主权债重组机制研究》，上海财经大学出版社，2013 年 3 月版。

主权债务危机在欧元区再度爆发。事实上，笔者始终认为，欧元区国家要彻底走出主权债务危机，大规模的债务重组是必经之路。拖得越晚，最终调整得越痛苦。更进一步来看，中国政府的债务风险自美国次贷危机爆发以来，也处于显著上升的过程中。未来十年，中国中央政府的杠杆率很可能迅速抬升，如果应对不当，爆发某种形式的主权债务危机也未可知。

长期以来，中国中央政府债务占 GDP 的比率一直维持在 20% 左右，远低于国际公认的 60% 警戒线。预算法规定地方政府不能直接举债，因此地方政府债务也局限于养老金缺口、对地方国有企业的隐含担保等或有债务。在次贷危机爆发前，中国政府总债务占 GDP 的比率应该在 30%～40%，债务负担与其他新兴市场国家相比相对较轻。

次贷危机的爆发改变了这一切。应对次贷危机对中国经济造成的负面冲击，中国政府出台了 4 万亿财政刺激方案。但中央财政只出 1.18 万亿元，剩下部分由地方财政来出。在分税制框架下，地方政府的预算收入与支出本身就不能匹配，必须靠中央转移支付与土地出让金才能最终平衡。因此，为了拿出足够的资金以融通庞大的基础设施投资，地方政府开始大规模使用地方融资平台作为自身融资中介。地方政府以土地、基础设施、地方国企股权等资产作为资本金注入融资平台，再由融资平台向商业银行申请贷款，最终将募集资金用作基础设施投资。为配合中国政府的 4 万亿财政刺激方案，银监会与央行也放松了信贷的闸门，导致 2009 年与 2010 年的人民币贷款增量都超过了 9 万亿元。

扩张性的财政货币政策使得中国经济很快触底反弹，在次贷危机爆发后出现了一枝独秀式的增长，但同时也造成了产能过剩、资产价格泡沫与地方债务剧增等一系列负作用。根据审计署在 2011 年的第一次普查，截至 2010 年底，地方政府债务达到 10.7 万亿元，占到当年 GDP 的 27%。

而根据审计署在近期公布的第二次普查结果，截至2013年6月，地方政府债务已经飙升至17.9万亿元，占到GDP的33%。其中地方融资平台的相关债务已经超过10万亿元。

地方政府债务高企本身并不是问题，问题在于地方政府未来是否有能力为这些债务还本付息。中国的独特问题在于，地方政府、融资平台与商业银行三者之间形成了错综复杂的关联，而这一关联能否持续，关键取决于房地产市场是繁荣还是衰退。

一方面，无论是融资平台的资本金还是抵押品，基本上都是地方政府划拨的土地；另一方面，地方政府对融资平台提供的隐性担保，很大程度上，又是以未来的土地出让金收入作为支撑的。目前，与房价、地价密切相关的贷款，大约已经占到中国商业银行贷款总额的一半以上，其中既包括开发商贷款与住房抵押贷款，也包括对地方融资平台的贷款以及以土地或房产为抵押的其他企业贷款。换句话说，如果中国房地产市场繁荣、房价一路上涨，则地方融资平台能够轻松地还本付息、地方政府的财政收入充裕、商业银行的资产负债表非常健康，而如果中国房地产市场开始向下调整，则地方融资平台、地方政府与商业银行的风险会同时爆发。

一旦地方融资平台、地方政府与商业银行陷入危机，中央政府绝不会坐视旁观。而中央政府救援的结果，无非通过各种方式（如向银行系统注入资本金、成立新的资产管理公司帮助银行剥离不良资产，甚至帮助地方政府还款等），将地方政府债务与商业银行不良资产，转变为政府的当期财政赤字与累积政府债务。政府应对危机的结果，无非用公共部门的加杠杆来应对私人部门的去杠杆，古今中外皆然。

因此，中国能否避免地方债务危机的爆发，归根结底取决于中央政府的财力是否能堪重负。如果说在次贷危机爆发前，30%～40%的政府整体债务水平，使得中国政府有很大债务腾挪空间，那么，截至 2013 年 6 月底，根据审计署最新普查的数据，中国政府整体债务占 GDP 的比率已经攀升至 56%，这就意味着政府的腾挪空间已经显著收窄了。

问题在于 56% 这一数字，未必是中国政府总体债务水平的真实反映。一方面，这一次债务普查尽管覆盖了中央、省、市、县、乡五级政府的债务，但并没有包括诸如政策性银行金融债、社保账户资金缺口之类的或有债务；另一方面，根据各种坊间传闻，不少地方政府这次申报的债务水平依然显著低于真实债务水平。根据一些国内外投行的估计，当前中国政府的真实债务占 GDP 水平在 70%～80% 左右。

更严重的问题是，在未来一段时间内，商业银行的不良贷款剧增，可能不仅限于地方融资平台贷款，前者对开发商与其他企业的贷款也可能难以收回本息。正如笔者在本系列第一篇文章“私人部门的两大风险”中所指出的，随着国内外需求的持续低迷，中国在制造业与基础设施领域均会出现显著的产能过剩，而相关企业去杠杆化的结果，就是银行坏账的大幅上升。最终，银行坏账会再度转换为中央政府债务。

另一个值得关注的问题，则是居民收入倍增计划也会加剧中央财政的压力。笔者认为，在收入分配方面，真正需要的结构调整，是国民收入分配从政府与国企部门向居民部门的倾斜，即收入再分配。而如果中国政府的相关思路，是在不影响政府与国企利益的前提下提高居民部门收入的话，那么只有两条路可走，一是政府举债，二是通货膨胀。从国际经验来看，政府先通过举债来增加居民福利，再通过通胀来撇清债务的可能性更大。

如果上述情形在未来同时发生，则未来五至十年内，中国政府的真实债务水平，可能上升至 90%～100%。随着国内经济潜在增长率的下降，以及利率市场化可能导致利率水平上升，一旦经济增速低于利率水平，那么中国政府债务的可持续性就会面临挑战。未来十年内，中国面临爆发主权债务危机的风险，这并非危言耸听。关键在于如何未雨绸缪、及时应对。

四、对外部门系统性风险：中国会出现经常账户逆差吗

自 1994 年以来，中国已经连续 20 年面临经常账户顺差。中国的经常账户顺差在 2008 年达到 4206 亿美元的峰值，占当年 GDP 的比率超过 10%。2011 年至 2013 年，中国经常账户顺差的绝对值已经连续 3 年低于 2000 亿美元，经常账户顺差占 GDP 比率在这三年内也持续低于 3%。根据一国经常账户余额占 GDP 比率超过 3%～4% 就被认为存在经常账户失衡的标准来看，中国的经常账户已经由失衡趋向均衡。但笔者的问题是，未来中国会出现经常账户逆差吗?

出口导向经济体的经常账户会出现逆差？这并非耸人听闻。去年至今，美联储退出量宽的预期与行为对新兴市场国家造成了显著负面冲击，而那些受到冲击最大的新兴经济体，例如，印度、印尼、巴西、南非、土耳其、阿根廷等，均面临短期的或持续的经常账户逆差。正是由于出现了经常账户逆差，这些国家才不得不更加依靠短期资本流入来平衡国际收支，从而最终加剧了短期资本流入逆转对上述国家金融市场与本币汇率的冲击。

出口导向经济体究竟是如何出现经常账户逆差的？这就需要对经常账户进行更细致的分类分析。让我们以巴西为例。作为一个出口导向的大型经济体，巴西自从 2007 年第 4 季度起就出现了持续至今的经常账户逆差。

但有意思的是，巴西的货物进出口却一直是顺差（除 2013 年第 1 季度出现短暂的逆差外）。因此，造成巴西出现持续经常账户逆差的原因，一是巴西持续面临服务贸易逆差，二是巴西的海外投资净收益持续为负。2007 年第 4 季度至 2013 年第 3 季度，巴西的货物贸易余额、服务贸易余额、海外投资净收益及经常转移余额的均值分别为 53 亿美元、-77 亿美元、-96 亿美元以及 8 亿美元，因此出现持续的经常账户逆差就不足为奇了。

事实上，尽管中国持续面临经常账户顺差，但中国经常账户的结构，与巴西存在很大的相似性，也即面临持续的货物贸易顺差与经常转移顺差，以及服务贸易逆差与负海外投资收益。例如，2007 年第 4 季度至 2013 年第 3 季度，中国的货物贸易余额、服务贸易余额、海外投资净收益及经常转移余额的均值分别为 736 亿美元、-135 亿美元、-51 亿美元与 62 亿美元。中国之所以没有步巴西后尘出现经常账户赤字，仅仅是因为前者的货物贸易顺差远远超过服务贸易逆差与海外投资负收益。

中国与巴西同属新兴市场国家，服务业的国际竞争力相对较差，出现持续的服务贸易逆差不足为奇。但巴西的服务贸易逆差的相对规模远远超过中国，主要原因是巴西服务业的开放程度远远超过中国。可以预期，随着中国政府逐渐开放服务业（无论是近期的上海自贸区实践还是未来的中美 BIT、中欧 BIT，以及 RCEP 甚至 TPP），至少在一定时期内，中国的服务贸易逆差将会明显扩大。

但是，中国出现与巴西类似的负海外投资收益，就令人疑惑了。原因在于，巴西是一个国际净债务国，而中国是一个国际净债权国。例如，截至 2013 年第 3 季度，巴西的海外总资产为 7495 亿美元，海外总负债为 15401 亿美元，因此巴西的海外净债务为 7906 亿美元。同期内，中国的海外总资产为 5.65 万亿美元，海外总负债为 3.85 万亿美元，因此中国的海外净债权高达 1.80 万亿美元。

既然中国是一个海外净债权人，为何中国还在持续向外国投资者支付利息（海外投资净收益持续为负）呢？问题出在中国海外资产与负债的结构上，截至 2013 年第 3 季度，在中国的海外总资产中，储备资产占比高达 66%，而对外直接投资占比仅为 10%，在中国的海外总负债中，外商直接投资占比高达 60%。考虑到直接投资的收益率远高于外汇储备的收益率，这就不难理解中国为何会持续面临海外投资负收益了。

笔者认为，随着中国经济的转型，以及加快对外开放，在一定时期内，中国经常账户的结构可能发生如下一系列变化，从而可能造成中国在未来出现经常账户赤字：第一，随着人民币有效汇率的持续升值、国内劳动力成本的快速上升及其他要素价格的市场化，货物贸易顺差的增速将会进一步下降，特别是其占 GDP 的比重可能会持续下降；第二，随着中国加快开放服务业，由于中国服务业整体竞争力显著低于美欧日发达国家，造成服务贸易逆差可能快速上升；第三，随着中国资本账户与金融市场的加快开放，中国投资者会加大对海外的直接投资与证券投资，而外国投资者也会加大对中国的各类投资，考虑到中国投资者的海外投资经验显著落后于外国投资者，不排除短期内出现中国的海外投资负收益进一步扩大的可能性。

综上所述，如果未来中国货物贸易顺差增长缓慢，而服务贸易逆差与海外投资负收益显著扩大，那么中国面临经常账户赤字的概率将会显著上升。而一旦中国开始面临经常账户赤字，这就意味着人民币汇率将会由低估转为高估，中国对短期资本流入的依赖性将会上升，而短期资本流动大进大出对中国宏观经济与金融市场的破坏性也会相应上升。

如果说中国经常账户演进前景的一个负面情景是巴西的话，那么正面情景应该是谁呢？答案可能是日本。截至 2013 年第 3 季度，日本的海外总资产为 7.42 万亿美元，海外总负债为 4.29 万亿美元，海外净资产高达 3.13 万亿美元。在海外总资产中，对外直接投资、证券投资与储备资产的占比分别为 15%、45% 与 17%。在海外总负债中，外商直接投资与证券投资的占比分别为 4% 与 53%。如此的海外资产负债结构，导致日本存在持续且较大规模的海外投资净收益。尽管日本自 2011 年以来出现连续的货物贸易逆差，长期以来存在服务贸易逆差，但受到持续较大的海外投资净收益的支撑，日本一直处于经常账户顺差。2007 年第 4 季度至 2013 年第 2 季度，日本的货物贸易余额、服务贸易余额、海外投资净收益及经常转移余额的均值分别为 69 亿美元、-96 亿美元、395 亿美元与 -32 亿美元。由此可以看出，海外投资净收益是日本经常账户顺差的最重要来源。

中国应该如何向日本学习呢？第一，应该大力鼓励中国企业的海外直接投资，尤其是应该加大对民营企业海外直接投资的支持力度；第二，在风险可控的前提下，推动中国金融机构、企业与居民的海外证券投资；第三，通过加快汇率、利率市场化，降低外汇储备的积累速度；第四，进一步取消地方政府对外商直接投资的各类优惠措施，真正实现内外资企业的平等国民待遇。

五、风险是如何在部门之间传染的

在之前的几节中，笔者已经逐一分析了中国私人部门、公共部门与对外部门各自面临的潜在风险，得出的主要结论包括：私人部门的主要风险在于企业部门高杠杆率以及金融机构对房地产行业的风险暴露过高；公共部门的主要风险在于次贷危机后中国政府杠杆率上升速度很快，以及未来中央政府可能再次为银行坏账买单；对外部门的主要风险在于中国的国际收支双顺差将会在未来几年消失，从而使人民币转为面临升值压力。

然而，仅仅分部门来看待中国金融的潜在风险，并不能厘清中国金融系统性风险的全貌。因为系统性风险的吊诡之处在于，它不会仅仅局限于在某个部门爆发，而是很可能沿着特定的路径在不同的部门之间传染。当前国际学界流行从时间与空间两个角度来分析系统性风险：时间角度的系统性风险，即债务水平的累积（杠杆化）以及下降（去杠杆化），而空间角度的系统性风险恰恰是指风险在不同部门、不同区域，乃至不同国家之间的传染。

风险在私人、公共与对外三部门之间的传染路径有多种可能，既可能由私人部门传染至公共部门，也可能由公共部门传染至对外部门，还可能从对外部门传染至私人与公共部门。下面，让我用不同国家爆发金融危机的案例，逐一分析上述风险的部门传染路径。

风险由私人部门向公共部门传染的案例，可谓屡见不鲜，尤其是在本轮全球金融危机爆发之后，表现得淋漓尽致。例如，美国在 2003 年至 2006 年出现了房地产泡沫与衍生品泡沫，并伴之以私人部门（尤其是家庭部门与金融机构）杠杆率的高企。2007 年至 2008 年的次贷危机本质上是资产价格破灭引发的私人部门金融危机。然而，为了避免金融机构大规模倒闭，造成整个金融市场失灵，小布什政府推出了第一个 7000 亿美元的财政救助方案，给金融机构注资、提供担保，以及剥离不良资产。此后，为避免次贷危机造成美国经济陷入旷日持久的衰退，奥巴马政府又推出第二个 7000 亿美元的财政救助方案，为美国家庭减税、促进基础设施投资，以及刺激新兴产业发展。这两轮大规模的财政刺激方案，再辅之以美联储的零利率和量化宽松政策，最终稳定了金融市场并且提振了实体经济。然而，救助作用的副产品，使美国政府债务占 GDP 比率的扶摇直上，由之前的不到 70% 上升至目前的 100% 左右。换句话说，私人部门爆发金融危机后，政府对此进行救助，将会导致私人部门债务演变为公共部门债务，从而使得金融风险由私人部门传导至公共部门，也即私人部门去杠杆的结果是公共部门加杠杆。

美国的案例绝非独此一家，在这方面做得更决绝的是爱尔兰。事实上，爱尔兰最终沦为爆发主权债务危机的五个欧洲国家之一，实在是有些运气欠佳。因为在危机爆发前，爱尔兰无论是在经济竞争力还是在公共债务水平方面，都显著优于西班牙、葡萄牙、意大利与希腊。在次贷危机爆发前，爱尔兰正是因为经济增长很快而被称为“凯尔特之虎”。爱尔兰之所以最终爆发了主权债务危机，根源在于国内也在 21 世纪头几年出现了房地产泡沫。美国次贷危机的爆发最终刺破了爱尔兰国内的泡沫，使得爱尔兰金融机构出现了大量坏账。在这一当口，爱尔兰政府对坏账潜在规模以及自身财政实力均作出错误估计，居然承诺为本国金融机构的资产提供全额担保，这就导致爱尔兰的财政赤字与政府债务直线飙升。最严重的一年内，爱尔兰财政赤字占 GDP 比重达到 30%，而欧元区该指标的最高门槛值仅为 3%！

风险由公共部门传染至对外部门，主要途径是一旦市场对某国公共债务的可持续性失去信心，就可能做空该国货币，导致该国货币显著贬值。相关案例包括 20 世纪 80 年代爆发主权债务危机的拉美国家，以及 2000 年的阿根廷。以阿根廷为例，为了遏制肆虐多年的通货膨胀，阿根廷政府在 20 世纪 90 年代转为实现本币汇率强制性盯住美元的货币局制度，一度实现了经济增长与通货稳定的目标。然而，在 20 世纪 90 年代后半期，短期资本的流入使得阿根廷政府的外债水平不断上升。东南亚金融危机的爆发严重挫伤了市场信心，敏感的投资者转而怀疑阿根廷政府的偿债能力。因此，国际投机者开始在货币市场上做空阿根廷比索。在通过多种干预未果后，阿根廷政府最终被迫宣布将比索与美元脱钩，随即比索对美元汇率出现暴跌。

风险由对外部门传染至私人部门与公共部门的最重要前提，通常是一国的私人部门或（和）公共部门在本国经济繁荣时期举借了大量外国债务，且这些外债通常以美元或欧元计价。因此，一旦本国货币对美元（或欧元）汇率大幅贬值，那么该国的外债负担将会显著加剧，从而导致该国的家庭、企业、金融机构或政府由于不能按期偿还债务本息而爆发债务危机。东南亚国家就是一个最典型的例子。在 20 世纪 90 年代上半期的繁荣时期内，东南亚国家的企业与银行普遍举借了大量以美元计价的外债，因为当时美元债务利率要显著低于本币债务利率，且东南亚国家普遍实施盯住美元制，看似并无汇率风险。然而，随着投机者的大肆攻击造成本币汇率显著贬值，这些东南亚国家就开始品尝到外债造成的苦果，即由于本币对美元汇率的贬值，造成美元计价债务负担的加剧，这种资产与负债的币种错配是东南亚国家最终大量企业与银行倒闭的根源。

从上述分析中不难看出，系统性风险的可怕之处，恰恰在于它能够在不同部门之间传染，一国政府应对特定部门风险的举措，却可能加剧另一部门的风险。反过来，预防与治理系统性风险的一大策略，恰好是抑制甚至切断系统性风险在各部门之间的传染路径。

六、濒临失效的传统风险减震器

迄今为止，笔者已经依次分析了中国私人部门、公共部门与对外部门分别面临的系统性风险，以及风险在部门之间传染的可能路径。但一个自然而然的问题是，三部门各自的特定风险，都不是新生事物，长期以来持续存在，差别仅仅在于程度不同。那为什么过去没有爆发危机呢？笔者又凭什么认为未来爆发危机的可能性在上升呢？

笔者的回答是，过去中国的私人、政府与对外部门，各自存在一个减震器。这些减震器提供了风险缓冲，避免了危机爆发。然而，最近几年，这些减震器或者被动磨损，或者可能被主动拆除，随着风险的累积，爆发系统性危机的可能性大增。

私人部门的风险减震器，就是居民部门高储蓄背景下的金融抑制。中国老百姓储蓄率在全球范围内相对较高，主要的解释包括生命周期理论、谨慎性储蓄理论与流动性约束理论。生命周期理论是指，当一个国家年龄结构比较年轻时，这个国家的储蓄率将会相对较高。谨慎性储蓄理论是指，中国国内教育、医疗、养老等公共产品体系并不健全，导致居民对未来潜在支出具有很强的不确定性，因此不得不积累较高的储蓄以备不时之需。流动性约束理论是指，由于中国金融市场并不发达，居民通过举债购买耐用消费品的渠道有限或成本太高，从而不得不通过储蓄来积累资金。无论如何，中国的居民高储蓄为中国的高投资提供了资金融通，使得中国不必像其他新兴市场国家那样不得不通过借入外债来投资融资，这避免了对外部融资的依赖。

在此基础上，中国政府通过控制基准存贷款利率，建立了一个有利于借款人而不利于贷款人的金融抑制环境，即通过人为压低基准存贷款利率，来实现资源从居民部门（贷款人）向企业部门与政府部门（借款人）的转移。这降低了借款人的借贷成本，从而提高了借款人通过借入资金来进行投资的激励。高储蓄加上金融抑制，是中国企业部门杠杆率不断上升且能维持在高位的重要原因。

公共部门的风险减震器，是整个政府部门债务占 GDP 比率处于全球较低水平，这就为政府通过采取积极的财政政策来稳定金融市场或提振实体经济创造了充足的政策空间，而不会对政府融资能力或成本造成显著负面冲击。例如，20 世纪 90 年代后半期，为解决国内银行体系不良贷款问题，中国政府通过财政部发债方式筹集资金，组建了四家与四大行对口的资产管理公司，由这些资产管理公司以账面价值收购不良贷款的方式最终解决了问题。换句话说，最终是中央财政帮助商业银行买了单，这为国有商业银行在 21 世纪初的股改上市奠定了基础。换言之，中国政府在 20 世纪 90 年代后半期做的事情，类似于爱尔兰政府在次贷危机后为本国银行体系提供的全额担保，而之所以中国政府没有爆发债务危机，一个重要原因就是中国政府债务占 GDP 比率相当低。

对外部门的风险减震器，是中国自 1999 年以来出现了持续十余年的国际收支双顺差。持续双顺差使得中国外汇储备激增，并使得人民币汇率走强。目前，接近 4 万亿美元的外汇储备自身是抵御负面冲击的强大缓冲，而强劲人民币汇率使得中国政府在逐渐开放资本账户的过程中，仍能维持相对较低的国内利率水平（维系国内的金融抑制环境）。

然而，令人棘手的问题在于，自美国次贷危机爆发以来的一系列变化，使得上述减震器面临失效的风险。

首先来看私人部门减震器。随着中国人口年龄结构的逐渐老化，中国居民储蓄率无疑将会逐渐走低。更重要的是，由于中国政府必须实现经济增长引擎由投资、出口驱动向内需驱动的转型，这就意味着中国政府不得不实施利率市场化，这意味着金融抑制环境的消除，而这必然意味着国内利率水平的上行。因此，中国企业部门将在未来几年面临内外交困的局面，一方面外需萎缩，另一方面国内融资成本上升，因此去杠杆化看来势在必行。

其次来看公共部门减震器。次贷危机爆发后，中国政府实施了4万亿元的财政刺激计划以及极度宽松的货币信贷政策，这固然稳定了经济增长，但造成的一个直接后果是政府债务占GDP比重的显著上升。中国整体政府债务占GDP的比率，已经由次贷危机前的30%左右，上升至目前的60%左右。这就意味着中国政府应对未来不利冲击财政政策空间已经变得非常有限（如与1990年代后期相比）。

再次来看对外部门减震器。2012年，中国自1998年以来首次出现了资本账户赤字。展望未来，随着中国政府大力鼓励中国企业海外直接投资，以及逐渐放开中国居民部门的海外投资，预计中国资本账户顺差将会显著下降，甚至转变为赤字。随着人民币有效汇率的快速升值、国内要素价格市场化的推进，以及服务业的加快开放，中国的经常账户顺差占GDP比率将会继续下降，甚至不能排除经常账户出现赤字的可能。这就意味着中国外汇储备可能停止增长，人民币汇率将会由单边升值转变为双向浮动。

综上所述，过去曾经有效的风险减震器，在新时期下效果已经逐渐下降，这就为中国爆发系统性金融风险埋下了伏笔。那么，如果未来五至十年中国爆发系统性金融危机的话，危机会源自何处，又将如何演进呢？

七、中国金融危机爆发的可能路径

迄今为止，笔者已经分析了中国在私人部门、公共部门与对外部门分别面临的潜在系统性风险，以及风险可能在部门之间的传递路径。此外，笔者也指出，之所以中国到现在为止还未爆发金融危机，是因为过去在私人、公共与对外部门均存在特定的风险缓冲器，但这些风险缓冲器目前或者效力下降，或者可能被人为拆除。因此，未来五至十年，恐怕是中国爆发金融危机的高危期。

如果中国爆发金融危机，那么危机的起因可能是什么？危机的演进可能遵循何种路径呢？毫无疑问，要对未来的危机进行预测，是一项费力不讨好的工作。事实上，正如塔勒布在《黑天鹅》中所声称的，如系统性危机这样的黑天鹅事件基本上是无法预测的。尽管如此，笔者还是不能自已，试图给读者指出笔者本人认为最可能出现的未来金融危机路径。

中国金融危机的爆发可能从对外部门开始，随后传递至私人部门，进而传递至公共部门，最后再传递至对外部门，从而形成一个恶性循环。

危机的起因可能是一个外部冲击，如美联储快速加息。正如笔者在过去的专栏文章中所指出的，随着未来中国制造业产能过剩问题的加剧，以及房地产价格的向下调整，中国商业银行体系可能出现大量坏账，这会降低中国居民对本国金融体系的信心。而一旦美联储开始快速加息，那么外部对中国国内资金的吸引力上升。再加上中国政府正在加快开放资本账户，上述原因的结合，可能引发大规模的国内资本外流，国内资本持续大量外流将会导致已经市场化的人民币汇率显著贬值。对外部门的危机随即出现。

国内资本外流将会降低中国国内市场的流动性，造成国内整体利率水平上升。利率水平快速上升将会带来两种不利后果：第一，中国制造业企业融资成本上升、财务负担加剧，从而不得不进入痛苦的去杠杆化阶段；第二，利率上升可能加快房地产价格向下调整，甚至捅破房地产价格泡沫。无论是制造业的出杠杆化，还是房地产价格的显著下降，都会导致中国商业银行体系坏账飙升，从而引爆银行业危机。私人部门的危机就此爆发。

鉴于银行业依然是中国金融体系的最重要环节，一旦银行业爆发危机，中国政府不得不出手救市。从目前来看，中国政府拯救银行业无非三种手段，一是重新走 1998 年的老路，即财政部发行特别国债募集资金，将资金注入不良资产管理公司，由不良资产管理公司以账面价值从商业银行购买不良资产，之后再用财政资金来核销坏账；二是直接动用财政资金或外汇储备对商业银行补充资本金，由商业银行在资产负债表内消化坏账；三是采用更加市场化的手段，如引入公私合作的资产证券化来帮助商业银行处置不良资产。无论采用哪种手段，中国政府救市的结果，必定是用政府部门的加杠杆来应对私人部门的去杠杆。换言之，债务负担必然会由私人部门转嫁至政府部门。

问题在于，1998 年中国政府救助商业银行时，政府债务占 GDP 比重处于很低水平，可能仅在 20% 上下。而目前即使根据审计署的普查数据，截至 2013 年 6 月底，中国政府债务占 GDP 比率也已经达到 56%。根据市场估计，中国政府的全口径真实债务水平可能达到 GDP 的 70% 上下。那么，如果中国政府再启动一次救助商业银行的行动的话，中国政府债务占 GDP 的比重最终可能上升到 90% 以上，甚至超过 100%。届时，中国政府未来能否还本付息，就可能成为市场关注的焦点。部分市场主体甚至开始做空中国国债，或者大举买入中国国债的 CDS（信用违约互换）。公共部门的危机可能因此而生。

最后，私人部门与公共部门的危机，最终可能再次传递至对外部门。随着银行业危机的爆发，以及主权债务危机风险的加剧，国内外主体对中国金融体系的信心可能进一步下降，从而引发更大规模的短期资本外流，这会导致更大的人民币贬值压力。央行从而不得不进行外汇市场干预，这又会导致外汇储备规模快速下降。外汇储备骤降可能进一步加剧市场恐慌情绪，引发更大规模的资本外流与贬值压力。

危机还未完结。更大规模的资本外流可能导致国内利率水平进一步上升，从而加剧制造业企业去杠杆、房地产价格下跌与政府偿债压力。人民币汇率贬值会导致中国企业的外债负担加剧。因此，对外部门的动荡可能再次传递至私人部门与公共部门，从而构成一个致命的危机螺旋。

如果上述危机真的爆发，那么其破坏性将是相当大的。危机结束后，中国政府可能需要很长时间才能修复家庭、企业、金融机构与政府自身的资产负债表。而在人口日益老龄化、传统增长模式难以为继的大背景下，中国经济要在危机后重塑增长动力，无疑将会面临巨大挑战。这一切，与日本在泡沫经济破灭后的情形颇为类似。如果应对失当，中国经济也可能陷入长期低速增长的困境，从而最终陷入中等收入陷阱的泥潭。

笔者写作这篇文章，意图并非在唱空中国经济。而是试图指出中国经济面临的一些潜在风险，如果中国政府能够正视并妥善应对上述风险，就有可能避免系统性危机的爆发，或者利用可控的危机来推动国内结构性改革。

八、未来十年中国经济面临的两大陷阱

作为 30 年经济快速增长的结果，中国的人均 GDP 在 2013 年突破 7000 美元，中国已经正式进入中等收入国家行列。然而，过去的高增长并不必然意味着未来的高增长。从世界经济史来看，“二战”以来，全球范围内有很多经济体都成功地由低收入国家转变为中等收入国家，但只有

很少的经济体能够由中等收入国家转变为高收入国家。剩下大多数国家在过去五六十年里一直停留在人均收入 5000 美元至 1 万美元左右的区间里，这些国家被称之为陷入了所谓的“中等收入陷阱”而不能自拔。例如，几乎所有的拉丁美洲国家，都被认为遭遇了中等收入陷阱。

作为一个刚进入中等收入国家行列不久的国家，中国无疑将在未来十年面临中等收入陷阱的挑战。对于新兴市场国家陷入中等收入陷阱的经验教训总结，相关文献已经很多，笔者并不打算在本文中面面俱到。因此，我想从另一个角度来讨论中国经济未来十年面临的挑战。

2012 年，笔者与几位朋友合作了一本小书《刀锋上起舞：直面危机的中国经济》[1]。之所以采用“刀锋”这个比喻，是因为我们感觉，中国经济未来就像一只蚂蚁，在一柄被竖起来的钢刀的刀刃上爬行，爬过去就是欧美国家，爬不过去就是拉美国家（引用最近一个非常流行的比喻）。成功的路径尚在，只是道路非常狭窄，而刀锋两边则是两个深渊，这恰好对应了笔者想提出的中国经济未来十年面临的两大陷阱：日本陷阱与拉美陷阱。

所谓日本陷阱，是指日本经济在 20 世纪 90 年代初期遭遇泡沫经济破灭，迄今为止仍未摆脱经济增长低迷状态的经验教训。日本陷阱的两大特征，一是严重的资产价格泡沫，二是严重的人口老龄化。

众所周知，在 1985 年广场协议签署后，日元对美元汇率大幅升值。由于害怕日元大幅升值会拖累出口影响经济增长，日本央行实施了过于宽松的货币政策，导致股票市场与房地产市场在 20 世纪 80 年代后半期形成巨大泡沫。随着这两个市场在 1990 年左右先后崩盘，日本居民、非金融

[1] 管清友、傅勇、程实、张明：《刀锋上起舞：直面危机的中国经济》，浙江大学出版社，2012 年 5 月版。

企业、金融机构的资产负债表遭遇严重损失，从而陷入了旷日持久的资产负债表型衰退。

日本政府采取了错误的应对政策。它本该让缺乏竞争力的企业与金融机构倒闭，然而，为了保证就业与社会稳定，日本政府动用财政资源来救助这些僵尸企业与僵尸金融机构，导致日本政府最终花了 20 年时间才真正修复完毕上述私人部门的资产负债表，而且代价是政府债务占 GDP 的比重显著上升。目前，日本政府债务与 GDP 比率接近 250%，属于全球最高水平。

更致命的问题是，当日本政府最终完成了私人部门的资产负债表修复之后，人口老龄化却不期而至。人口老龄化一方面导致日本储蓄率降低，从而使得高投资难以为继，另一方面降低了社会的创新与活力，阻碍了全要素生产率的增长。因此，泡沫经济破灭与人口老龄化的轮番冲击，使得日本经济从欣欣向荣的高增长阶段陷入长达 20 余年的低增长阶段。

所谓拉美陷阱，是指拉美经济在“二战”后集体遭遇中等收入陷阱的经验教训。拉美陷阱的两大特征，一是社会阶层流动性很低，二是民粹主义下的民主制度。

“美国梦”的实质，是指一个草根阶层出身的年轻人，通过自身努力，实现自身乃至家庭的社会阶层的跃迁（从草根阶层到精英阶层），也即“努力改变命运”。然而，在拉美国家，草根阶层的年轻人仅凭自身的努力，很难改变自己的命运。问题的根源在于，由于精英阶层与政府的结盟，导致社会阶层结构的“板结化”，也即人群从草根阶层上升到精英阶层的梯子似乎被抽掉了。毫无疑问，一个社会阶层流动性很低的国家，来自草根阶层的年轻人注定会非常焦虑，对社会非常不满，暴力倾向更强，爆发社会冲突的可能性更大。

拉美国家普遍实施民主制度，但遗憾的是，很多国家的民主制度，是在民粹主义的背景下实施的。例如，两党竞选要上台，领导人必须向民众做出很多改善其生活的承诺。在这一制度下，做出更诱人承诺的领导人往往会上台。但没有人关心，当一国经济竞争力疲弱时，政府怎样才能履行上述承诺。因此，一个新的政党领导人上台之后，通常会先靠政府举债来提高选民生活水平。但谁都知道，债务不可能无限借下去，一旦债务与 GDP 比率达到一个门槛值后，就可能爆发主权债务危机。随后政府既可能通过债务重组赖账，也可能通过通货膨胀来降低真实债务负担。事实上，纵观拉美国家“二战”之后的历史，不少国家似乎总是在债务危机与恶性通胀之间振荡，由此在中等收入陷阱中愈发不能自拔。

以史为鉴，可以知兴衰。读者不难看出，中国经济目前已经体现出日本陷阱或拉美陷阱的一些特征。

一方面，中国目前房地产行业已经出现一些泡沫迹象，一线城市房价远远超过合理的房价收入比与房价房租比所能解释的程度，部分二三线城市出现了严重的供过于求状况。正如笔者在之前的专栏文章所指出的，中国银行体系的健康与否，在很大程度上与中国房地产市场的兴衰紧密联系在一起。另一方面，中国的人口年龄结构在最近几年似乎已经出现重大变化，中国也将面临人口快速老龄化的挑战。而且日本是“先富后老”，中国却面临“未富先老”的局面。

令人担忧的是，当前中国社会阶层的流动性，与 20 世纪 80 年代、90 年代相比，已经显著下降。在 80、90 年代，来自农村或城市低收入阶层的年轻人通过上大学改变家庭命运的例子比比皆是。而现在的普遍情况是：第一，来自农村与城市低收入阶层的年轻人，通过自身努力，能上好大学的概率已经越来越低；第二，中国大学的情况是，质量越差的大学，收费却越贵；第三，大学毕业生的就业状况堪忧。因此，过去是大学教育能够帮助年轻人改变命运，而现在的大学教育很可能使一个低收入家庭变得负债累累，甚至破产。用经济学的术语来讲，低收入家庭投资子女人力资本的收益率，近年来已经显著下降。

因此，中国政府如何通过制度改革与结构调整，避免在未来十年内陷入日本陷阱与拉美陷阱，就成为非常重要的任务与挑战。而努力避免系统性金融危机的爆发，以及一旦危机爆发，如何通过良好的危机管理来利用危机推动改革，则是中国经济跨越中等收入陷阱的重要前提条件。

九、如何应对中国金融系统性风险

在前八节中，笔者首先分析了私人、公共与对外部门分别面临的系统性风险，其次阐述了金融风险在上述三个部门之间的传导机制，再次解释了为何过去的风险减震器由于主客观原因而濒临失效，随后展望了中国爆发系统性金融危机的可能路径，进而警示了一旦系统性金融危机爆发可能将中国经济拖入中等收入陷阱的境况。作为最后一节，笔者想结合近期对金融系统性风险的思考，提出如何应对中国金融系统性风险的政策建议。当然，在极为有限的篇幅中，提系统性、综合性政策建议难免有挂一漏万之嫌，因此笔者仅仅列出自己认为最重要的一系列应对之策。

对策之一，是必须对未来企业部门去杠杆化以及房地产行业下调引发的银行风险未雨绸缪、做好应对方案。如前所述，在国内外需求持续偏软加剧产能过剩的背景下，中国企业部门去杠杆化势在必行。未来几年中国房地产市场在波动中调整也是大概率事件。上述两大冲击，再加上利率市场化的挑战，无疑将造成整个银行系统不良贷款率飙升，部分中小金融机构甚至面临破产倒闭风险。因此，中国政府以及监管当局必须为这一风险做好准备。一方面，应尽快建立全国性存款保险公司及金融机构破产清算机制，缓解一旦金融机构破产所造成的次生性冲击；另一方面，应提前制定一旦银行坏账率大幅上升，如何应对这一问题的详细方案。

对策之二，是在解决下一轮银行坏账浪潮的过程中，避免单纯使用政府替银行买单的做法，转而更多地使用诸如资产证券化等市场化解决方案。如果中国政府未来仅仅依靠动用财政资金为金融机构注资来直接核销坏账，或者重演 20 世纪 90 年代末期通过不良资产管理公司来间接核销坏账，都会导致银行债务最终转化为政府债务。由于当前中国政府的真实债务水平已经远非 90 年代末期可比，因此，单纯依靠政府救市的方式，很可能导致中国政府债务不堪重负，从而使私人部门金融危机演变为主权债务危机，或者恶性通货膨胀。因此，为阻断金融风险从私人部门向政府部门的传导，中国政府应该鼓励商业银行通过资产证券化等方式来处理不良资产，由银行、社会与政府共同分担坏账成本。

对策之三，是通过一系列措施，使地方政府债务变得更加透明与可控。在当前，大量地方政府债务是通过地方融资平台借道影子银行举借的债务，既不透明也不可控。因此，中国政府应该尽快允许符合条件的地方政府直接发行市政债券，该债券除在银行间市场交易外，也可以由居民通过金融机构来购买。在开正门的同时，应该堵住偏门，限制地方政府的各种或有债务。而应对地方财政债务问题的治本之策，则是通过改革分税制体制，让地方政府的财权与事权相匹配，同时改变以 GDP 为主的地方官员政绩评价体系。降低地方政府财政收入对土地出让金的依赖，更大程度地发挥消费税、房地产税、资源税等新的地方政府主力税种的作用。

对策之四，是应该继续审慎、渐进、可控地开放资本账户，避免由于过快开放资本账户所造成的无谓风险。如前所述，中国系统性金融危机爆发，很可能是由于资本账户洞开后引发的大量资本外流，这会通过国内利率水平上升而加剧企业部门去杠杆，以及加剧房地产价格下调。因此，在人民币汇率与利率形成机制充分市场化之前，在当前国内金融体系的各种脆弱性得以充分控制之前，在国内金融市场比较充分地对民间资本开放之前，中国政府应该在资本账户开放的问题上慎之又慎。事实上，迄今为止，中国尚未爆发系统性金融危机，这并不是因为中国的金融体系有多么健全、中国监管当局的管理水平有多么高超，有效的资本账户管制可谓功不可没。资本账户管制应该成为中国防范系统性风险的重要防线，在各类配套改革基本完成之前，切忌自毁长城。

对策之五，是一旦金融危机爆发，中国政府不仅应努力将危机控制在一定范围内，而且应该利用危机造成的压力，继续推动国内结构性改革。事实上，危机是很难完全避免的，但凡由新兴市场国家成长为发达国家的，都会经历金融危机的洗礼。关键在于，如何把握金融危机带来的挑战与机遇，将金融危机的冲击，转变为经济转型与发展的动力。回顾过去几十年的历史，有一些国家的经济快速增长由于金融危机的爆发戛然而止（如日本与阿根廷），而另一些国家则把握住危机爆发的机遇，增强国内各阶层与利益集团的共识，相机推动国内结构性改革，从而重塑了增长动力（如芬兰与韩国）。当前中国国内改革已经进入存量攻坚阶段，每一项改革都因为既得利益集团的阻挠而可能踯躅不前。因此，如果中国未来爆发金融危机，一方面中国政府应通过预案设计与危机管理将其控制在一定程度之内，另一方面也应该利用危机造成的冲击，突破既得利益集团的藩篱，进一步推动改革开放。

总之，为应对系统性风险的爆发，我们既要努力从根源上来纾解具体风险，又要制定应对危机的政策预案，还要做好利用危机来推动结构性改革的准备。金融危机本身并不可怕，可怕的是觉得“这次不一样”的自满情绪。从莱因哈特和罗高夫的巨著《这次不一样：800 年金融荒唐史》来看，在各国金融监管当局志得意满、觉得危机不可能爆发之时，通常就是金融危机袭来的前夜。未来五至十年，将是中国潜在金融风险显性化的时期，也将是中国爆发金融危机的高危时期。对潜在的金融危机，我们最好抱之以冷静与谦卑的态度。正所谓“战战兢兢，如履薄冰”。

（作者系中国社会科学院世界经济与政治研究所研究员）

对外开放

深圳与中国改革开放 40 年

张思平

今年是改革开放 40 周年，习近平总书记在海南省成立 30 周年大会上发表了重要讲话，充分肯定了改革开放的伟大成绩，总结改革开放的基本经验，对未来中国进一步改革开放提出了新的要求。相信未来中国的改革开放伟大事业将会以更大的步伐继续稳步向前。

中国改革开放取得如此伟大的成绩，取得这么多宝贵的经验，应该归功于邓小平同志改革开放大政方针和重大决策，归功于党中央的正确领导，归功于全国人民的共同努力。但是，我认为深圳作为最成功的经济特区，作为一个经济实力位居中国城市前三甲的现代化大都市，在 40 年的改革开放过程中，在探索和完善建设社会主义市场经济体制当中，是立了头功的。深圳改革开放的 40 年充分反映了党中央改革开放伟大决策是正确的，充分体现了我国改革开放所取得的伟大成绩，深圳的探索为全国的改革开放提供了重要经验。

我想从四个方面谈谈深圳与中国改革开放：第一，是深圳在中国改革开放历史上的基本作用；第二，是深圳社会主义市场体制建立的基本阶段；第三，是深圳改革开放实践的基本经验；第四，是深圳改革开放存在的主要问题和挑战。

一、深圳在中国改革开放历史上的基本作用

近 40 年，深圳从一个边陲小镇发展成为一个上千万人口的现代化、国际化特大城市。截至 2017 年，深圳 GDP 总量位居全国第三，达到 2.2 万亿人民币，人均国民收入排名第一，达到 18.31 万元人民币，已经成为国内最重要的高科技企业集聚和创新基地、全国第三个金融中心城市、全球第三大集装箱港口，进出口总额在全国大城市中排名第一，达 2.8 万亿元人民币，经济总量与香港等量齐观，等等。这样的奇迹在世界城市发展史上都是罕见的。

深圳的奇迹是如何一步一步创造的？在中国其他地方包括其他经济特区为什么没有出现？深圳在中国改革开放和国家现代化进程当中的历史地位究竟是什么？这是研究深圳改革的现在和未来需要回答的问题。只有了解深圳改革开放的历史，才能更客观地评估深圳改革开放的现状，也才能更好地研究深圳未来改革中一系列重大问题。

从历史的角度来看，深圳在中国现代化和改革开放的大潮中主要有四个方面的作用。

（一）深圳是中国从封闭的计划经济体制走向对外开放，将中国经济纳入世界经济体系的窗口

改革开放前封闭的、僵化的计划经济体制，加上“文革”十年的动乱，使中国经济到了崩溃的边缘，中国人民处于极度贫困之中。粉碎“四人帮”以后，中央放弃阶级斗争为纲，工作重心转向经济建设，并决定改革开放。20 世纪 70 年代末 80 年代初的改革主要是从农村起步，推行家庭联产承包责任制。城市的改革，除了部分地区对少数国有企业扩

大自主权的试点外，实际上还没有真正展开，对外开放也处于准备阶段和探路阶段。

邓小平同志是中国决定向西方开放的最终决策者。邓小平同志之所以决定向西方开放，主要是看到了中国与西方经济的巨大差距，希望通过向西方开放，引进资本、技术和管理，使中国尽快富强起来。正如邓小平同志访美时感叹的，“二战”后跟着美国走的国家都富了，跟苏联走的都落后了；他到了日本后，深深感到日本发展那么快，我们落后了。在美、日等发达国家的亲眼所见、亲身体会，让这位老革命家坚定中国要从封闭走向开放。然而，开放对党和国家来讲是一项全新的事业，没有一个成功的经验可资借鉴，并且也有一定的政治风险，完全要靠自己摸索，按照“摸着石头过河”的思路，在整个开放格局中需要有个地方或者“窗口”进行试验。正如后来邓小平同志对经济特区的性质概括的那样：“特区是个窗口，是技术的窗口，是管理的窗口，是知识的窗口，也是对外政策的窗口。”

与此同时，20 世纪 70 年代末 80 年代初，在素有对外开放传统的广东省主政的领导人，也意识到国家封闭是不行的。当时与深圳一河之隔的香港已经成功实现经济起飞，基本完成了工业化，人均 GDP 已达 4080 美元，位列“亚洲四小龙”之首，享有“东方之珠”的美誉。面对经济繁荣的香港国际化都市，深圳乃至广东大量农民外逃偷渡香港。广东省委省政府承受着内地民众大规模逃港的巨大政治压力，因此，在时任广东省委第一书记习仲勋的领导下，有关领导提出要在毗邻香港的深圳搞出口加工基地，利用国外的资金和技术，解决就业发展经济的意见。习仲勋同志把这一设想报告中央并得到了积极回应，邓小平、叶剑英等同志鼓励广东谋求突破，在深圳搞加工区，引进香港的资源进行来料加工，带动深圳的就业，增加居民的收入与政府的税收，同时为落实国家对外开放的大政方针进行试验和探索。

这应该是特区建设的初衷。随着对外开放窗口的打开，深圳从最早的出口加工区的设计，慢慢调整为工业、商业、旅游等综合发展的经济特区。借助中央给予的经济特区的优惠政策，加上以梁湘为市委书记的班子的艰苦创业，在较短时间内，落后的投资环境得到了改善，逐步吸引到一批港资的“三来一补”企业。同时深圳利用中央给予的特殊政策，引进了大批内地外贸国有企业来深圳设立外贸窗口企业，使深圳也成为中国外贸进出口的重要通道和基地。这样经过几年的开发建设和内联外引，深圳成为内地封闭经济与世界经济对接的一个窗口，在中国经济纳入世界经济体系过程中起了重要的探索和示范作用。在这个过程中，深圳实践出了改善环境、引进外资、增加出口、增加就业、发展经济的外向型经济发展的深圳模式。

1984 年，邓小平同志视察深圳，对深圳经济特区给予了充分肯定，明确表示“深圳的发展和经验证明，我们建立经济特区的政策是正确的”，并随后决定将沿海 14 个城市整体开放，形成东部沿海对外开放的战略大格局。应该说，中国的改革开放，首先从深圳这个地方建立了一个窗口，撕开了一个口子，进而实现了沿海 14 个城市的全面开放，从而使我国纳入了世界经济体系，融入了世界经济发展的潮流。

经过多年的发展，深圳的投资环境得到全方位的改善，除了港资以外，世界上知名的跨国公司也开始涉足深圳和珠三角，利用优越的地理位置，便宜的劳工，优惠的政策，建立他们的全球加工基地，从而使深圳和珠三角变身为“世界工厂”。多年来，深圳一直蝉联全国大城市当中出口总额第一的桂冠，出口总额曾经占全国的 40% 左右。2017 年，深圳的外贸进出口总额达到 2.8 万亿元，其中出口总额达 1.65 万亿元，占全国出口总额的10.8%。深圳乃至珠三角经济的腾飞和世界工厂的地位为深圳港提供了充裕的适箱货品，使深圳港成为全球第三大集装箱港，为中国成为世界第二大经济体、第一大贸易国、第二大资本流入国做出重大贡献。

因此，中国的对外开放是从深圳实现突破和起步的，深圳在中国对外开放中的历史贡献和地位是国内其他任何城市都不具备的。深圳特区建设和发展所取得的其他成绩，应该说都是从发挥对外开放的历史和战略地位过程中派生出来的。在中国“千年大变局”“跨世纪的大国博弈”的改革开放的大格局中，深圳应该是立了头功。

（二）深圳是中国从计划经济体制向市场经济体制转轨，建立社会主义市场经济的一个试验场

从深圳发展的历史上看，社会主义市场经济试验场的历史作用不是与生俱来的，而是特区在对外开放和城市建设发展过程中被逼出来的。虽然邓小平同志在1979年会见加拿大客人时讲过：“说市场经济只存在于资本主义社会，只有资本主义的市场经济，这肯定是不正确的”。但由于当时的环境，那时中央还没有明确提出搞市场经济，只是本着摸着石头过河，寄希望于在改革开放和特区建设。

在20世纪80年代初，深圳特区成立的时候，城市的改革还没有真正起步，在确定深圳兴办经济特区之初，中央并没有明确提出特区要搞市场经济，只是特区实行计划经济与市场调节相结合，发挥好市场调节的作用。但深圳特区在建设初期的实践，使特区的开发以及对外开放和旧的计划经济之间产生的难以调解的矛盾充分暴露出来，逼迫深圳冲破旧的计划经济的体制，探索新的能够保障特区建设需要的体制机制。从而使深圳成为建立社会主义市场经济的试验场。从这个意义上讲，深圳走上市场经济

之路也是被逼上梁山的。

比如，深圳在特区建设初期，需要解决城市建设和经济发展中的资金、物资、干部、劳动力等发展要素，就和当时计划经济条件下的金融管理体制、商品流通体制、物资分配体制、价格管理体制、干部管理体制、劳动管理体制等发生尖锐矛盾，倒逼深圳去探索适应特区建设的新体制、新机制。又如，深圳特区要兴办来料加工企业，开展“三来一补”，扩大对外出口创汇，也势必与当时计划经济体制下的外资管理体制、外汇管理体制等发生冲突。

有冲突意味着要突破，所以在 20 世纪 80 年代，深圳在建设发展过程中扮演了一个中国从计划经济突围，向市场经济转变的先锋的角色，客观上使深圳最早打破了旧的计划经济体制，引进市场经济的因素和机制，形成了比较完善的市场经济环境和市场机制，吸引和聚集了国内外大量的资金、劳动力、科技人才、信息等各种发展要素，获得了巨大的改革红利和制度红利，使深圳从一个边陲小镇在发展了二十几年后成为国际大都市。从 1980 年到 1995 年，在将近 15 年的时间里，深圳引领了全国市场经济体制探索的潮流，成为中国由计划经济向市场经济转型的一个试验场。

深圳目前形成的高科技、金融、物流等支柱产业，从本质上讲，也是多年来深圳率先进行的市场经济为取向的改革红利和制度红利，没有长期在产权制度、行政管理体制、科技管理体制、金融体制等方面的改革探索，没有比较完善的市场环境和发展环境，深圳高科技产业的崛起也是不可能的。

（三）深圳是中国社会转型、建设民主法治政治文明社会的一个探索者和先行者

由于深圳经济特区具有毗邻香港的特殊地理位置，几十年来，深圳与香港乃至全球信息连通，跟国际市场高度融合，每天有几十万人在深港之间穿梭流动。所以，香港的法治自由、民主、多元文化、廉洁政府、诚信透明等核心价值和生活方式，深圳接触得最早、感受得最深、受到的影响最大。随着深圳经济体制改革的深入，经济实力以及物质文化水平的提高，深圳的社会和市民必然要求社会、政治和文化等方面也有相应的变革。在实践中，与国内其他地区相比，深圳在社会转型方面先行一步，深圳的社会组织发育、基层民主自治、市民参政议政意识的形成、法治观念的增强、政治生活的参与等等，都领先于全国，实质上成为中国社会转型的探索者和先行者。虽然，这一过程充满了困难与曲折，很多尝试甚至没有得到延续，但是它在促进中国社会转型和国家治理现代化中的作用可能是当前难以估量的。

深圳是一个移民城市，来深圳工作或者创业的人，对传统的经济、社会、行政、政治体制的弊端的认识和感受较为深刻。对改革创新、政治文明、民主法治等现代社会大多充满向往。20 世纪 80、90 年代，敢来深圳闯的人，大都有着自己的追求和理想，他们成为深圳推动民主法治社会转型、政治文明进步的主要动力，他们在几十年特区建设过程中不断进行着努力探索，有的取得了成功，有的遇到了挫折。比如，20 世纪 80 年代初，在蛇口开始实行基层民主选举、社会监督和内部竞争，由此引发了一场蛇口风波。在 20 世纪 80 年代中后期，深圳已经邀请国内改革家和思想家对深圳的政治体制、行政体制改革进行过系统设计，其深度和广度在中

国现行体制下是相当大胆的。虽然由于种种原因，这些系统的设计未能在深圳进行实践，但深圳仍然在尽最大努力，在不同时期、不同环境下，不断地推动着深圳社会转型和政治文明的建设。这其中包括20世纪90年代深圳社会组织的发育，基层民主机制的形成，政府自身的改革转型，公民参政议政的热情、舆论监督的力度，相比内地，深圳做了许多先行探索。

我相信，中国的社会转型和现代文明制度的建立，是实现国家治理体系和治理能力现代化大目标的大势所趋，曲折是难免的，但方向是任何人都难以扭转的。在这个过程中，在辽阔的大地上总会有一部分地区、一部分人率先进行试验和探索，而这种试验和先行的条件与环境，内地的任何一个城市、任何一个地区，都没有深圳这样良好的社会基础、氛围和环境。社会主义应当有自己的民主，而且按照邓小平同志所讲，社会主义民主应当比资本主义民主有更高的层次，法治、文明、自由、公平等应当是实现中国现代化的基本要素。邓小平同志在决定改革开放的时候，就提出改革成败的三个标准：一是经济上要比资本主义国家发展得更快；二是政治上要比资本主义的民主、文明发展得更好；三是要比西方民主国家培养更多的治国理政的政治人才。虽然深圳没有提出建政治特区，但实际上，深圳过去几十年来都是按邓小平同志提出的方向，不断探索，不断进步的。

（四）深圳是保证香港顺利回归并继续繁荣稳定的强大支撑

深圳特区最早成立的时候，仅仅是借鉴香港的经验，引进香港的资金，探索实行对外开放的新路子，中央并没有赋予其维护香港繁荣稳定的职责。当时作为边陲小镇的深圳，也没有能力和条件为香港的繁荣稳定发挥多大的作用。但是随着深圳经济的迅速发展和城市规模的扩大，深圳与香港的关系以及自身的地位发生了变化，两地经济社会的全面融合，使深圳实际上已经成为保证香港顺利回归后繁荣稳定的一个强大支撑。

1997 年香港回归的时候，深圳的经济总量已达 1130 亿人民币，进出口总额已达 450 亿美元，并且每年以两位数的速度迅速增长，到 2016 年，深圳的经济总量与香港已经持平。随着深圳经济社会的发展，城市现代化的建设，深圳对香港的经济转型、发展和稳定，提供了强大的支撑，也改变了深港长期以来形成的“前店后厂”的基本格局。改革开放以来，香港的制造业逐步转移到深圳乃至珠三角，为香港产业从劳动密集型制造业向高端服务业升级创造了历史机遇。深圳在承接香港劳动密集型产业的过程中，通过体制创新、科技创新，不断推进产业升级逐步成为中国最重要的高材料产业基地，同时在金融、物流等高端服务业方面也取得了长足的发展，深圳的发展和崛起为香港提供了越来越大的经济和金融支撑，使香港能够向以服务业为主的经济结构转型，从而提升了香港作为全球金融中心、贸易中心的地位。如果说过去深圳的发展离不开香港的辐射和带动，按现在的形势看，香港和深圳在经济上已经是等量齐观，并驾齐驱，相互融合，共同发展，未来深港将逐步成为全球最大的经济中心城市之一，成为经济高度一体化的“深港经济共同体”。因此，从历史的角度来看，深圳经济特区是保障香港回归后继续稳定繁荣、实现“一国两制”伟大构想的一个重要支撑。

二、深圳社会主义市场体制建立的基本阶段

（一）中国计划经济体制的突围时期（1980—1986）

从深圳改革开放的历史上看，1980 年到 1986 年是计划经济体制的突

围时期。从深圳特区建设的历史上看，这一时期是这座现代化大都市的奠基时期。

这一时期的历史大体上可以概括为三个方面：

第一，打开了深圳经济特区招商引资、对外开放的新局面。在20世纪80年代初，经济特区建立之初，基础设施差，外商对特区优惠政策在观望等待，对外开放招商引资难度很大。深圳市提出了著名的招商引资的“蚂蚁”政策，加大对率先来投资建设外资的支持力度，使之起带头示范作用，取得了突破性进展。通过大力的招商引资、对外开放，吸引了最早的一批港资进入深圳，包括第一家引进来的酒店，第一座引进来的加工厂等等，迅速打开了深圳招商引资、对外开放的新局面。

第二，改革旧体制，开启新的市场经济体制的探索。办特区、建城市，在深圳做的每一件事情、遇到的每一个问题都会和旧体制发生激烈的冲突，不突破旧体制的包围，就无法推动城市建设、经济发展和对外开放。每一次碰撞，实际上就是对旧体制的一次突围，对新体制的一个探索。通过重重“突围”和探索，使深圳不仅成为开放的前沿，技术的窗口、管理的窗口、知识的窗口，而且成为改革旧体制、建立新的市场经济体制的试验场。

——金融体制改革。办特区中央和广东省没有给钱，深圳提出利用外资或银行贷款进行基础设施建设。在当时的计划经济体制下，银行的钱是按企业和国家计划分配的，不允许借出来搞基础设施建设。因此，深圳的做法实际上是对计划经济体制下银行管理体系的冲击和改革探索，利用外资进行城市基础设施建设，更是对传统外资外贸管理体制的大胆突破。

——价格体系改革。在计划经济下，各种物资靠国家计划调拨，价格由国家统一定价。而特区建设没有纳入国家计划，无法获得国家计划内的各种物资，包括生活资料和生产资料，而特区建设既要有相应的粮食、蔬菜、副食品等生活资料，更需要大量的钢材、水泥等生产资料。为此，深圳推动了价格的改革，放开价格管制，利用市场机制，发展商品市场。通过价格改革，使深圳在20世纪80年代全国价格双轨制的特殊条件下，用市场的机制解决深圳建设和发展所需要的各种物资，其中包括粮食、蔬菜、副食品的价格放开，在全国率先取消实行了几十年的各种票证。20世纪80年代初，深圳的价格体制改革取得重要突破，为全国的价格改革和全国统一的市场体系建设做出了重大贡献。

——劳动人事管理体制改革。特区建设需要大量的干部和职工，但在传统的计划经济体制下，干部和职工都是部门所有制、单位所有制，不能跨行业、跨地区流动。深圳对传统的劳动和干部管理体制进行改革。包括对干部实行公开招聘，打破人才的单位所有制；发展劳动力市场，促进劳动力横向流动，对工人实行劳动合同制和结构工资制。从而通过用人制度的改革，劳动力市场以及工资制度的改革，用经济的手段和市场的手段，使一批批的干部和工人很快涌进了深圳经济特区，参加了特区的开发建设。

——施工建设体制改革。在传统的建设施工体制下施工单位只是政府有关建设主管部门的附属单位，按建设主管部门指定的计划任务进行施工建设。深圳特区建设初期，自己没有足够的建设队伍，无法满足大规模建设对施工队伍、建设成本和工程质量的要求。为此，深圳市被迫实施“建筑工程施工招标制度”，发展建筑市场，通过招标，把全国的建筑施工队伍吸引到深圳，通过市场机制也降低了工程造价，提高了施工质量，创造了深圳速度，这是对国家建设施工管理体制的重大突破。

——土地使用权制度改革。兴办特区，引进外资，开办各种企业，都需要给外商建厂房、提供土地，必须与外商签订土地使用合同，而土地使用合同实际上意味着土地使用权的转让，这在当时是有违国家宪法的。深圳借鉴香港土地制度的经验，实行土地使用权的转让，发展土地市场，这项改革的试验和突破，对国家的改革开放和现代化建设所起到的作用是难以估量的。

第三，提出深圳经济特区要实行“四个为主”方针。深圳市按照邓小平同志和中央关于特区建设的总方向，根据深圳建设的实践，最早提出来深圳要实行“四个为主”的方针，即“建设资金以吸收和利用外资为主，经济结构以中外合资和外商独资经营企业为主，企业产品以出口外销为主，经济活动在国家计划经济指导下以市场调节为主”。其中以外资和三资企业为主，实际上是对所有制结构改革的重要探索；以工业为主，意味着深圳特区不仅从事农业和“三来一补”加工业，而且提出了实现工业化的目标；产品以外销为主，实际上是提出了发展外向型的经济发展新模式，为后来国家提出“大进大出”沿海发展战略提供了成功的示范。“以市场调节为主”虽然是当时理论界有人提出和探索的，但作为以市场经济调节为主推动经济发展的实践的地区和城市，深圳是全国第一个，深圳以市场调节为主的改革实践，对中国确定以市场为导向的改革大方向起了重要的作用。

深圳这一时期的改革大体上是“以破为主，立在其中”的摸着石头过河的探索时期。经过几年的改革开放的大胆探索和艰苦创业，在深圳，旧的计划经济体制已经被打破，市场经济的新体制、新机制已经发挥着重要作用；对外开放的大门已经打开，外向型经济已经起步，城市建设已初具规模，为特区建设和改革开放奠定了基础。1984 年，邓小平同志视察深圳时指出，“深圳的发展和经验证明，我们建立经济特区的政策是正确的”。

（二）深圳市场经济基本框架的搭建时期（1987—1993）

从 1987 年到 1993 年的 7 年时间里，深圳通过“以立为主，破立结合”的大胆试验，初步搭建了深圳市场新经济的基本框架。

这一时期的历史大致可以概括为以下几个方面：

第一，大力推进所有制改革，发展混合所有制经济，为市场经济体制的建立和发展培育了多元化的市场竞争主体。这一时期深圳大力引进三资企业，尤其是高度重视引进香港大财团和国外跨国公司来深圳投资发展，其中，引进了香港和记黄埔李嘉诚先生参与盐田港的开发，使盐田港在数年后成为全球最大的集装箱专用码头；鼓励民营企业的发展，有组织地对民营科技企业进行培育和扶持，出台了全国第一个《关于鼓励科技人员兴办民间科技企业的暂行规定》，在全国第一次提出，举办民办科技企业不仅资金可以入股，而且商标、专利、技术等可以以无形资产入股办企业，这项规定使深圳诞生了像华为这样的世界级大公司，为深圳高科技产业发展和创新能力的提高打下了体制机制的基础。深圳对国有企业实行股份制改造，推进了股份制改革和股票证券市场的建立。1986 年，深圳开始了全国最早的国有企业股份制试改革试点，出台了《国营企业股份制试点的暂行规定》，一些国有企业根据规定进行股份制改造，一些企业一开始就按照股份制的要求发起设立股份有限公司，有的还向社会公众发行了股份。通过国企股份制改造和发展混合所有制经济。在政府的大力推动下，一批像深圳发展银行、招商银行、平安保险等股份制企业相继成立，并成为支撑深圳特区迅速发展壮大的企业集团。

第二，大力发展资本市场，逐步形成比较完善的市场体系和比较规范的运作机制。深圳除了继续完善劳动力市场、商品市场、建筑市场、土地市场等专业性市场外，特别重视和大力推动证券、外汇、保险、基金等资本市场，为深圳成为全国区域性金融中心城市奠定了很好的基础。深圳建立了外汇市场，即“外汇调剂中心”。深圳市企业出口创汇，可以不到中国银行结汇，直接到外汇调剂中心调剂，需要外汇也可直接到调剂中心购买，这是外汇管制制度的重大突破，对于深圳这样一个外向型经济的大城市来说，是非常重要的。深圳证交所的成立，带动了证券、基金、银行等金融机构和金融业的发展，不仅引领了深圳高端要素市场和高端服务业的迅速发展，奠定了深圳在全国资本市场体系中的重要位置，而且对深圳国有企业的改革，对深圳高新技术产业的发展，以及深圳市民增加资本性收入、提高生活水平也起了积极重要的推动作用。1992 年 2 月，我国第一个产权交易机构“深圳市产权交易所”正式开业，促进了深圳产权交易市场的发育和完善。

深化土地使用制度改革，通过拍卖建立土地交易市场也是一项影响全国深远的重要改革，这项改革不仅促进了《宪法》的调整和修改，而且对中国经济发展城市建设的影响是巨大的。住房的商品化改革，是深圳在全国范围内最先探索，也是最系统地提出来的一项重要改革。1988 年，深圳第一次提出“双轨三模式”的住房制度改革方案，即由政府提供福利房，解决公务员和教职工事业单位的住房；市场提供商品房，由房地产公司开发，市场销售；第三种是微利房，面向国有企业和其他企业的困难职工。深圳的住房制度改革大体上借鉴了新加坡、中国香港的成功经验。既解决了大多数公务员、事业单位和企业员工对福利房、保障房的需求，又满足了少数富裕起来人士对商品房的需求。可惜，由于多种原因，深圳的住房制度改革未能坚持下去。

第三，推进政府机构和行政管理体制改革，探索与社会主义市场经济相适应的政府管理框架。在这方面，深圳主要推动了两项重要改革措施。一是借鉴新加坡反贪局、中国香港廉政公署的经验，结合深圳的实际，在全国率先成立政府监察局，探索政府内部决策、执行、监督三者既分工协调又相互监管制约的政府运作新机制，加强对政府运作内部的监督，以保持政府的廉洁、高效，改善党风、政风，监督党和政府的路线、方针、政策的落实情况。二是率先成立投资管理公司，开启了国有资产监督管理体制改革的序幕，探索了政资分开、政企分开，以产权为纽带加强国有资产管理的新路子。在 20 世纪 90 年代成立投资管理公司的基础上，深圳又成立国有资产管理委员会，逐步形成国资委——投资管理公司——控股国有企业三个层次的国有资产管理体制，把国有企业以政府的附属物推向市场，逐步成为独立经营、自负盈亏的市场竞争主体，为全国的国有企业和国有资产监管体制的改革提供了丰富的经验。

第四，探索社会保障制度改革，初步建立了社会保障体系的基本框架。1986 年，深圳作为全国社会保障体系改革的试点，借鉴新加坡等国的经验，在蛇口探索企业建立社会保险制度改革的基础上，建立了以社会统筹与个人账户制相结合、职工自我保障和社会共济相结合的涵盖养老、医疗、工伤的社会保障制度，先后出台《深圳市社会保险暂行规定》《职工养老保险及住房公积金实施细则》《职工医疗保险实施细则》等等，为全国建立比较完善的社会保障制度做出重要贡献。

第五，提出“按国际惯例打篮球”的方向，构建按国际惯例运作的对外开放新体制，为各种所有制企业提供公平竞争的市场环境。深圳最早提出要成为率先按照国际惯例运作的新体制地区之一，更好地发挥改革试验场的作用。围绕这一目标，深圳在外贸管理体制、外汇管理体制、企业产权体制、政府行政管理体制，以及各种重要市场等方面进行了系统的改革，使深圳的改革逐步从单项突破向综合配套方向转变。

此外，深圳经济特区还争取到了最重要的资源——特区立法权。经过长达 5 年的不懈努力，1992 年 7 月 1 日，七届全国人大常委会第二十六次会议通过《关于授予深圳经济特区立法权的议案》，授予深圳特区立法权。特区立法权的获得，为推动深圳的改革开放和民主法治建设产生了重大作用。

经过 1986—1993 年这 7 年的大胆探索和勇于改革，深圳经济特区为中国社会主义市场经济体制的建立提供了宝贵的经验，做出了重要的贡献。在邓小平同志 1992 年南方谈话中，对深圳改革取得的成绩和经验给予了充分肯定，拨正了中国改革开放的航向，确立了中国社会主义市场经济的改革方向。

（三）深圳市场经济体制的初步完善时期（1993—1998）

经过前两个时期的改革探索，深圳市场经济的框架逐步形成，以市场为导向的改革在不断深化，对中国改革开放的贡献越来越大，特别是邓小平同志 1992 年南方谈话。1993 年，党的十四届三中全会作出了《中共中央关于建立社会主义市场经济体制若干问题的决定》，市场经济最终正式作为中国经济体制改革的目标模式，为深圳经济特区的改革提供了更广阔的平台。从 1993 年开始，深圳的改革进入了以完善社会主义市场经济体系为主要任务的新时期。

这一时期的历史大致可以概括为以下三个基本方面。

第一，推动产权制度改革，把财产占有社会化作为产权改革的总方向，为深圳不同类型的产权改革和创新提供了良好的外部环境。深圳不仅全力推动国有企业的股份制和混合所有制改革，还特别提出企业要实行员工持股，实现财产占有社会化。它认为社会主义制度发展的目标要使无产者变成有产者，达到共同富裕，消除两极分化，而实现这一目标的途径就是通过公司内部员工持股和股份的社会化。在国有企业改革方面，力推市属国有企业股份制改造，实行产权主体多元化，并通过上市公司实行产权的社会化，当时在深圳证交所上市的公司中，国有企业占有很大比例。在民营高科技企业领域，全力推动技术、管理、专利等生产要素入股，成就了华为、中兴等一批深圳高科技企业的迅速发展。在一批中小国有企业，大力推广经营者和员工持股，出台了《深圳市国有企业内部员工持股试点暂行决定》，从而为金地、华强等国有企业转换经营机制，进行产权改革提供了依据。

第二，在全国率先进行政府审批制度改革，为建立适应社会主义市场经济要求的新型政府进行大胆探索。在推动政府转变职能过程中，深圳明确提出了“政府培育市场，市场解放政府，政府解放企业，企业解放生产力”的指导思想。此外，深圳还提出“两转”，即政府转变职能，企业转变机制，建立“三无”“四跨”的现代企业管理制度，使特区企业向无固定经营范围、无固定地域界限、无上级主管部门和跨行业、跨所有制、跨地区、跨国界经营的目标发展。这些观点和意见在全国都是相当超前的。

在审批制度改革方面，深圳提出政府要从计划经济的管理方式向市场经济的管理方式转变。1997 年初，在全国率先进行政府审批制度改革，随后市政府成立审批制度改革领导小组，正式发布实施《深圳市政府审批制度改革方案》。1999 年 2 月，还以政府令的形式发布施行了《深圳市审批制度改革若干规定》，在这一轮改革中，深圳市政府部门和单位审批事项减少了 418 项，减幅 57.8%。深圳进行的审批制度改革，拉开了全国以转变政府职能为主要内容的政府改革的序幕，为在全国进行的审批制度改革提供了成功的经验，进行了大胆的探索，做出了重要的贡献。

第三，提出建立社会主义市场经济的五大体系和形成市场经济的四大运行机制。深圳在改革开放过程中，通过不断的探索，在改革市场运行主体，完善要素市场、资本市场，建立社会保障体系等方面都有了新的进展，使深圳的社会主义市场经济体制不断完善。在此基础上，深圳市提出要建立和完善“五大体系和四大机制”的目标，五大体系包括：一是由商品市场、生产要素市场和产权市场三个层次构成的市场体系；二是建立介于政府与企业之间，为发展生产力服务的多层次、多功能的社会服务体系；三是建立包括离退休保障、待业保障、住房保障、医疗保障在内的社会保障体系；四是建立法律体系，提出要充分利用好深圳的立法权，利用法规和规章来保证市场经济健康发展；五是建立宏观管理和宏观调控体系，提出市场经济不是不要管理和计划，而是要求重塑计划机制，政府由向企业下达生产分配的指令性计划转向制定经济社会发展战略、中近期经济发展规划和城市建设规划。四大运行机制包括：发展的动力机制，市场的压力机制，法律的强制力机制，道德的自制力机制。

（四）深圳市场经济体制改革的深化时期（1998—2015）

从 1998 年开始，深圳进入了市场经济体制改革的深化时期，这一时期的历史大致可以概括为以下几个方面：

第一，大力发展高新技术产业，建立为高科技产业发展的资本市场服务体系。

深圳早在 1995 年就提出，一方面要对原有的“三来一补”企业实行稳定、提高、升级的方针；另一方面，要大力发展高新技术产业。为了实现发展高新技术产业的战略任务和目标，深圳陆续采取了一系列重大举措：一是建立“深圳市高新技术产业园区”，对整个园区实行统一规划、统一政策、统一开发、统一管理，加快招商引资步伐。二是建立支持高新技术产业发展的综合配套的政策体系，包括扩大投资融资渠道、加大人才引进、增加科技投入、加强知识产权保护、鼓励科技骨干人员持股，以及在税收优惠、土地政策等方面采取了切实有力的政策措施。三是建立以企业为主体、以市场为导向、以全国高等院校和科研院所为依托，产学研相结合的技术开发体系。四是建立完善科技投入体系，增加科技投入，积极探索建立高新技术产业风险投资机制。积极推动深交所的中小企业板和创业板的筹建，为高科技的中小企业提供方便的融资渠道，为风险资本投资高科技企业营造一个正常的退出机制。五是举办“中国国际高新技术成果交易会”，推动了高新技术成果商品化、产业化、国际化，以及促进国家、地区间的经济技术交流与合作。

第二，推动特区外农村城市化，为特区内外一体化建设发展奠定了基础。

20 世纪 90 年代初，深圳就进行了第一次农村城市化的改革，将特区内原来的农村基层组织纳入城市行政管理体系，将村办企业改造成股份合作公司，将几万农民一次性转为城市居民，并撤销了宝安县，成立宝安、龙岗两个区。第一次农村城市化改革为促进深圳特区经济社会发展和现代化城市的建设起了重要作用。

随着深圳经济的迅速发展，特区内中心城区现代化大都市已逐步形成，但占深圳土地面积、人口绝大多数的特区外的宝安、龙岗，由于行政、经济、社会管理体制的差异，各区甚至各镇各自为政，使特区外的规划、发展、管理处于无序竞争状况，不仅影响了特区外经济社会的发展，而且给深圳城市的规划、建设和重大产业布局带来很多问题。为此，深圳借鉴20世纪90年代初特区内农村城市化的经验，推动了特区外农村城市化这项事关深圳全面建设发展的改革。在行政管理体制上，撤销镇级建制，建立适应城市管理需要的街道办事处和居委会；在经济组织上，将原村集体经济组织改造成规范的股份合作公司；在规划建设方面，对基础设施、产业发展、社会建设、环境保护等方面进行全市统一规划；在土地制度上，将原属于集体所有的土地一次性转为国家所有，解决了几百平方公里城市建设和产业发展遇到的空间和土地问题，同时为当地居民留有宅基地和必要的工商发展用地。此外，对27万原非农业户口的原居民，一次性整体转为城市户口，并纳入全市的养老和医疗保险体系，困难的原居民纳入全市的最低生活保障制度，等等。

第三，基本完成了市属国有企业的产权改革和国有资产管理体制的调整，初步建立了一套适应市场经济的国有企业运行体制和机制，为全国的国有企业改革提供经验。

深圳在特区建设初期基本上没有国有企业，但随着特区的建设和发展，深圳利用国家的优惠政策以及特区发展的机遇，在20世纪80、90年代也建立了一大批市属国有企业。这些国有企业为特区的建设和发展做出过历史贡献。但随着20世纪90年代多种所有制经济的激烈竞争，国有企业的体制机制不适应市场经济发展的需要，绝大多数国有企业在竞争性领域处于劣势，无法生存下去。21世纪初，深圳根据中央关于国有企业“抓大放小”布局调整的要求，根据深圳的实际，对竞争性领域处于劣势的工业、流通、商贸、建筑等领域的国有企业，以经营者员工持股的方式进行产权改革，实行改制退出，对国有企业员工转化身份，进行经济补偿，纳入社会保障制度，基本完成了国有企业产权改革和布局调整任务，使大部分国有企业和员工走向市场。

2005 年后，深圳在推动企业的重组、企业内部机制转换、大型企业引进战略投资者、建设施工企业的改制、做强一批产业集团、加强国有企业的监管等方面做了大量工作。经过若干年的大胆改革，深圳市属国有企业布局结构大体合理，国有资本的监管体系基本到位，企业内部的合理法人治理结构基本形成，国有企业的内部经营体制大体上与市场经济接轨，企业的自我发展能力、内部的管理水平、企业的竞争能力大大提高，市属国有企业的经济效益在全国处于领先水平，应当说，深圳基本上完成了国有企业改革任务，为全国的国有企业改革提供了经验和示范。

第四，率先启动事业单位的改革，为国家推动事业单位分类改革做出贡献。

国有企业改制调整任务基本完成后，深圳市改革的重点选择了事业单位改革，2006 年正式在全国率先启动事业单位的改革。事业单位是政府为社会提供公共服务的主要载体，事业单位的改革也是政府改革的重要组成部分。由于体制的原因，事业单位人员多、成本高、效率低、服务差，虽然政府每年投入大量财力，但社会反映仍强烈。同时，事业单位在机构、人员、经费等方面与党政机关又有着千丝万缕的联系，改革事业单位会涉及党政机关人员的切身利益，因此阻力也很大。深圳事业单位改革分两步：

第一步分类改革，把事业单位分为三类：部分单位转为国有企业，部分单位回归政府部门，部分仍保留事业单位。在事业单位分类改革中，有三分之二的事业单位仍然保留了事业单位性质，改革中这些单位的职工利益基本没有受到损失，因此阻力不大。回归政府并承担政府职能的事业单位是个别的，这些单位实际上是事业单位分类改革的受益者，因此他们是拥护改革的。转为国有企业的事业单位有 124 家，这些单位要推向市场，告别由政府财政包养的大锅饭，要在未来市场竞争中求生存，压力很大。这些事业单位的员工转企业后，退休后待遇要纳入企业职工养老保险体系中。由于体制上的原因，企业职工养老保险水平比事业单位的员工要低得多，因此他们是这次改革的利益主要受损者。虽然在改革方案的制定中，也采取了一些过渡、照顾等措施，尽可能减少他们退休后与事业单位的待遇差距，但部分员工的利益损失难以完全避免，因此改革的阻力大、任务重。在事业单位改革过程中，经过努力，分类改革做得比较好，为全国的改革提供了经验，国务院后来出台的全国事业单位分类改革的方案，基本是在深圳方案的基础上制定的。

第二步深化事业单位内部的改革。市政府先后推出了事业单位体制机制改革创新 7 项内容，包括取消事业单位行政级别、实行人员岗位聘用制、建立事业内部法人治理结构、设立法定机构、财政对事业单位从“养机构、养人”转变为“以事定费”和“购买服务”等。但是，事业单位内部机制的改革，由于一些原因，进展并不顺利，很多改革措施并未完全落实。

第五，推动“大部制”机构改革，发挥深圳在改革开放中先行先试的示范带头作用。

2009 年，深圳出台大部制改革方案，这对后来的国务院大部制改革具有重要影响。深圳市政府启动的大部制改革一次性削减了 15 个政府工作部门，精简了三分之一的机构，并按照“委局办”分设的原则重新调整了整个政府架构，根据政府决策、执行、监督既相互制约又相互协调的要求，重新组建了 7 个委员会、18 个执行局和 6 个办公室，共 31 个政府部门。大部制改革的目标是，减少部门或机构数量，降低行政成本；提高部门之间沟通和协调程度，减少职能交叉，降低政出多门和推诿扯皮，提高行政效率；实现建设小政府，给市场更多空间，更加符合市场经济发展的要求等等。应该说，深圳这次大部制的机构改革，方向正确，对于政府转变职能，提高效率，建立适应社会主义市场经济发展的新型政府有着重要意义，也发挥了深圳特区在改革开放中先行先试的示范带头作用。

第六，推动商事登记制度改革，为国务院推动简政放权改革提供重要的经验和示范。

商事登记制度改革是对传统公司登记制度的一个颠覆性改革，它是深化政府审批制度改革，转变政府职能和监管方式，发挥市场在资源配置中的决定性作用的一项重要改革。商事登记制度改革包括：建立商事登记主体资格与经营资格分离，审批监管相统一的登记制度；实行注册资本认缴制度；实行"三证合一"，公司注册网上登记，取消企业登记年审制；等等。

深圳商事登记制度的改革，创造了优良的营商环境，减轻了企业负担，激发了创业热潮，促进了政府审批和监管方式的转变，取得了很好的效果。深圳的经验得到了国务院的充分肯定，并在全国推广，成为李克强总理在全国推广"大众创业、万众创新"，激发社会活力的一个重要制度性变革。

第七，深化社会组织改革，为促进深圳社会治理现代化，培育出多元化的社会主体。

社会组织的改革是深圳的改革由经济体制改革为主逐步转向社会体制改革的标志之一。深圳这次改革主要有三个方面的内容：一是降低门槛，简化审批，鼓励发展；二是除国家法律法规规定外，社会组织直接登记，取消社会组织的业务主管部门，消除社会组织的行政化；三是打破对行业协会的垄断，突破"一业一会""一区一会"等限制，鼓励社会组织多元化和竞争。这项改革对深圳城市和社会治理体系现代化，尤其是对促进深圳公民社会的发育和完善具有深远意义。改革后两年左右，深圳社会组织的数量就由改革前4000多家发展到10000多家，引起全国的关注。一些做法被国家有关部门充分肯定，社会组织的改革发挥了深圳特区在新形势下先行先试的探路作用。

第八，推动前海开发，搭建深圳改革开放高端平台。

深圳在20世纪80、90年代就曾经提出“一线放开，二线管住”的大胆设想，将深圳和香港紧密连为一体，形成人员、货物、资金自由流动的特别关税区，实现邓小平同志提出的在内地再造几个香港的宏伟设想。但由于多种原因，这个设想未能落实，而前海的开发建设，从某种意义上讲，是过去几十年深圳追求的大特别关税区的一个缩小版。

虽然前海开发建设遇到不少困难，目前还处于建设时期，开发建设进度较慢，在建设中还面临着很多的问题，但是通过前海的开发，可以加强与香港金融等高端服务业的合作，促进深圳经济的升级转型。探索真正按照国际惯例和国际商业运行体制的新模式，不仅可以使深圳的改革开放和城市建设再上一个大台阶，而且为中国的改革开放、为促进香港的繁荣做出新的贡献。

三、深圳改革开放实践的基本经验

经过40年改革开放的伟大实践，深圳不仅建成了2000万人口的全国现代化的大都市，成为仅次于上海、北京的第三大经济中心城市，创下了举世瞩目的深圳速度、深圳质量，还在探索和建立社会主义市场经济体制和扩大对外开放方面，为中国40年波澜壮阔的改革开放伟大历史转变提供了丰富的宝贵经验。在纪念中国改革开放40周年之际，客观地总结分析深圳改革开放的基本经验，对进一步将深圳乃至全国的改革开放伟大事业推向新的历史阶段，具有非常重要的现实意义。深圳的改革开放经验不仅是全方位的，而且是大量并具体的。从全局的角度看，深圳在改革开放实践中创造的基本经验大体上有以下四个方面：

（一）坚持邓小平同志的改革开放伟大方针不动摇

从改革开放 40 年的历史进程来看，经过“文化大革命”十年内乱，中国共产党结束了“以阶级斗争为纲”“无产阶级专政下继续革命”的政治路线和思想路线，解放思想，实事求是，开启了中国改革开放的伟大时代，确立了“以经济建设为中心，坚持四项基本原则，坚持改革开放”的社会主义初级阶段的基本路线，逐步形成了邓小平理论和中国特色社会主义制度。

改革开放是中国特色社会主义最重要的时代特征，邓小平同志是中国改革开放最高决策者，作为中国改革开放的总设计师，邓小平同志也是创办深圳经济特区的最重要决策者。20 世纪 80 年代到 90 年代初，在推动中国改革开放的过程中，邓小平同志始终把深圳作为他推动中国改革开放伟大事业的最重要试验场，对深圳特区一以贯之地予以坚定支持。尤其是在深圳特区改革开放遇到特殊困难的关键时刻，都是邓小平同志鲜明且坚定的支持，使深圳改革开放和特区建设不断开拓新局面。比如，当 1985 年前后，深圳特区面临着“外国租界”“走私通道”“内地输血”“一夜回到解放前”等外部强大压力的时候，邓小平同志在 1985 年 7 月 15 日会见外宾时明确指出，“深圳经济特区对我们来说也是一个试验。现在看来，我们原来建立经济特区的政策是正确的”。又如，在中国经历了 1989 年那场政治风波后，在全国以“反和平演变”为中心、特区“姓社姓资”大争论的恶劣环境中，深圳经济特区又面临巨大压力的情况下，1992 年初，邓小平同志视察南方并在深圳发表了具有历史意义的重要讲话。他指出，“对办特区，从一开始就有不同意见，担心是不是搞资本主义。深圳的建设成就，明确回答了那些有这样那样担心的人，特区姓‘社’不姓‘资’”，并提出“计划多一点还是市场多一点，不是社会主义与资本主义的本质区别。计划经济不等于社会主义，资本主义也有计划；市场经济不等于资本主义，社会主义也有市场”等著名论断。邓小平同志南方谈话，不仅肯定了深圳改革开放的成就经验，更重要的是确立了中国社会主义市场经济的改革方向，从而为深圳更进一步改革开放创造了历史机遇，提供了良好的大环境。完全可以说，没有邓小平就没有深圳经济特区，没有邓小平的坚定支持，就不可能有深圳特区如此的成功。

对邓小平这位历史老人，深圳人民心存感激之情。是深圳在全国竖立第一幅邓小平同志画像，竖立了第一座邓小平同志铜像，每年邓小平同志的纪念日，深圳人民都自发地向邓小平同志献花致敬，以表怀念和感恩之心。更重要的是，几十年来，深圳历届市委、市政府和几代深圳人民，不管遇到什么样的困难和风雨，始终坚持党的基本路线，坚持邓小平同志改革开放的伟大方针不动摇，不断探索和实践，为丰富邓小平同志改革开放的伟大思想和中国特色社会主义理论做出自己的贡献。

比如，在计划与市场的关系上，20 世纪 80 年代深圳特区建设初期，老一辈的开荒牛们就解放思想，坚持市场调节为主，提出“建设资金以吸收和利用外资为主，经济结构以中外合资和外商独资经营企业为主，企业产品以出口外销为主，经济活动在国家计划经济指导下以市场调节为主”的四个为主的方针，并通过价格改革、各种要素市场的建立等一系列改革探索，使深圳最早从计划经济体制束缚下突围出来，开辟了一条通向市场经济的探索新路。

又如在姓社姓资的问题上，深圳最早冲破传统的社会主义理论的束缚，大胆探索和实践证券、股票、劳动力市场、资本市场等传统社会主义理论认为是资本主义的东西，坚持以邓小平同志关于判断社会主义的标准，即是否有利于发展社会主义社会的生产力，是否有利于增强社会主义国家的综合国力，是否有利于提高人民的生活水平，以及邓小平同志关于“社会主义的本质是解放生产力、发展生产力、消灭剥削、消除两极分化，最终达到共同富裕”的著名论断为指导，在改革开放和经济发展的实践中，大胆吸收和充分借鉴人类社会创造的一切文明成果。几十年来，深圳在制定和实施各种经济体制改革方案时，基本上没有发生姓社姓资的意识形态的无谓争论，从而以“时间就是金钱，效率就是生命”的历史紧迫感和务实精神，造就了举世瞩目的深圳速度，并以改革创新为动力，取得了深圳质量和深圳效益的辉煌成功，深圳的实践和经验，为丰富邓小平理论和中国特色社会主义理论做出自己的贡献。

再如，在姓“公”姓“私”的问题上，深圳几十年来也按照邓小平同志的理论勇于实践和探索，在20世纪80年代初，就提出建设资金以外资为主的发展方针，大胆引进香港和国外资本投资特区建设；在20世纪80年代末，就在全国率先进行以股份制改革为突破的国有企业产权改革，出台鼓励民营科技企业发展的政策。邓小平同志南方谈话后，深圳把财产占有社会化作为产权改革的总方向，为不同所有制发展提供公平竞争的良好的外部环境。进入21世纪，深圳又对国有企业布局进行大规模的调整，将竞争领域的劣势企业整体退出，使国有企业主要集中在保障城市运营的基础设施和公共服务领域。目前，民营企业在深圳所有制结构中占绝对比重，涌现出华为、腾讯、中兴等世界级高科技企业，以及平安保险、招商银行等全球著名的金融企业，国有企业在保障城市运营、公共服务、城市安全方面发挥了主导作用，形成了深圳独特的混合所有制的基本经济制度。

改革开放是中国历史上的伟大实践，深圳特区在改革开放中也必然遇到这样那样的困难，出现各种各样的问题和矛盾，包括改革中出现的不完善甚至失误。每当深圳的经济发展、城市建设和社会进步遇到问题时，深圳总是从改革的角度分析问题，以不断深化改革的方式去解决和完善这些问题，始终坚持改革开放总方向不动摇。比如，在20世纪80年代改革中，遇到一些企业和人员利用汇率差进行套利，干扰外汇秩序，甚至与有关政府部门内外勾结，倒卖外汇指标，进行经济犯罪的时候，深圳大胆地通过建立外汇调剂中心，利用市场的机制手段解决汇率差的问题。在土地转让、建筑工程、国企改制、金融等领域出现腐败和不正之风时，深圳通过建立土地转让市场、建筑招标市场、产权交易市场、资本市场等改革的方法解决经济发展中的问题。又如，为解决政府工作人员在市场经济中出现腐败的问题，深圳在20世纪80年代第一个借鉴中国香港、新加坡的经验，成立全国第一个行政监察局。进入21世纪后，又探索政府体系的决策、执行、监督相对独立的方式，并通过公务员薪酬制度改革，探索从制度、体制、机制等方面，综合性解决政府公务人员的廉洁从政问题。再如，为解决改革开放和市场经济发展过程中出现的收入分配差距扩大、部分社会成员生活困难的问题，深圳通过改革政府财政体制，建立社会保障制度，开展共同富裕工程等改革的方式，探索解决经济发展起来后出现的新问题的制度、体制和机制。

改革开放在取得伟大成就的同时，当前社会也存在很多矛盾和问题，包括腐败严重、收入分配差距过大、生态环境恶化、公共服务不足等等，之所以出现这样的矛盾和问题，除了与经济发展阶段和经济增长水平，以及我们工作中的缺点失误有关，最主要的原因是改革不到位、不完善、不配套，甚至在某些方面出现倒退造成的，而不是改革开放必然带来的，更不是邓小平同志确立改革开放伟大方针出现了重大偏差造成的。比如，社会上严重的腐败主要是市场体制不完善，政治体制改革不配套，权力得不到监督约束带来的；公共服务不足，主要是政府职能转变不到位带来的；生态环境恶化，主要是经济增长方式没有及时从根本上得到转变带来的；收入差距过大，主要是垄断行业改革、社会保障和福利制度改革以及财政制度改革滞后带来的等等。因此，解决当前社会上存在的这些问题，不能采用“左”的观点和主张，否定邓小平同志开启的改革开放伟大事业，采取经济上倒退到计划经济，消灭私有财产，实行平均主义大锅饭；政治上回到“文化大革命”，重新进行阶级斗争的方式，而应该继续坚持改革开放的伟大方针，进一步全面深化经济、政治、社会、文化、生态领域各项改革。40 年我国取得的伟大成就靠的是改革开放，而要解决改革开放 40 年后存在的各种矛盾和问题，从根本上也要依靠全面深化改革，继续扩大开放，这也是深圳经济特区 40 年改革开放伟大实践的一条基本经验。

（二）坚持社会主义市场经济的改革方向不偏离

在 40 年间，深圳从几万人口的边陲小镇发展成为国际化大城市，创造了世界工业化和城市化的奇迹，从制度层面来看，应该归功于坚持市场取向的社会主义市场经济体制改革带来的制度红利。目前，最能代表深圳改革开放特征的是“市场机制”+“民营经济”的发展格局，发挥市场配置资源决定性作用的市场经济体制和以民营经济为主体的混合所有制的经济制度是深圳经济成功的最根本的制度、体制、机制方面的保障，始终坚持以市场为取向的经济体制改革方向无疑是深圳改革开放的一条基本经验。

自 1980 年成立特区之初，深圳就踏上了以市场为导向的改革探索之路。几十年来，在市场经济体制改革探索和完善过程中，虽然每个阶段提法不同、重点不同、取得的进展快慢不同，但以市场为取向的改革方向始终基本上没有发生大的偏离，并且经历了不断探索不断完善的复杂过程。

在 20 世纪 80 年代特区建设初期，在全国总体上实行计划为主，市场调节为辅的计划经济体制下，北京理论界还在讨论价格改革“以放为主”还是“调放结合”时，深圳特区的开拓者已经在实践上大胆进行价格改革，在特区建设过程中放开消费品和生产资料的价格，建立各种商品市场，初步发挥市场在商品生产和流通中的基础作用，以市场机制、价格杠杆解决了深圳建设发展所需要的各种生产资料和生活资料，同时也为全国的价格改革和市场体系建设做出了重要贡献。

20 世纪 80 年代后期和 90 年代初期，深圳在市场主体和要素市场建设方面又迈出了更大的步伐，市场体系的基本框架大体形成，从而使特区克服了 1985 年前后因全国压缩基本建设规模给特区发展带来的困难，在经济发展和城市建设方面上了一个大台阶。比如，通过股份制改造和证券市场的建立，吸引大量资金涌入深圳，奠定了深圳作为国家区域性金融中心的基础；通过鼓励民办科技企业的发展，允许技术、专利、商标等无形资产入股办企业，吸引全国科技人才南下创业，诞生了华为等第一批全国高科技企业；通过劳动工资改革和劳动力市场的建立吸引几十万劳动力，满足了深圳“三来一补”制造业的用工需求，为深圳及珠三角“世界工厂”的形成做出了重要贡献；通过对干部人事制度、工资制度的改革，吸引内地一大批优秀人才参加特区建设，形成 20 世纪 90 年代初“孔雀东南飞”的全国人才大流动的格局；等等。

21 世纪初，深圳又以产权改革为主线，对国有经济布局进行大调整，国有企业从商贸、流通、工业、建筑业、服务业等竞争性领域退出来，形成“国退民进”的战略格局，为民营经济的发展提供了广阔的空间，使国有企业主要集中在城市的基础设施、公共服务和保障城市安全的领域，形成了以民营经济为主体的混合所有制结构，为深圳的产业结构调整、高科技发展、经济增长方式转变提供了牢固的产权制度保障。

2010 年以来，深圳以市场为取向的改革，把重心放在了政府转变职能上，通过政府审批制度改革和大部制机构改革，进一步发挥市场在资源配置中的决定性作用。政府把主要精力集中在营造各种所有制企业平等竞争的良好的投资环境上，并通过必要的产业政策和优化创新创业环境，引导产业升级和结构优化，使深圳成为全国最重要的高科技产业基地，使服务业的比重达到 58%，基本上达到发达国家的水平。

深圳的社会主义市场经济体制改革的实践表明，坚持市场经济改革，最重要的是处理好市场与政府、民营和国有企业之间的关系。凡是坚持了正确的以市场为改革取向，处理好两对重要的关系的时候，就会大大促进经济社会的健康发展；凡是工作中发生偏差或失误的时候，经济社会发展就会受到影响和损害。

比如在处理市场和政府的关系上，从 20 世纪 90 年代以来，凡是政府直接投资或直接主导的竞争性领域的大规模建设项目，包括电子信息、汽车及其他高科技项目，基本上都是以失败而告终；在 21 世纪初期，政府制定的产业政策一定程度上偏离了市场的导向，提出了发展重化工产业、汽车产业，建立化工产业基地等规划和政策，基本都没有达到制定的目标。相比之下，深圳发展过程中凡是坚持以市场为主导的一些产业，包括信息通信产业、互联网产业等高科技产业，都经历了从无到有、从小到大的过程，最终成为支撑深圳经济发展的顶梁柱。随着市场优胜劣汰的竞争机制的充分发挥，深圳产业结构自身不断得到优化和调整，政府用不着花气力用行政手段督促企业去产能、去库存、去杠杆等。

在处理民营企业和国有企业的关系上，深圳也经过艰难探索，走过弯路，付出代价。20 世纪 90 年代，由于对国有企业发展的规律和特点认识不足，政府花了很大精力，动用很多资源，在市场竞争激烈的工业、商贸、建筑业、服务业等发展了一大批国有企业，结果到 21 世纪初大批竞争性领域的国有企业难以生存，被迫进行国有经济布局调整。通过国有企业布局调整，市政府集中精力营造公平竞争的市场环境，大力支持民营企业的发展，逐步形成以民营经济为主体的混合所有制经济，民营经济无论是在企业数量、质量、效益，还是在 GDP 的贡献、税收、就业等方面都占绝对优势，使深圳成为全球现代制造业基地、高科技创新中心和亚太地区最重要的商贸物流中心，孕育出一大批如华为、腾讯、比亚迪、顺丰、华大基因、平安保险等全球知名的民营企业。

（三）坚持解放思想、敢闯敢试的精神不懈怠

邓小平同志在 1992 年南方谈话中说道："深圳的重要经验就是敢闯。没有一点闯的精神，没有一点'冒'的精神，没有一股气呀、劲呀，就走不出一条好路，走不出一条新路，就干不出新的事业。"邓小平同志的谈话是对深圳改革开放经验的高度概括，也是对深圳的高度评价和充分肯定。

邓小平同志讲，改革是一场革命，每一项改革不可避免的既是对传统理论、思想观念的冲击，又是对利益的再调整和权力的再分配。因此，没有敢闯敢试、敢为天下先的精神，改革开放很难迈出实质性的步伐。在改革开放几十年的实践中，深圳敢闯敢试的基本经验和精神，大体上表现为以下几个方面：

一是解放思想，实事求是，敢于突破传统意识形态、思想观念的束缚。其中，既包括在建立市场经济体制过程中敢于冲破计划与市场、姓社姓资、姓公姓私的束缚，进行大胆探索，也包括20世纪80年代蛇口工业区进行的基层民主的试验，这些探索和实践对全国解放思想、推进改革开放全局产生重大影响，做出了重要贡献。历史证明，深圳在意识形态、思想观念上的解放，为在实践中敢闯敢试奠定了理论和实践基础，为全国提供了生动活泼的改革经验。

二是敢于突破旧体制的束缚，探索改革的新路子。在特区建设初期突围计划经济体制过程中，无论是放开生活资料价格的改革，还是引进外资的对外开放；无论是企业内部劳动工资制度的改革，还是建筑市场招标、生产要素等市场体系的建立，都对当时全国计划经济体制造成巨大冲击，受到国家和一些有关部门的严厉批评，承担了政治上的巨大风险。当20世纪80年代全国还在进行计划与市场的理论讨论时，深圳已经在实践中撕破了计划经济体制的缺口，闯出了一条新的路子，为全国计划经济向市场经济转轨提供了宝贵的经验。

三是敢于突破阻碍改革开放和经济社会发展的法律法规及有关政策。深圳改革的实践表明，每一项改革举措和探索，几乎都要不同程度地突破国家和省有关部门既有的相关政策和法律法规。如果完全遵守国家、省有关部门的政策、法律法规，就不可能有改革开放的突破进展。在这方面，最典型的是深圳率先借鉴香港土地制度的管理经验，对土地使用权进行转让、拍卖，直接违背了当时《宪法》有关条文的规定，大胆敢试的勇气可想而知。

四是深圳在几十年改革开放过程中敢闯敢试的经验，不仅敢“破”，而且也敢于“立”，敢于创新，破字当头，立在其中。无论是20世纪80

年代的价格改革、劳动工资改革、要素市场建立，还是90年代的股份制改造、股票证券市场、资本市场、科技体制创新、审批制度改革，以及21世纪以来的事业单位改革、商事制度改革、社会组织改革等，深圳在推行这些重大改革时，中央和国家有关部门并没有对这些改革提出具体要求，都是深圳根据现实需要，主动提出改革方案且大胆实验，并在实践中不断完善深化，很多成功的经验随后得到上边的认可并在全国得到及时推广。

五是创造性地贯彻落实国家有关部门对工作改革的部署和要求。深圳在改革开放的实践过程中，对上级部署和要求的改革事项，基本都不会照抄照搬，都会根据深圳的实际情况，在不违背国家对改革总的原则的前提下，创造性地贯彻落实，使之更好地发挥改革的实际效果。比较典型的包括20世纪80年代中期，正值深圳特区的城市建设和经济发展进入高潮时期，国家进行宏观调控，对全国基建规模进行大幅度的调整压缩，如果完全按照国家有关部门的压缩基建规模的要求，特区建设要受到重大损失和影响，对此，深圳一方面向国家有关部门反映意见和建议，一方面根据深圳的实际情况，采取有保有压，分类处理的方式，把对深圳特区建设的不利影响，减少至最低程度，基本上保证特区建设有序进行。21世纪初，深圳根据国家设定的国有企业改革抓大放小、布局调整的总方向，创造性地贯彻落实国家有关国有企业改革的方针、原则，对国有企业的结构进行了根本性的调整，将竞争性领域的劣势国有企业整体退出，使国有资本主要集中在城市的基础设施和公共服务领域，保障城市安全运行。

在深圳改革开放的过程中，处处有风险，每一项重大改革，无论改革过程怎么讲究策略、艺术、方式、方法，都不可避免地引起上上下下、前后左右、方方面面的矛盾、非议、不满，甚至得罪一些人，因此，深圳在敢闯敢试进行改革过程中，无论推动哪一项重大改革，都不仅做出了艰难的努力，克服了大量的困难，而且也往往付出很大代价，甚至做出了很大牺牲。从具体的某一项改革而言，深圳的改革总是在“臭三年，香三年”的循环中不断重复。在探索试验过程中，往往先受到有关方面的批评、指责，待改革取得理解，尤其是取得良好的社会效益时，又往往受到有关方面的肯定乃至推广。从具体推动某些改革的个人来讲，其所付出的代价往往是多方面，有些同志往往受到非议、争议、批评，甚至受到批判；有的或因改革出现不足、或因得罪有关方面，受到处分；在深圳改革历史上做出重要贡献的同志通常很难得到提拔重用。为深圳改革发展建设做出重大贡献的个别领导同志仍得不到应有的肯定和公正的评价。

（四）“摸着石头过河”，充分发挥基层改革创新的积极性

“摸着石头过河”是对邓小平同志开创的改革开放伟大事业在路径和方法上的精辟概括。深圳经济特区既是邓小平同志“摸着石头过河”改革开放策略的最大试验之一，同时深圳经济特区的成功经验，又丰富了邓小平同志“摸着石头过河”的改革策略，使之成为邓小平同志改革开放路径和策略方法论上的成功案例。

在20世纪80年代启动中国改革开放的历史进程中，中国改革开放的方向应该说是大体明确的，即从以阶级斗争为纲转为以经济建设为中心，从闭关锁国转向对外开放，从传统的计划经济体系转向社会主义商品经济、市场经济。但如何实现这三个转变，在路径和方法上并无先例，并且面临着巨大的政治、经济、社会的风险。在这种情况下，依照邓小平同志“摸着石头过河”的策略，中国采取了渐进式改革开放的路径，在农村改革上通过“包产到户”联产承包责任制的方式进行试验，在城市改革和对外开放上，则通过广东先行一步举办特区来探索，所以一开始邓小平同志

就希望和要求“经济特区要杀出一条血路来”。

在整个20世纪80年代深圳特区的初建和发展过程中，邓小平同志一直密切关注特区建设，把深圳特区的探索当作中国改革开放的伟大事业，通过试验带动中国改革开放的全局。即使在1984年邓小平同志视察深圳，并对深圳给予充分肯定后，仍然对深圳的试验抱着谨慎观察的基本态度。邓小平同志1985年讲过：“对于深圳经济特区，我还是两句话：第一建立经济特区的政策是正确的；第二深圳经济特区还是一个试验。这两句话并不矛盾，我国的整个开放政策也是试验，从世界的角度讲，也是一个大试验。总之，中国的对外开放政策是坚定不移的，但我们在开放过程中要小心谨慎。”直到1992年邓小平同志视察南方，对深圳经济特区的全面改革开放的系统探索和经验，进行了全面肯定，发表了重要谈话，确定了中国社会主义市场经济的改革方向。

在深圳经济特区几十年改革开放实践中，也是按照“摸着石头过河”的策略，在不断探索、不断试验、不断总结反思、不断完善提高的艰难过程中走过来的。无论是在20世纪80年代初打开中国对外开放的窗口，突围传统计划经济体制，一系列“以破为主，立在其中”的各项重要改革的突破过程中，还是20世纪80年代中后期和90年代初，在社会主义市场经济框架建立，一系列“以立为主，破立结合”的新体制框架搭建的改革试验中，以及在20世纪90年代后，社会主义市场经济体系不断完善、深化改革的过程中，在经济、政治、社会众多领域推出的改革举措，大体上都是在坚持社会主义市场经济的大方向的前提下，通过问题导向，经历了发现问题、改革试点、不断完善、在全市推广的过程。

在深圳改革开放“摸着石头过河”的过程中，在经济、政治、社会、文化等这些领域的重大改革中，深圳既创造了许多成功的改革经验，也出现少数不成功，甚至失败的改革教训，还发生过一些改革经历了不断反复、改来改去的案例。造成一些改革或成功、或失败、或反复的原因是多方面的。不能苛求在深圳改革开放实践中历尽艰辛的同志，而应该看成是改革探索中的正常规律，是“摸着石头过河”改革路径、策略、方式的必然现象。从某种角度来说，深圳成功的改革经验是宝贵的，个别失败的改革教训也是宝贵的。个别失败的教训可以为全国的改革、为后来的改革提供难得的警示和参考，使中国的改革开放避免更大范围的损失和代价，这也是邓小平同志赋予深圳经济特区改革探索，“杀出一条血路来”的应有之义和宝贵的精神财富。

深圳在“摸着石头过河”的探索中，很好地发挥了毗邻香港的优势，借鉴了香港地区和新加坡成功的经验，使香港地区和新加坡成为深圳改革开放过程中的重要参照系，从而少走了“摸着石头过河”改革探索中的弯路。深圳和香港在历史上同属于一个行政区域和岭南文化，两地在人文、经济、文化、社会等方面有着千丝万缕的联系。20 世纪 80 年代，广东深圳涌现出一批思想解放、视野开阔的改革人物，应该说与毗邻香港这个重要因素是分不开的。作为全球著名的自由港和金融、贸易、航运中心，经过 100 多年的长期发展，香港已经形成了与国际经济接轨的成熟的市场经济体制和运行机制，这也是邓小平同志选择深圳作为经济特区的主要因素。改革开放 40 年来，尤其是 20 世纪 80、90 年代，香港不仅为深圳的建设和发展，输入了大量的资金、技术、管理经验，辐射和带动了深圳经济的快速发展，而且也作为参照系为深圳市场经济体制机制的建立做出了重要贡献。

在改革开放几十年过程中，几乎每逢遇到问题，或进行某项改革试验时，深圳基本上都是首先采取包括“请进来”“走出去”等不同形式学习借鉴香港的经验。在“请进来”方面，深圳每年都举办大量的座谈、交流、咨询、演讲等活动，邀请香港各界人士帮助指导解决深圳在改革开放、经济发展、城市建设中出现的各种问题。在深圳各级政协中，香港委员数量之多，发挥作用之大，是其他各地难以比拟的。在“走出去”方面，深圳多年来，从政府各部门到企业、社会，派出了数不清的各类人员到香港地区和新加坡开展调研、考察、培训活动。通过学习和借鉴香港成熟的市场经济的体制机制，使深圳在改革开放中所制定的各项改革举措视野广、起点高、针对性和操作性强，重大缺陷和失误少，可以说，香港地区和新加坡是深圳改革开放和市场经济建立的“老师”。

深圳几十年改革开放的成功经验证明，邓小平同志“摸着石头过河”渐进式的改革开放路径、策略、方式、方法是正确的。中国的改革开放采取逐步实践探索，充分下放权力，尊重基层经验，鼓励各级干部和群众敢闯敢试，调动各方面改革开放的积极性，并及时将基层成功的经验上升为中央高层的决策，在全国推广。这种经过一步一步的探索实践，既坚持了改革开放的基本方向，实现了改革开放的基本目标，又有效地规避了改革开放过程中的重大失误和重大风险；既强有力地推动了改革开放的历史进程，又保持了经济的持续增长和社会的基本稳定，走出了一条以“摸着石头过河”为基本特征的渐进式的中国改革开放成功之路。

四、深圳改革开放存在的主要问题和挑战

（一）改革缺乏系统性，民主法治、社会文明建设与经济高速增长不协调

深圳市的改革开放和特区建设，从一开始就是以经济体制改革为中

心，以促进经济增长为目标，以建立社会主义市场经济体制为主线展开的。经过多年的努力，深圳特区在经济增长方面取得了巨大成功，市场经济体制改革基本上实现了改革的目标，为中国的改革开放做出了重大贡献。但是，在深圳几十年的改革开放实践中，并没有随着经济体制改革的深入，随着经济、政治、社会、文化、生态等方面发生的变化，而相应进行政治、社会、文化、生态等领域系统的改革。虽然在推动经济体制改革和经济发展的过程中，深圳也深深感到进行政治、社会、文化等领域系统改革的必要性，也在某些方面做出过相当大胆的探索和试验，但总体上讲，由于种种原因，经济体制改革仍然处于孤军奋战、单兵突破的格局。与全国其他各地一样，由于改革缺乏系统性而产生的严重腐败、分配收入差距扩大、民主法治不健全、社会文明与经济发展不匹配等问题，在深圳也同样不同程度地存在。客观说来，深圳 40 年特区改革试验，并没有完全达到邓小平同志曾经提出的，通过改革不仅在经济上要比资本主义发展得更快更好，在政治上也要比资本主义的民主文明发展得更好的要求。邓小平同志在南方谈话中提出，广东 20 年赶上亚洲四小龙，不仅经济上要搞好，社会秩序、社会风气也要搞好，两个文明都要超过他们。深圳作为一个城市，2017 年经济总量基本实现了赶超亚洲四小龙的目标，但在社会文明、社会风气、社会秩序等方面和新加坡、中国香港还有相当大的差距。

在政治领域改革方面，深圳曾经提出了一些大胆设想和试验。比如，在 20 世纪 80 年代特区建设初期，深圳改革开放和城市建设与当时中央到地方的计划经济体制和官僚行政体制发生了尖锐的冲突，为特区初期的开荒牛和建设者们带来了极大的困难。为此有关方面曾经提出过借鉴香港“总督制”的行政管理体制，在坚持党的领导下，集中权力，提高效率，减少扯皮，加快特区建设，并请内地一批年轻专家学者，对深圳的行政管理体制模式进行了细致的设计，提出了一系列大胆设想，由于后来国内政治形势的变化，这些设想被束之高阁。在20世纪80年代后期，为了解决在改革开放和经济发展过程中多次出现的官员腐败问题，深圳借鉴香港“廉政公署”以及新加坡的经验，在全国成立了第一个行政监察局，探索行政系统内部决策、执行、监督相分离的体制。虽然，深圳监察局在体制上一直延续到2017年国家监察制度重大改革前，并且在政府行政监察方面发挥了一定的作用，但由于受到国家和深圳党政领导体制的影响，深圳监察局并没有起到类似香港廉政公署的作用，在反腐倡廉、制衡行政权力、消除腐败等方面的作用有限。2008年，深圳也提出了涉及政治、经济、文化、社会等领域的全面深化改革的《纲要》（征求意见稿），提出在党内民主、人大制度、政治协商等方面一系列改革的大胆设想，《纲要》引起了高层的重视但并未正式发布出台。

邓小平同志曾经对政治体制改革有着深刻的论述，他认为政治领域改革应该是中国全面改革的重要组成部分。20世纪80年代，中国在政治体制改革方面已经迈出了相当大的步伐，并在党的十三大上出台了政治体制改革的顶层设计。由于政治体制改革涉及党和国家体制，需要自上而下推进，在国家上层有关政治体制没有相应变革的条件下，在深圳这样一个副省级城市进行改革试验，对地方党委和政府来说，是勉为其难的，即使勉强做一些探索，也经常会付出沉重的代价。同时，政治体制改革既涉及复杂的意识形态，又涉及重大权力格局的调整，很难在党内和社会上达成共识，容易引起激烈的争论，而深圳又是国内外高度关注的地方，其在政治领域的任何改革，都是极为艰难的，可能会带来极大的政治风险。

在社会主义现代民主制度建设方面，深圳在几十年的改革实践中也进行过大量的探索，有的在全国引起过广泛关注，有的在实践中起过较好的效果。但总的说来，由于受制于多种因素，深圳在社会主义现代民主制度建设方面乏善可陈。比如，在基层民主建设方面，20 世纪 80 年代在蛇口工业区内部实行民主选举、竞争上岗、社会参与、舆论监督，开中国基层民主之先河，并引起了著名的"蛇口风波"。在党内民主制度改革探索方面，宝安区委进行若干年的党代表常任制探索，发挥基层党代表参加党内决策的积极作用；深圳市委还曾经大胆尝试过在干部选拔过程中公开招聘、竞争上岗、民主票决的民主竞争选拔机制，都取得了一定的效果。在发挥舆论监督的作用方面，21 世纪初以《南方都市报》为代表的媒体，大胆揭露和批评政府有关部门工作中的不足，充分反映市民对政府在民生、社会领域方面的意见和建议，对改进政府的工作发挥过积极作用。此外，深圳在发挥人大代表、政协委员参政议政方面，也都曾经有过很多积极探索，产生了积极的社会效果；等等。然而，深圳这些有益的、大胆的探索，随着外部环境的变化以及其他种种原因，大都无声无息，自生自灭，未能很好坚持下来，有的还受到有关方面的责难，从而使得具有很多有利条件的深圳经济特区，未能在社会主义民主制度建设方面发挥应有的先行先试的作用。

在法治社会建设方面，毗邻深圳经济特区的中国香港，以及被深圳作为追赶目标的新加坡，都是法治社会程度较高的国家和地区。在几十年改革开放过程中，深圳在学习中国香港和新加坡法治社会方面也作出过不少的努力。比如，深圳是全国最早的具有立法权的特区和城市之一，深圳也曾经提出过五年在全国率先建成"法治城市"的口号和目标，深圳也是全国司法改革的试点城市之一，等等。经过这些年的努力，深圳在法治社会、法治政府、司法公正等方面取得了一些进展。但客观地讲，在法治社会建设方面，深圳大体上与全国内地各大城市处于同一水平上，并未真正起到示范和带头作用，所谓五年率先建成“法治城市”的口号和目标早已无人提及，深圳的依法行政、司法公平审判、社会法治环境、市民的法治观念、个案正义的实现等方面都存在很多问题，社会对司法公正仍有较大不满，在现实和网络上因司法不公喊冤叫屈的人不断出现，严重违背司法公平正义的案件不断在社会上引起强烈反应。

在社会文明建设方面，深圳虽然五次获得全国文明城市的殊荣，在提升城市文明水平、培育社会文明风尚方面发挥积极作用。但深圳城市文明的建设主要是体现在环境卫生、城市管理等初级的文明层次，或者体现在官员的政绩和城市的荣誉上，而没有真正体现在市民精神文明的核心内容上，比如，社会主义核心价值观要求的自由、平等、公正、民主、法治等重要元素，在深圳的社会文明发展中还是薄弱环节，因此深圳与真正的法治社会文明还有相当大的差距。

综上所述，由于长期以来改革的系统性不足，使得深圳在经济发展、市场经济体制改革取得举世瞩目的成就的同时，政治领域和社会领域的改革以及民主法治、公平正义、社会文明的建设，未能大体同步协调发展，成为深圳建设国际化现代化城市的主要短板。这对深圳未来实现国际化、现代化目标将产生深刻的影响，党的十九大报告指出，我国社会的主要矛盾已经转化为人民日益增长的美好生活需要和不平衡、不充分的发展之间的矛盾，人民美好生活需要日益广泛，不仅对物质生活提出了更多的要求，而且对民主法治、公平正义、安全环境等方面也有了更高的期待。深圳这些年民营企业家及高收入阶层的资产向海外转移，中等收入以上的市民移民，以及比较富裕阶层将子女送到国外读书等都已经成为较为普遍的现象。

实际上，邓小平同志所讲的中国改革开放的伟大事业和中国特色社会主义事业的建设，不仅仅是经济体制改革和人民物质生活水平的改善，理应包括政治、社会、文化、生态文明等全方面的改革，民主、法治、自由、公平都是社会主义核心价值观的重要内容，是实现中国现代化的基本要素，邓小平同志讲过“没有民主，就没有社会主义，就没有社会主义现代化”。党的十八届三中全会《决定》和党的十九大报告，在坚持经济体制改革为中心的同时，全面部署了新时期经济、政治、社会、文化、生态文明“五位一体”的系统性总体改革布局，并提出了完善社会主义制度，实现国家治理能力和治理体系现代化的全面深化改革的总目标。因此，在新时期全面深化改革的历史条件下，深圳需要在继续坚持经济体制改革领先全国的同时，加大政治、社会、文化、生态文明领域的系统性改革，使经济发展与民主法治、公平正义、社会文明协调发展，在新时代中国改革开放伟大征程中再领风骚。

（二）民生社会领域的改革滞后，共建共享、包容发展的执政理念未能及时转变

经过几十年的改革开放，深圳的经济取得了巨大成就，经济总量已经超过广州，与香港等量齐观，昔日的边陲小镇已经发展成为 2000 万人口的国际化大都市，2017 年人均 GDP 达到 2.8 万美元，跨入了世界高收入地区水平。深圳市民的生活水平、收入水平、社会保障水平、政府提供的公共服务水平等方面都有很大提高，深圳已经率先进入小康社会，应该说深圳市民是中国改革开放的最先受益者，是中国先富起来的最大群体，是深圳经济特区建设和发展成果的分享者。

但是，应该实事求是地承认，深圳市民的收入水平、生活水平、社会

保障水平和享受公共服务的水平等方面，与深圳当前实际达到的经济发展水平和发展阶段还不相适应，与邓小平同志提出的共同富裕改革开放初心，与习近平总书记提出的发展成果由人民共享的要求还有很大差距。比如，深圳市民的收入状况、生活质量、社会保障程度，与同样人均GDP的世界发达国家和高收入国家的水平相比还有很大差距，居民收入的增长速度长期滞后于经济发展和政府收入的增长速度，收入分配差距偏大，几百万低收入市民的生活还不富裕，社会保障、社会救助、社会福利等方面的制度体制还存在重大缺陷，“看病难”“看病贵”仍然极大地困扰着深圳人的生活，教育不公平、不均衡仍然比较严重，住房保障严重缺失，高房价高租金对工薪阶层的生活造成极大的压力等等。这些问题的存在加剧了社会矛盾，影响了社会秩序的有序稳定，造成了经济发展与人民的更好生活需要之间的失衡。

深圳经济社会方面存在的上述问题，有些是受经济发展阶段和水平制约而难以完全克服的，有些是改革开放、市场经济发展过程中难以完全避免的，但最重要的是民生社会领域的各项改革长期滞后带来的必然后果，包括公共财政体制改革、教育体制改革、医疗卫生体制改革、住房制度改革、户籍制度改革、分配制度改革、社会保障和社会福利体制改革等方面的改革，由于种种原因，社会领域的这些重要改革有些未得到应有的重视，有些改革持续多年而长期未能取得实质性进展，如教育、卫生体制改革；有些改革在改革过程中出现过反复和重大失误，如住房保障制度改革；有些改革从未得到应有的重视而没有启动，如分配制度改革；有些改革受现有既得利益群体的影响，长期难以有明显进展，如户籍制度改革、社会保障和社会福利体制改革；等等。

应该承认，社会领域的改革涉及广大市民的切身利益和现有利益格局的调整，难度大，见效慢，但是长期以来，政府的职能转变执政理念未能随着经济社会发展和人民的需要而及时调整。深圳政府职能转变已经讲了多年，但总体上仍然没有摆脱以经济增长为目标，以 GDP 为中心的传统执政理念，政府领导的主要注意力仍然是确保经济增长，扩大投资规模，追求城市形象和政府政绩；政府部门仍然迷恋于行政审批权力，自我设立了分钱分资源的各类大量审批项目，而市民最关心、反映最强烈的民生问题、公共服务问题、公平正义问题、分配共享问题等本来应该由政府做的事，却没有得到认真解决。因此，如果政府的执政理念、职能转变没有解决，民生社会领域的改革很难有所突破，公平共享、共同富裕的深圳乃至中国改革开放的初心就很难真正落实。

实际上，解决好民生社会问题，实现共建共享，满足人民日益增长的对美好的生活需要的社会主义制度本质要求，才是判断深圳改革开放成败的最终标准。邓小平同志讲，社会主义本质是“解放生产力，发展生产力，消灭剥削，消除两极分化，最终达到共同富裕”“我们允许一部分地区，一部分人先富起来，是为了最终达到共同富裕”“如果我们的政策导致了两极分化，我们就失败了”。同时，共建共享也是习近平同志执政理念的集中体现，习近平同志指出，“我们的人民热爱生活，期盼有更好的教育、更稳定的工作、更满意的收入、更可靠的社会保障、更高水平的医疗卫生服务、更舒适的居住条件、更优美的环境，期盼着孩子们能成长得更好、工作得更好、生活得更好。人民对美好生活的向往，就是我们的奋斗目标”。党的十九大报告中指出，“必须始终把人民利益摆在至高无上的地位，让改革发展成果更多更公平惠及全体人民，朝着实现全体人民共同富裕不断迈进”。

因此，在未来贯彻落实中央“经济、政治、社会、文化、生态文明”“五位一体”的改革中，深圳应该下大气力补几十年来改革开放的短板，把民生社会领域的改革作为重点，把共建共享作为深圳未来改革的新方向、新坐标，围绕市民在民生社会、公平共享等方面最关心、最期待、反映最强烈的问题，在教育、民生、分配、户籍、住房、社会保障和社会福利、公共财政等方面大胆改革，力争突破，为解决好民生社会问题，实现公平共享提供重要的体制保障。

加快民生社会领域的改革，不仅对深圳的经济社会发展和人民生活水平的提高有重要意义，而且对促进全国的全面深化改革也具有重要的影响。当前全面深化改革进入了攻坚期，改革开放在取得伟大成就的同时，也出现了收入分配差距较大、社会严重不公、公共服务不足、腐败严重、社会发展不平衡等问题，面临着众多的社会矛盾和“中等收入陷阱”的风险。这些问题和风险也引起了相当一部分人对邓小平同志改革开放伟大决策的质疑，甚至少数人还企图全面否定改革开放，重回“文化大革命”的贫困的平均主义的老路上去，使社会普遍缺乏改革共识。深圳如果能通过民生社会领域的改革，较好地解决贫富差距、社会不平、公共服务等方面的问题，实现公平共享、共同富裕的目标，使深圳成为全国率先实现公平共享、包容发展的一面旗帜，将使深圳在全国全面深化改革新时期，为国家的改革探索出更多的改革经验，提供更好的示范，为促进全国的改革做出更大的贡献。

（三）改革过程中出现的艰难探索和曲折，对深圳的建设和发展产生深刻的影响

邓小平同志开拓的改革开放是我国历史上的伟大创举，深圳经济特区作为中国改革开放的试验场，在几十年艰苦探索和实践中，既充满着取得

伟大成就的喜悦，又蕴藏着历经曲折的艰辛；既为中国改革开放提供了全方位的成功的经验，也在探索过程中存在着不足、失误，而这些不足和失误又为中国改革开放提供了不少借鉴。因此，在纪念中国改革开放40周年，回顾深圳改革开放历史过程中，既要充分肯定成功的经验，也应该实事求是地反思总结艰难探索中存在的不足和遗憾。从一定意义上讲，深圳在改革开放艰难探索中的不足、曲折和失败，也是深圳乃至中国改革开放的重要的宝贵的精神财富。在长达40年的探索中，深圳在改革方面存在的不足和困难，大体上可以分为以下几个方面：

一是在改革探索中，由于实践经验不足，出现严重失误，从而给深圳的改革开放带来不利影响。最为典型的是1992年8月10日股票认购风波。1992年中国证券市场刚刚起步，上市公司数量有限，新股发行处于探索阶段。邓小平同志南方谈话后，股市开始转暖，由于一级市场新股发行数量较少，二级市场股票价格攀升，这就意味着投资者只要在一级市场买到股票，在二级市场卖出就能获得相当可观的回报。在当时全国新股采取定价发行，新股发行价格大幅低于市场价格的大背景下，由于缺乏新股定价发行的条件和经验，以及对新股认购发行形势判断不足，深圳市1992年8月10日采取了“新股认购抽签表”的发行方式，即股民通过购买新股抽签表，可以获得申请新股的权利。由于新股发行价格大大低于市场价格，新股需求大大超过供给，刺激了投资者踊跃认购，吸引了全国百万人涌入深圳抢购排队，造成了新股认购过程中秩序大乱，发生了深圳历史上最严重的重大社会稳定事件。“8·10事件”的发生，不仅对深圳的社会秩序、社会稳定带来了重大风险，而且对深圳乃至全国的证券市场的健康发展产生了长远不利影响，应该是深圳改革开放历史上一次沉重的教训。

二是一些重要的改革出现了颠覆性的错误，对深圳的改革发展和人民生活水平的提高产生了深远的消极影响。较为典型的是深圳住房制度改革出现的反复。深圳作为市场经济的改革试验区，也是住房制度改革的先行试验场，早在 1988 年深圳就借鉴新加坡“居者有其屋”和香港地区建立不同层次的住房保障体系的经验，出台了住房制度改革方案，提出建立社会保障房和市场商品房“双轨”，以及福利房、微利房、商品房三类的住房供应体系，由政府负责建福利房，企业建微利房，开发商建商品房。在 2000 年前建成了 27 万套包括福利房和微利房在内的政策性住房，大体上满足了机关干部、企业员工、困难群众等不同层次的多元化需求，商品房的价格也基本上保持稳定。

但是自从 2000 年前后，受国家住房制度改革以及地方经济增长、财政收入等多重因素的影响，深圳对已经实行多年的住房制度改革进行了重大调整，基本取消了福利房、微利房的政策，政府停止了福利房的建设，禁止企业自建微利房，甚至企业利用自有土地兴建职工宿舍都被严格控制，把社会所有阶层的住房需求都推向市场商品房。住房制度改革的重大调整，使得商品房价格飞涨，从 2005 到 2015 年，10 年间深圳房价整体上涨了七倍左右，据国际货币基金组织 IMF 报告数据，2016 年上半年深圳以 38.6 的房价收入比，列为全球大城市第一，成为全球“最难买得起楼”的城市。

以住房制度重大调整为主要原因的深圳奇高房价，固然能够增加政府财政收入，促进经济增长，使部分家庭财产性收入增加，以及在促进城市更新等方面起到一定的积极作用，但对深圳经济和社会造成的伤害却是多方面的、长久的和巨大的。高房价提高了营商成本，给深圳的制造业、物流业带来极大的挤出效应，大量制造业企业外迁成为现实，增加了深圳产业空心化的风险；高房价大大提高了深圳的物价水平，给中低收入群众的正常生活带来极大的压力；高房价降低了深圳对各类人才的吸引力，使青年人失去了奋斗的希望；高房价加大了收入差距，成为拉开不同群体财富差距的重要因素，对深圳建立公平共享、和谐社会建设造成了深刻的影响。

由于住房制度改革的重大调整和失误，到2015年，深圳享受不同类型保障房的群体仅为126万人，与同年常住人口1137.89万人相比，住房保障率仅仅达到11%，即使加上领取人才安居补贴、机关单位住房货币补贴的群体，深圳市的住房保障率也只有15%左右，而新加坡的住房保障率为82%，香港地区有50%以上的人口居住在政府提供的不同类型的保障住房体系之中。从深圳住房制度改革的经验教训来看，一项重大的改革发生颠覆性失误，对经济、社会带来的影响是多么巨大。

三是一些涉及重要利益格局调整的重要改革未能突破，使一些突出的社会矛盾和问题长期得不到解决。在这类改革中，户籍改革表现得最为突出。户籍管理制度是计划经济体制遗留下来的产物，虽然在历史和现实上，户籍管理对社会治安管理、基层管理发挥了一些作用，但总的说来，户籍制度造成了严重的社会不公平，加大了社会分配差距，割裂了社会各个阶层，带来了相当多的社会矛盾和社会问题，是一项与现代文明社会发展方向相背离的管理制度，对户籍改革中央和国务院一直高度重视。由于户籍管理制度是国家统一的社会管理制度，在全国未取消户籍管理以前，深圳单独取消户籍管理也是不可能的。但是作为改革试验区和经济最发达的非户籍人口占绝对比重的深圳市，应该加大户籍改革的力度，包括扩大户籍人口的规模和比例，对非户籍常住人口实现公共服务公平性和均等化，在社会公共政策和管理领域，逐步取消对非户籍的常住人口的不公平的歧视政策等等，为国家深化户籍改革并最终取消户籍制度进行探索提供经验。

户籍制度改革在深圳提出了很多年，市政府在某些方面对非户籍常住人口的公共政策和公共服务也作过一些调整，户籍人口的数量也有部分增加。但总的说来，由于受执政理念、发展模式，既得利益群众的阻挠以及政府机关官僚主义的影响，深圳户籍制度改革长期难以推动，更谈不上有突破性进展。到 2015 年深圳户籍人口仅占常住人口 31%，占实际管理人口的 17.7%，在深圳有 800 万左右的非户籍常住人口，他们在深圳有稳定和相对稳定的工作和住所，是深圳经济发展、城市建设、繁荣稳定的不可缺少的重要组成部分，是深圳经济增长和建设发展的重要贡献者。然而这 800 万非户籍的常住人口，与深圳户籍人口相比，在养老、医疗、失业、住房等方面得不到应有的公平社会保障，不能够公平地享受政府应当提供的教育、医疗等公共产品和公共服务，他们基本上被隔离在社会救助、社会福利等社会安全网之外。他们几乎被排斥在参政议政、城市管理、社会管理、基层管理之外，无权参加基层的人大代表的选举和被选举，没有资格参加政府公务员招考，甚至没有资格成为教育、卫生等事业单位中有正式编制的员工，只能成为“同工不同酬”的编外人员；他们不仅不能成为城市管理、社会管理的主人，而且成为城市管理、社会管理体系中被管理甚至被管制的主要对象。

综上所述，户籍改革的长期滞后是深圳实现邓小平同志共同富裕的改革开放伟大理想，建设公平正义、共建共享现代文明社会的最重要的体制性障碍之一。自从 21 世纪初以来，深圳市民对户籍制度改革的呼声日益增强，中央对户籍改革的要求也不断加强，深圳有关部门也多次提出了以扩大户籍人口比例、实现公共服务水平均等化为内容的改革建议方案，但由于受地方政府自身利益的保护、政府有关方面的官僚主义以及户籍利益群体的阻挠等多种因素的影响，深圳户籍改革的方案始终未能正式出台，更谈不上取得突破。因此，户籍改革应该是深圳改革过程中的一个重大缺陷，是深圳改革史上一件很遗憾的事情。

四是一些重要的改革在实践中走过弯路，付出的代价使深圳经济发展受到了一定程度的影响。在这方面，深圳国有企业改革中的布局调整是一个比较典型的改革案例。深圳多年来在国有企业改革方面，总体上讲是比较成功的，20 世纪在探索三个层次的国有资产管理体制、国有企业股份制改造、建立现代企业制度等方面为全国的改革提供了很多经验，但是在这个过程中也走过弯路，出现了一些教训。

深圳特区建设之初是一个边陲小镇，国家几乎没有投资，基本上没有多少国有企业。随着 20 世纪 80 年代特区全面建设和各项改革的不断深入，一方面原来一批政府行业管理部门转为行政性公司，利用特区的政策和市场机制，得到较快发展，形成一批从事工业、商贸、旅游、物资、粮食等有一定实力的专业化公司；另一方面，根据特区建设的需要，政府也投资组建一批国有企业，这些国有企业没有多少资本金，主要靠银行贷款而得到迅速发展。应该说，深圳市属国有企业为 20 世纪 80 年代和 90 年代深圳的经济发展和城市建设做出了重要贡献。在这个过程中，深圳在推进国有企业的产权改革，加强国有资产管理，建立现代企业制度等方面进行了大量的探索，取得了一些成就，受到国家有关部门的重视和肯定。

但是，20 世纪 90 年代市场经济体制逐步建立，民营企业和外资企业迅速发展，市场竞争日益激烈，国有企业本身的体制机制不能适应市场竞争的需要，在竞争性领域，国有企业不具备优势，国有企业经营面临着很多困难，有相当多的企业难以为继。为此，中央提出了“抓大放小”国有经济布局调整的战略方针，以提高国有经济在国民经济中的控制力和影响力。在这种情况下，深圳对国有企业发展的规律认识不足，认为国有企业只要建立现代企业制度，就是可以搞好的，从而对中央提出的“抓大放小”国有企业布局调整，有进有退认识不足，动作迟缓，措施不力，反而在竞争激烈的领域和行业，深圳提出了国有企业做强做大的一系列目标。比如，在工业领域的建材、石化、轻工、电子等领域提出建成若干个超百亿集团，在物资、外贸、商贸、旅游、饮食服务等领域组成大型综合商社，在建筑行业、房地产行业要推进“组龙工程”等，并动员大量的资金、土地等行政资源，用行政手段给予大力支持。

随着1998年亚洲金融危机的爆发和国内多种所有制企业的激烈竞争，除极个别企业外，绝大多数竞争领域的工业、商贸、流通等行业的国有企业难以生存，不少企业还不起银行债务，发不了员工工资，资不抵债，为国有企业和深圳经济的发展带来沉重的包袱，给社会稳定带来极大的压力，使深圳政府和金融机构付出了很大的代价。在21世纪初，深圳根据中央国有经济布局调整的方针对国有企业进行了大规模的布局调整和结构优化，对处于竞争性领域的工业、商贸、建筑、服务业等行业中的大量劣势企业，通过员工持股的产权改革转变成混合所有制企业，剩下的少数国有企业主要集中在保障城市安全的基础设施、公共服务领域。应该说，深圳国有企业改革发展过程中的教训也是深刻的。

（四）改革创新精神不断弱化，特区平庸化的趋势逐步显现

深圳因改革而生，因创新而强，以先行先试为己任，为中国的改革开放做出了自己应有的贡献。几十年来，一方面，深圳敢闯敢试的改革创新精神代代相传，深圳先行先试社会主义市场经济的制度红利一直在支撑着

深圳的经济持续和发展，深圳在经济、社会等领域的改革也不断在完善和深化。另一方面，随着时间的推移，中国进入了全面深化改革的新的历史时期，中央成立了以习近平同志为组长的全面深化改革领导小组，几年来党中央和国务院有关方面推出了1300多项各个领域的改革举措，其力度之大，范围之广前所未有。在全面深化改革的新的历史时期，深圳作为经济特区和改革开放的试验场，应该进一步发扬敢闯敢试的特区精神，发挥改革开放的体制机制优势，为全国全面深化改革提供更多的经验，做出更大的贡献。然而，在近几年的全面深化改革的实践中，深圳在经济、政治、社会、文化等重要领域关键环节上的重大改革突破并不多见，为全国提供的重要的改革经验乏善可陈，深圳在改革开放中出现了新的形式主义、官僚主义和不作为现象，从而使深圳改革开放和体制领先的优势逐步消失，深圳在全国改革开放大格局的作用和地位在逐步弱化。

与全国各地相同，深圳这几年在改革中出现的新的形式主义、官僚主义主要表现在，改革的目标、口号、措施“虚多实少”，真正有突破意义的改革并不多，所谓改革举措大多数属于正常工作的完善和日常工作的改进。对上级部署的各项改革的文件、方案、举措，大多数采取以会议落实会议，以文件落实文件，使各项改革并没有真正落实或者没有完全落实。各级政府缺乏创造性的改革，针对本地实际情况和自身存在的问题进行的重大改革举措不多，使积累多年的问题不能从体制机制上得到有效解决，甚至在个别领域，改革发生反复的现象等等。

深圳这些年在改革工作中存在的这些形式主义、官僚主义问题，原因是多方面的。一是与改革大环境有关。近些年的全面深化改革，在策略和方式上，主要是以顶层设计自上而下依靠行政手段强力推进为主，客观上给地方根据本地实际、进行自主改革的空间比较小；地方上的一些改革往往受制于国家有关部门的有关规定，需要得到上级的批准；上级部署的大量改革举措超越了地方的实际能力，又给地方施加较大的行政压力，迫使地方以形式主义对待上级部署的改革举措；等等。二是有历史的原因。40年来，在改革过程中已经形成了各种各样的利益群体和利益格局，受到利益驱动，多元化的利益群体对很多改革难以形成共识，而每项改革都必然涉及对现有利益格局的调整，使得打破现有利益格局的改革难度加大，也使推进改革的部门和人员望而生畏。三是与当前领导干部从政环境的变化有关。这些年来，随着党风廉政建设的不断深化，对各级干部问责日益强化，而改革又是一件容易得罪人、风险大的事情。面对着复杂的改革局面，一些干部在改革问题不想改、不敢改、怕惹麻烦、怕出事，普遍存在"只求不出事，宁愿不干事"，遇到矛盾绕着走，做"太平官"。四是与领导干部的经历和精神状态有关。几十年的改革开放，领导干部已经经历几代人了，"盛不过三代"的规律在改革开放事业也不同程度地出现，现在的年轻干部，未经历过20世纪80年代火红的改革年代，也没有经历过艰苦创业的磨炼，其改革创新的精神状态发生了很大的变化，改革的紧迫感、危机感不强，等等。

"三十年河东，三十年河西"，一个城市、一个地区先行，并不能保证会自然永远先行。如果不能保持敢闯敢试的改革创新精神，不能在改革开放中继续大胆实践，深圳几十年形成改革开放的体制优势就不会自然而然地永远保持下去，体制改革的制度红利也会随着全国改革开放大格局的变化而逐步消失的。在中国改革开放40周年之际，习近平同志在海南建省30周年上作了重要讲话，对新时代的改革开放作出了新的部署，对经济特区提出了改革开放新的目标和要求，并将海南作为未来改革开放的先行试验区，将海南建成全国最大的自由贸易区和自由贸易港。在新时代中国改革开放的大格局中，不进则退，小进也是退，作为曾经是中国改革开放最成功的特区和先行城市，深圳是在中国改革开放新时代再创佳绩、再领风骚，还是满足于过去的成绩，停止不前，使深圳在改革开放新时代中逐步失去昔日的风采，逐步演变成平庸化的一般城市，这是摆在深圳市委市政府和2000万深圳人民面前的历史抉择。

（作者曾任深圳市委常委、副市长）

打造良好营商环境　做好招商引资工作

霍建国

2018 年是我国改革开放的 40 周年，中央决定举行隆重的纪念活动，并推出一系列新的改革开放的重大举措，此前党的十九大和中央经济工作会议已对我国构建全面开放新格局均作出了顶层的安排和部署，并对进一步放宽市场准入及改善投资环境提出了明确的要求。中央决定将于 2018 年在全国实行外商投资负面清单管理模式，同时强调要加快服务业开放，扩大电信、医疗、教育、养老、新能源汽车等开放邻域，以及全面放开一般制造业和部分金融保险和资本市场等对外资准入限制和股比限制。2018 年 1 月 3 日，国务院召开常务会议，专门部署了改善营商环境，做好招商引资工作的有关安排，加上 2017 年年初国务院下发的《关于扩大对外开放积极利用外资若干措施的通知》（国发〔2017〕5 号）以及 2017 年 8 月国务院下发的《关于促进外资增长若干措施的通知》（国发〔2017〕39 号）均对扩大利用外资提出了新的要求，这些新的开放内容和新的开放要求是指导我们打造良好营商环境，扩大招商引资工作的指导原则和具体工作策略，应引起国家有关部门的高度重视，并结合各部门各地区的具体情况深入研究落实，采取有力措施把打造良好的营商环境当作当前的一件大事来抓，在纪念我国改革开放 40 周年之际，进一步促进并加快我国的改革开放进程。

一、新形势下做好招商引资工作的重要性

（一）扩大开放打造良好营商环境是我国构建全面开放新格局的重要内容

党的十九大报告，其中关于构建全面开放新格局的要求涉及多方面的内容，其中打开国门搞建设，扩大市场开放是核心要求，包括“一带一路”建设、贸易强国建设、打造良好营商环境的要求，扩大利用外资的要求，赋予自贸区更大开放自主权的要求，以及关于探索对外投资新模式和探索建设自贸港的要求，特别是文件明确提出要实行高水平的贸易和投资自由化便利化政策，全面实行准入前国民待遇加负面清单管理制度，大幅度放宽市场准入，扩大服务业对外开放，保护外商投资合法权益。凡是在我国境内注册的企业，都要一视同仁、平等对待。这些要求的核心是扩大市场开放，积极有效地扩大利用外资，在扩大开放的过程中，在推动构建全面开放新格局的过程中，中央特别提出要处理好并重视中西部的对外开放问题，发挥中西部在承接产业转移方面的优势，促进东中西部协调发展。

（二）扩大开放是保持我国经济可持续发展的关键

2020 年是我国“十三五”的最后一年，也是我国完成第一个百年奋斗目标的关键之年，要想如期完成奋斗目标，我们必须保证整个

"十三五"期间的平均年增长率不能低于 6.5%，2016 年和 2017 年我们已分别实现了 6.7% 和 6.9% 的实际增长率，从目前经济增长的前景分析，我国经济仍处于转型升级的关键阶段，同时我们也要看到，经济保持中高速增长仍面临众多困难，要想实现高质量发展仍需做出艰苦的努力，这一切必须引起我们的高度重视，而外资作为我国经济发展的重要因素是不容忽视的，如果外资持续下降，我国经济就将面临新的下行压力，所以我们只有通过构建良好的营商环境，放宽市场准入，扩大市场开放，吸引更多的外资参与我国的经济建设，才有利于保持我国经济持续稳定发展，相信我们通过努力一定可以改变目前我国在招商引资方面的被动局面，确保我国经济在转型升级中依然维持在中高速增长水平。

（三）扩大市场开放积极利用外资有利于经济转型升级，加快形成新的增长点

目前，外商投资的重点集中在服务业和高新技术领域，所以这次我国新公布的外商投资产业指导目录就结合了国际投资格局的变化，大胆地放开了服务业中的众多领域，包括部分高端制造业领域，同时还放开了部分产业投资的股比限制。这些新的开放政策必将对外资产生新的吸引力，而随着外资的进入必将推动部分服务业和高端制造业的快速发展，并形成我国经济新的增长点。

（四）扩大开放有利于我国更主动地参与国际竞争

当前，虽全球经济已进入复苏阶段，但经济增长的深层次矛盾依然复杂，国际竞争日趋激烈，贸易保护主义有所抬头，中国在国际多个场合一再强调坚定支持国际多边体制，反对贸易保护主义，并赢得了国际社会的普遍响应与支持。在此环境下，中国有必要身体力行，坚定地走开放型经济发展道路，此举不仅有利于加快我国经济自身的发展活力，保持经济健康稳定发展，同时也将有利于我国在国际竞争中获得主动地位，更有利于我国在国际事务中发挥更大的作用，进一步扩大我国在国际上的影响力。

二、我国招商引资面临着复杂的国际环境和挑战

第一，全球直接投资放缓对我国招商引资产生重大影响。

根据联合国贸发会发布的报告分析，2016 年，全球投资总规模预计约 1.75 万亿美元，是 2008 年全球金融危机爆发后增长最快的一年，但是由于受美欧经济复苏和美联储加息影响，以及低油价驱动，全球资本流入发达国家的比例大幅上升，高达 9360 亿美元，增长约 90%，美国再次成为最大的资本流入国，欧盟外资流入量在连续 3 年负增长后首次出现回升，与此同时，流入发展中国家的外资则仅增长 5%，为 7410 亿美元。由此可见，近年来发达国家在 FDI 资金流入和增速方面均占有绝对优势。

第二，美国优先的贸易保护主义政策对我国扩大引资也形成新的负面影响。美国总统特朗普强调的美国优先政策可简单地概括为买美国货，雇美国人，把解决贸易不平衡问题放在十分突出的位置，实行奖出限入政策，特别是特朗普抛出的减税方案，其影响力更是不可低估。此次税改方案的实施将对美国经济产生强烈的刺激作用，其可预期的影响有：一是刺激美国资本回流享受美国低税收政策，支撑美国经济进入持续增长阶段；二是方案一旦实施将对国际资本流动产生较大影响，甚至不排除个别国家为了提高对外资的吸引力，会竞相采取减税的方法，以进一步提升吸引国际资本的能力，国际资本市场这一新形势将对我国扩大招商引资带来一定

的冲击和影响。

第三，亚洲新兴国家凭借其劳动力竞争优势正在不断加大引资力度，并对我扩大引资形成新的挑战。国际金融危机爆发以来，东南亚国家由于在 1998 年经历了亚洲金融危机的冲击和影响，在金融领域方面抗风险的能力有了明显的改进和提高。所以，本轮经济危机对亚洲及东南亚国家整体破坏性较小，这些国家经过产业结构调整和升级，特别是通过扩大服务业市场开放，在制造业出口市场萎缩的同时，通过加快服务业发展形成了新的竞争优势。像原东盟五国成员的经济增长基本维持在较理想的水平，其重要原因之一就是，这些国家近几年来在招商引资方面一直保持着较高的增速，且在服务业方面又形成了新的竞争优势，此外东盟十国中的第二方阵，以越、老、柬为主的经济体，则正在依靠扩大市场开放，改善投资环境，坚持扩大招商引资，通过发展外向型经济形成了新的出口竞争优势。目前，中国无论在出口贸易方面还是在扩大招商引资方面，来自上述国家的竞争是十分明显的，需引起我国高度重视。

第四，我国东部沿海地区传统制造业竞争优势减弱，影响外商投资积极性。东部地区占我国利用外资总量的 85%，近年来，东部地区利用外资金额的增长主要体现在服务业方面。其制造业由于要素成本上升等传统优势的减弱，外商投资利润空间缩小，制造业投资回报率减少，与此同时，由于服务业开放进度滞后，导致部分外商不愿再向东部地区增资或投资。当然东部地区的投资存量已经较大，在国际经济下行周期中，大规模的增资也不太现实。此外，由于历史上东部地区的外资主要以制造业为主，鉴于目前国内制造业发展环境压力和成本压力较大，这也是影响外商投资积极性的重要因素。

第五，利用外资政策频繁调整产生不利影响。进入 21 世纪以来，随着我国经济的快速发展，产业竞争力和综合国力持续上升。随着外向型经济发展水平的不断提高，我国对招商引资政策采取了必要的调整措施，更加强调提高利用外资的质量和水平，严格限制“两高一资”产业的发展，利用外资策略由数量扩张型向质量效益型转变，要求跨国公司在国内设立研发中心，总体效果是积极的。但其间由于政策调整前后出现矛盾，也由于有些政策调整把握不当，导致大家对利用外资政策的大方向产生疑惑，在此应强调的是保持政策的稳定性和连续性是十分重要的。

第六，市场准入和外资国民待遇条件仍有待改善。党的十八大以来，我国在扩大开放方面已实行了一系列的积极举措，但相关领域开放的具体政策迟迟难以明确或政策透明度不够，难以操作。特别是部分垄断行业利用外资的阻力还比较大，而且在部分领域，外商投资的国民待遇问题也对外商投资的积极性产生负面影响，尤其是在部分产业的投资股比限制方面，以及在高新技术领域和产品研发等方面，还有些技术操作问题有待解决。目前，外商投资企业的兴趣恰恰集中在服务业和高新技术领域的合资合作内容方面，所以转变观念、寻求新的开放突破是利用外资打破僵局的关键一环。

三、关于扩大市场开放做好招商引资工作的几点建议

（一）要充分认识现阶段做好招商引资工作的重要性

外资在我国的国民经济发展中至今仍发挥着重要作用，不仅在就业、税收方面占有重要比例，而且在中高端制造业、先进技术的市场份额方面仍发挥着重要影响，所以外资数量的增减涉及国民经济的稳定发展，关乎

外贸出口的增长变化。从我国利用外资规模同世界主要国家相比，目前我国人均吸引外商投资仅 50 美元左右，与世界人均 110 美元和发达国家人均 534 美元的水平相比，仍差距甚远。因此，我国仍有条件保持外资的持续增长。甚至在相当长的时间内，也可以说是在中国崛起的全过程，我国积极、主动、有效利用外资的政策仍不应改变，现阶段来看，有必要采取一些积极有效措施，保持利用外资的稳定增长。

（二）要加快营造有利于内外资公平竞争的市场环境

良好的营商环境主要是指市场应具有公开透明、公平法治的基本特征，关键要保证内外资企业各项政策的统一性，即要做到完全的国民待遇。首先要有完善的法律法规，要有公开透明、公平法治的保障机制，所以从现阶段看，实现外资三法合一的条件已经成熟，应尽快完成三法的合并修改程序，力争早日公布实施，该法对维护外企国民待遇权益、稳定外企预期仍是十分重要的。此外，要针对国内实行的众多产业政策，特别是各主管部门颁布的行业准入的规章制度，认真核对修改，符合国际通行的有关做法，全面落实外商投资企业的国民待遇。同时，要通过进一步推进市场化改革，引入竞争机制，规范市场竞争行为，加强对知识产权的保护，促进垄断性行业的改革，创造公平、公正的市场竞争环境，以良好的投资环境扩大吸引外资的力度。

（三）要采取积极有效措施引导外资流向

鉴于目前我国东部和中西部地区经济发展的不平衡格局，我国对东部和中西部的外资促进政策应有所区分，东部地区应更加注重服务业利用外资，适当开放具有投资价值的服务领域，积极稳妥扩大金融、证券、保险等各类服务业的对外开放；中西部地区仍需注重制造业利用外资，全面放开一般制造业外资准入条件，尽快出台更加开放的中西部地区产业投资指导目录，鼓励中西部有条件的地区建立产业转移承接基地，并确保在土地和政策方面提供必要的倾斜，确保见到实效。

（四）要进一步改善投资的软环境

落实外商投资登记制。目前，我国对部分领域是否继续鼓励外资进入仍存在分歧，需统一思想，形成共识，确立新形势下保持利用外资稳定增长的战略思维。创造条件不断缩短负面清单，同时要高度重视改善投资的软环境，即在外商落户、办理手续等方面提高服务意识，加快政府职能的转变，落实投资便利化措施，使外商在各项业务中都能感受到周到的服务及公平的竞争环境。

（五）要加快研究出台利用外资的新政策

面对当前国际资本市场复杂的竞争格局，我们有必要进一步加大招商引资的力度，特别是要加快研究和制定鼓励战略性新兴产业、节能环保产业、现代服务业、现代农业等与我国转变发展方式相适应的产业引资政策。要加快研究我国高端制造业的开放政策，鼓励投资领域及新型利用外资方式，多途径、多渠道推动新兴产业的国际合作。要进一步开放重点产业和机械制造业外商参与兼并收购的政策，解决好外商投资企业的国民待遇问题，确保外商投资企业享受国内相关技术创新和研发的特殊支持政策。

当前，发展中国家都在不断地加大实施招商引资的优惠政策，使我国利用外资面临激烈竞争，我们必须果断采取利用外资的积极促进政策，将扩大利用外资同我国转变经济发展方式和提高产业竞争力有机地结合起来，长期保持和巩固中国在国际市场上的竞争力和影响力。

2018 年是我国改革开放 40 周年，我国的发展变化得益于党的十一届三中全会实行了对内改革和对外开放的积极政策，所以我们在改革开放的认识上是高度一致的。特别是党的十九大以后，以习近平同志为核心的党中央，高度重视构建全面开放新格局建设，已经作出了全面的顶层设计安排，相信我国定将掀起新一轮的改革开放进程，把我国的现代化建设推向一个新的高潮。

（作者系中国世贸组织研究会副会长）

入世对中国的意义

张燕生

2018年是我国改革开放40周年。40年可谓弹指一挥间。在过去的40年里，中国面对着体制从计划经济转向市场经济、发展从低收入国家转向中高收入国家、结构从封闭型经济转向开放型经济的历史性变革。习近平总书记提出，改革开放这场中国的第二次革命，不仅深刻改变了中国，也深刻影响了世界。中国已经成为世界第二大经济体、第一大工业国、第一大货物贸易国、第一大外汇储备国。40年来，按照可比价格计算，中国GDP年均增长约9.5%；以美元计算，中国对外贸易额年均增长14.5%。中国人民生活从短缺走向充裕、从贫困走向小康，现行联合国标准下的7亿多贫困人口成功脱贫，占同期全球减贫人口总数的70%以上。中国在对外开放中展现大国担当，从“引进来”到“走出去”，从加入世界贸易组织到共建“一带一路”，为应对亚洲金融危机和国际金融危机做出重大贡献，连续多年对世界经济增长贡献率超过30%，成为世界经济增长的主要稳定器和动力源。

一、对外开放 40 年：弹指一挥间

习近平总书记在总结改革开放 40 年发展经验和教训时指出，人类社会发展的历史告诉我们，开放带来进步，封闭必然落后。中国开放的大门不会关闭，只会越开越大！这是对中华民族近现代历史的集体记忆和惨痛教训的深刻总结。历史上我国绝大多数时期采取的都是对外开放的政策，由此创造了人类历史上唯一没有中断的开放包容的灿烂的中华文明。即使在明清王朝时期，采取海禁等闭关锁国的政策也仅仅是历史上的一个片段。然而，这个片段恰恰发生在 15、16 世纪，西欧发生第一次工业革命前夕的重要时期。加上其他复杂的政治经济社会原因，最终导致 17、18 世纪，西欧进入第一个工业化和现代化进程，世界经济政治文化格局发生前所未有的历史性大变革，中国却缺席了。从 19 世纪中叶到新中国成立之前，西方用鸦片贸易和炮舰政策撕开了中国的大门，一步一步将中国经济推向被动开放、落后挨打的困境。

表 1 中国和西欧 29 国经济的比较

年份	人口（百万）			人均 GDP（1990 国际元）			GDP（1990 亿国际元）		
	中国	西欧	欧 / 中	中国	西欧	欧 / 中	中国	西欧	欧 / 中
公元 1	59.6	24.7	0.414	450	450	1	268	111	0.414
1000	59	25.4	0.430	450	400	0.889	266	102	0.383
1300	100	58.4	0.584	600	593	0.988	600	346	0.577
1400	72	41.5	0.576	600	676	1.127	432	281	0.650
1500	103	57.3	0.556	600	771	1.285	618	442	0.715
1820	381	133	0.349	600	1204	2.007	2286	1601	0.700
1913	437	261	0.597	552	3458	6.264	2413	9023	3.739
1950	546.8	304.9	0.558	439	4579	10.430	2399	13962	5.820
2001	1275.4	392.1	0.307	3583	19256	5.374	45698	75503	1.652

资料来源：安格斯·麦迪森《世界经济千年统计》，北京大学出版社2009年版。

从表1中国和西欧29国的历史比较可以看到几个关键性节点的变化：一是15、16世纪，西欧进入前工业化和现代化时期，也就是地理大发现和大航海时代，引发了西欧进入商业资本主义时期。这也是西欧29国的人均GDP超过中国的时期。二是1820年，第一次工业革命先后将西欧29国带入第一次现代化，西欧人均GDP是中国的2倍，GDP是中国的70%。然后，从此以后，西欧经济增长进入加速度增长阶段，而中国人均GDP的增长速度却开始负增长。三是1913年，这是人类社会所经历的第一次经济全球化的尾期，西欧29国的人均GDP是中国的6倍，GDP是中国的3.7倍。四是1950年，新中国成立之初，西欧29国的人均GDP是中国的10.4倍，GDP是中国的5.8倍。五是2001年，中国加入世界贸易组织的那一年，西欧29国的人均GDP从中国的10倍下降到5倍，西欧29国的GDP从中国的5.8倍减少到1.6倍。2015年，国际货币基金组织发表正式报告说，按照购买力平价计算，中国2014年的经济规模已经超过美国，成为世界第一经济大国[1]。

习近平总书记还指出，中国40年改革开放给人们提供了许多弥足珍贵的启示，其中最重要的一条就是，一个国家、一个民族要振兴，就必须在历史前进的逻辑中前进、在时代发展的潮流中发展。“把握历史规律，认清世界大势”，是我国对外开放取得巨大成功的重要经验之一。在近现

[1] 按照市场汇率计算，2015年欧盟28国的GDP为14.72万亿欧元，中国为9.75万亿欧元，美国16.64万亿欧元。见《中国—欧盟经济关系2025：共建未来》，布鲁盖尔研究所，英国皇家国际事务研究所，中国国际经济交流中心，香港中文大学刘佐德全球经济及金融研究所，2017年。

代历史上，我们一共经历了三次全球性的开放期。历史实践证明，开放期往往是重要的战略机遇期，谁搭上开放期的世界经济增长的快车道，谁就更容易实现经济腾飞和快速崛起。如美国和德国把握住 1870 —1913 年开放期的重要战略机遇，成功实现由弱而强的崛起。[1]日本和东亚四小龙把握住 1950 —1973 年开放期的重要战略机遇，也同样实现了经济腾飞和快速崛起。然而，这两次历史性的重要发展机遇期我们没有把握住，使得长期是世界上最强大的中国，一步一步地落后了。改革开放使我们赢得了第三次开放期的重要战略机遇，中国开始回归到世界经济格局中应有的位置。从历史规律和世界大势的视野观察中华民族的复兴之路，尤其是对外开放在其中发挥的重要影响，具有重要的意义。经济合作与发展组织原秘书长 Angel Gurria 曾经说过："当历史学家回顾我们所处的时代时，可能会发现几乎没有任何国家的经济发展可以像中国的崛起那样引人注目。可是，当他们进一步放开历史视野时，他们将看到那不是一个崛起，而是一个复兴。"

表 2　中国和日本、印度按购买力平价衡量的人均 GDP 比较（国际元）

时间	中国	印度	印度 / 中国	日本	日本 / 中国
1820	600	533	0.888	669	1.115
1870	530	533	1.006	737	1.391
1890	545	584	1.099	1012	1.874
1900	545	599	1.099	1180	2.165
1913	552	673	1.219	1387	2.513
1929	562	728	1.295	2026	3.605
1938	562	668	1.189	2449	4.358

[1] 这个时期发生了第二次产业革命，把握住内燃机、电动机等重大产业和技术进步机遇，也是美国和德国实现经济腾飞和快速崛起的重要原因之一。参阅刘易斯《增长与波动》，华夏出版社 1987 年版。

续表

1950	439	619	1.410	1921	4.376
1960	673	753	1.119	3986	5.923
1970	783	868	1.109	9714	12.406
1978	979	966	0.987	12585	12.855
1992	2098	1341	0.639	19430	9.261
2001	3583	1957	0.546	20683	5.772

资料来源：安格斯·麦迪森《世界经济千年统计》，北京大学出版社2009年版。

从表2，中国与印度、日本两个亚洲大国按购买力平价计算的人均GDP的比较可以看到：一是1820年，中国和印度、日本基本上在同一个起跑线上，印度和日本的人均GDP分别是中国的89%和111%。二是1870年，世界经济进入自由贸易和创立国际金本位制度的时期，中国却经历了两次鸦片战争。印度和日本的人均GDP分别是中国的101%和139%，都超过了中国。三是1913年，人类社会第一次基于西方规则的经济全球化终结之时，印度和日本的人均GDP分别是中国的122%和251%，人均GDP差距开始拉开。四是1950年，新中国成立、印度独立自主、日本战败重建，印度和日本的人均GDP分别是中国的141%和438%。五是1978年，中国改革开放，印度和日本的人均GDP分别是中国的99%和13倍。六是2001年，中国加入世界贸易组织这一年，印度和日本的人均GDP分别是中国的55%和5.7倍。2017年，按市场汇率计算，印度和日本的人均GDP分别是中国的22%和4倍左右。从中可以看到，旧中国被迫对外开放，经济长期陷入衰退和停滞。新中国对外开放40年，中国进入高速增长和高质量发展阶段。

表 3　1980—2001 年我国出口额占世界出口总额的比重位次（亿美元）

时间	世界出口额	中国出口额	中国出口 / 世界出口额	中国在世界出口的位次
1980	19906	181	0.9	26
1985	19277	274	1.4	17
1990	34700	621	1.8	15
1995	50200	1488	3.0	11
2000	62201	2497	4.0	7
2001	61624	2661	4.3	6

资料来源：中国海关统计及相关资料。

习近平总书记指出，40 年来的上下求索，中国人民坚持立足国情、放眼世界，既强调独立自主、自力更生又注重对外开放、合作共赢，既坚持社会主义制度又坚持社会主义市场经济改革方向，既“摸着石头过河”又加强顶层设计，成功开辟出一条中国特色社会主义道路。回顾过去 40 年，我国对外开放首先是从“三来一补”起步的，逐步形成了两种不同的发展模式。一是“领孩子”模式，主要是通过与台、港、澳企业和外商投资企业合作，参与国际工序分工或产品内分工，发展加工贸易的“代工”模式。另一种是“养孩子”模式，主要通过培育民营企业、草根经济和中小企业，凭借要素禀赋的比较优势参与国际产业分工，发展一般贸易的自主模式。在加入 WTO 之前的一个较长时期，我国加工贸易积累了巨额的贸易顺差，而一般贸易则保持着贸易逆差。其次，我国实行了“奖出限入”的对外贸易政策，并采取了出口导向战略和进口替代措施。在出口贸易方面，长期奉行出口鼓励政策，出口创汇被定为最重要的绩效指标。1992 年是对外开放的重要转折点。尤其是党的十四大确立社会主义市场经济改革目标后，对外贸易从“互通有无、调剂余缺”转向充分利用国际国内两个市场、两种资源，参与国际交换与竞争。如取消了汇率双轨制，实行以市场供求为基础的、单一的、有管理的人民币浮动汇率制度，实行外汇收入结汇制，解决了进出口企业购汇结汇难的问题。表 3 数据表明，我国出口额占世界出口额的位次，从改革开放之初的第 26 位上升至 2001 年的第 6 位。再次，招商引资成为我国扩大对外开放的重要手段之一。20 世纪 90 年代初期，外资企业出口额占我国出口比重的 16.75%。到 21 世纪初期，外资企业出口占我国出口商品比重已超过一半，达到 52%。鼓励出口和招商引资双轮驱动的外向型经济，一方面赚取了当时最短缺的外汇收入和资本流入，另一方面也通过对外贸易和招商引资，在计划经济的国内市场与市场经济的国际市场之间搭架了一座重要的体制对接桥梁，引入了外来竞争压力，启动了“干中学”过程，促进了我国经济体制转型。

二、加入 WTO 是我国对外开放的重大战略举措

中国在 1986 年 7 月正式向关贸总协定（GATT）递交了《中华人民共和国对外贸易制度备忘录》，提请恢复中国在 GATT 的创始缔约国地位。到 2001 年 12 月 11 日，正式加入 WTO，历时 15 年。这 15 年，既是我国社会主义市场经济体制初步建立的重要发展时期，也是我国对外开放进入攻坚克难的关键时期。

（一）我国发展处于重要的战略机遇期

20 世纪 90 年代以来的经济全球化进程，是我国作出加入 WTO 重大决策的国际环境。当时，对经济全球化影响有两个基本判断：

1. 经济全球化是我国经济和平发展的重大战略机遇期

经济全球化发展的推动力，包括开放驱动、市场机制驱动、创新驱动。开放驱动是经济全球化的基本特征。20 世纪 90 年代以来，在双边、多边开放协议和开放政策推动下，世界各国普遍采取了降低关税、取消非关税措施、扩大服务业准入、促进贸易投资便利化的措施，推动了国际交换、合作与竞争的蓬勃发展，积极参与经济全球化的国家和地区经济福利显著改善。市场化驱动是经济全球化的运行准则。20 世纪 90 年代以来，无论是西方发达国家、转轨国家还是发展中国家都普遍推进并不断深化市场化改革。由主张国家干预的凯恩斯主义转向新自由主义；由推行高度集中的计划经济转向市场化改革；由实施进口替代工业化发展战略转向出口导向，推动了世界经济快速增长。创新驱动是经济全球化前进动力。20 世纪 90 年代以来，开放和市场化改革释放的全球化红利，大大加快了全球知识积累、技术创新和人力资本投资成果的全球模仿和扩散，显著缩小了发展绩效的国际差距，提升了科技进步和生产率增长对经济增长的贡献。

2. 经济全球化往往是各种复杂矛盾和风险的凸现期

在历史上，经济全球化总是伴随着国际政治经济军事的矛盾冲突和银行货币危机。第一次经济全球化（1870 —1913）就是由于守成大国与新兴大国之间矛盾激化，最后引发了两次世界大战 。虽然国际社会从第一次经济全球化终结的教训中，学到如何经营好世界和平和发展，避免了第三次世界大战的爆发。但经济全球化仍伴随着高频率爆发的世界经济危机、银行危机和货币危机。如 20 世纪 60 年代后期的越南战争，以及 20 世纪 70 年代初期引发的美元危机、滞胀和石油危机，直接导致布雷顿森林体系破产和世界开放进程被迫中断。[1] 1990 年，在全球市场化改革和开放浪潮的推动下，世界经济再次进入经济全球化发展时期。

不容置疑，现代经济全球化的发展，无论在深度广度还是在发展速度上，都超过了历史上的任何一个时期。然而，经济全球化造就了相互依赖的"地球村"，却没有建立起合理有效的全球治理机制。尤其是当全球化开始步入金融市场一体化阶段时，开放的系统性风险迅速上升，这对快速崛起中的我国经济带来了更大的不确定性影响。一方面，世界各地的股市、债市、期市、汇市，以及汇率、利率、资产价格、大宗商品价格之间呈现出越来越明显的相关性和趋同性，对我国经济可能带来更大的内外冲击。另一方面，世界各种错综复杂的风险裸露和传递渠道经过一体化和全球化机制迅速地加以放大和扩散，对我国经济可能带来更大的风险。[2]

即便如此，我国依然把加入 WTO，积极参与经济全球化，融入世界经济体系，作为提升参与国际交换和国际竞争的层次和档次，完善社会主义市场经济体制和机制，大大缩小与世界主要发达国家差距的一项重大战略决策。从这个角度看，扩大对外开放的本质是全面深化改革。正是由于我国把加入 WTO 作为积极参与全球化融入世界经济体系的重大战略举措，作为经济体制机制与国际通行规则接轨的强大推动力，作为提升产业和企业国际竞争力的外来竞争压力，才取得了显著的发展业绩。

---

[1] 国内外学者比较一致认同的，是人类社会第一次经济全球化发生在 1870—1913 年。争论最大的是第二次，即 1950—1973 年是社会主义和资本主义两大世界经济阵营相互隔离和对立的时期。第三次则是 1990 年以来的现代经济全球化时期。

[2] 同样，移动电话和互联网的迅猛发展，在大大改变人们的生产和生活方式的同时，也会由于技术标准一体化和同质化，增大了非传统安全风险。地震、海啸、核扩散、局部战争等不可预见性风险也同样迅速影响到全球，然而国际社会对日本大地震所表现出来的"一家有难，大家支援"的互助精神，也传递出"地球村"积极向上的信息。

与此相比，英国当年凭借第一次工业革命的技术和产业优势，推动了人类社会第一次基于西方规则的经济全球化。[1]然而，由于英国当时过度注重海外投资和扩张，忽视了对第二次产业革命的新型技术和产业投资，从而出现产业空心化和由盛而衰。同样，美国推动了二次世界大战后的经济全球化。1950—1973年经历了两次石油危机、布雷顿森林体系破产和全球经济滞涨；1990—2008年经历了国际金融危机，美国综合国力和产业竞争力显著下降。为什么英国有52%的投票人支持脱欧，美国选民会把主张贸易保护主义的特朗普选上台，其真正的原因不能归因于经济全球化，而应归因于全球化时代英、美没有解决好本国的贫富差距问题，没有解决好开放过程中就业和产业结构适应性调整问题，没有解决好全球经济治理改革问题。

（二）当年对加入WTO利弊影响的认识

我国加入WTO可能承受的利弊影响，是当时争论最大的问题。[2]

其"利"，从扩大对外开放角度看，加入WTO之前，我国扩大出口和招商引资，通过引入我国发展所需要的优质资源和要素，已经解决了资本和外汇短缺的制约；通过引入外来竞争压力，大大促进了市场经济因素

[1] 英国1842年开始废除制成品出口税并降低进口税，到1860年实现了自由贸易，但1913年以后又恢复贸易保护轨道。1860年科布登—谢瓦利埃条约签订后，欧洲国家开始相互间提供最惠国待遇和进口关税减让，但1880年以后，德、法、意、俄等国对农产品和制成品实行了保护性关税。1890年以后，贸易条约体系形成双重关税，即非条约国进口征收高关税，条约国享有低关税，到1913年整个欧洲向贸易保护回归。在此期间，美国一直在贸易保护和自由化之间摇摆，一项研究表明，1879—1904年美国工业的保护增长低于公认水平，但1879—1889年棉纺织业受到更大保护。参阅肯伍德等：《国际经济的成长》，经济科学出版社，1996年版。

[2] 当时我曾完成了一篇对加入WTO利弊影响的报告，按照GDP的创造和转移效应、就业的创造和转移效应、国际收支的创造和转移效应、主要产业的创造和转移效应展开实证分析。其结果受到有关方面的重视。

的快速成长。下一步通过加入 WTO，可以进一步扩大对外开放，加快我国“干中学”进程，赶上世界知识和技术进步的速率，开 13 亿中国人发展市场经济、国际化和现代化的“窍”的一项重大战略决策。

从扩大经济体制改革角度看，我国执行改革开放战略以来，一直实施的是放权、让利、减税、轻费，培育市场经济因素的渐进式改革路径。1992 年，我国进一步明确了改革开放的大方向是建设社会主义市场经济体制，并据此构建了以市场为基础的经济体制框架。加入 WTO，是进一步加快我国社会主义市场经济体制的完善和规范的一项重要战略决策。其中，1986 年正式提出加入 GATT/WTO 的申请到 2001 年 12 月正式加入的 15 年，正是我国经济体制逐步与国际通行的市场经济规则接轨的过程。

其“弊”，当时主要认为是“狼来了”。担心我国弱势产业很难承受外来竞争压力的冲击，如农业、汽车、金融服务业等，将在一个相当长的时期内难以形成国际竞争力；担心加入 WTO 后可能带来外来冲击，将造成大面积的企业破产、转产、停产，工人大量失业，可能将激化各种社会矛盾；担心世界大跨国公司的大量进入可能形成对国内资源、市场、技术和产业的全面控制、成长压制；担心国内有限的高端人才将大量流失。

然而，事实证明我国的弱势产业并非不堪一击。在加入 WTO 以后，我国的农业、汽车、金融服务业等弱势行业不仅没有出现预想的破产潮，反而是赢得更强的产业竞争力。同时，我国政治、经济、社会、文化等各方面的发展都上了一个大台阶。从 2003 年到 2012 年的 10 年（见表 4），按照市场汇率计算，中国的 GDP 从 1.64 万亿美元增加到 8.23 万亿美元，净增加 6.59 万亿美元。同期美国的 GDP 从 11.09 万亿美元增加到 15.68 万亿美元，净增加 4.6 万亿美元。如果按照购买力平价计算，中国同期 GDP 从 4.12 万亿国际元增加到 12.47 万亿国际元，净增加 8.35 万亿国际元，美国净增加 4.6 万亿美元。很明显，中国加入 WTO 后成为赢家。

表 4　2003—2012 年按美元汇率计算的 GDP

（单位：万亿美元）										
	2003	2004	2005	2006	2007	2008	2009	2010	2011	2012
世界	37.59	42.29	45.73	49.54	55.88	61.34	58.08	63.41	70.37	71.67
美国	11.09	11.80	12.56	13.31	13.96	14.22	13.90	14.42	14.99	15.68
中国	1.64	1.93	2.26	2.71	3.49	4.52	4.99	5.93	7.32	8.23
巴西	0.55	0.66	0.88	1.09	1.37	1.65	1.62	2.14	2.48	2.25
印度	0.62	0.72	0.83	0.95	1.24	1.22	1.37	1.71	1.87	1.84
俄罗斯	0.43	0.59	0.76	0.99	1.30	1.66	1.22	1.52	1.90	2.01

资料来源：世界银行 WDI 数据库。

（三）对我国加入 WTO 的回顾和反思

从加入 WTO 的经验总结角度来看，有三个方面值得提及。

一是用开放促改革和发展，同时用进一步深化改革和发展来扩大开放的互动模式，是加入 WTO 之后取得如此显著的经济增长和社会发展效应的主要原因。在当时有一个争论，即加入 WTO 对我国经济和社会发展的贡献，是开放的推动力更大一些还是改革更大一些。我们的一项研究说明，加入 WTO 以前（1994 年为基期），我国的贸易自由化程度就高于日本，略低于美国。所以，在加入 WTO 之前，我国贸易的实际开放程度就远高于名义值。在加入 WTO 后，并没有出现人们普遍预期的“狼吃羊”剧烈外部冲击的场景。其原因是开放效应在加入 WTO 前已经预先释放了。那么，加入 WTO 后所带来的经济和社会进步是如何发生的呢？是在整个对外开放效应的基础上，我国经历了 15 年按照国际通行规则不断深化体制改革的过程，使得我国发展的体制软环境得以显著改善带来的。因此，当 2001 年美国 IT 泡沫经济破灭时，全球资本流入额从历史最高水平直线下跌了 53%，跌势一直保持到 2004 年。而同期，外商来华投资额却出现了持续直线上升。这个事实充分反映了全球投资者对中国加入 WTO 后前景的良好预期。

二是趋利避害、化压力为动力的积极应对策略。在当时，还有另一项争论，即真正的挑战和冲击是发生在过渡期内还是过渡期结束后。事实上，由于长期准备、积极应对和全民参与，无论是加入 WTO 后的过渡期内还是过渡期结束后，我国都没有经历到真正的挑战和冲击。然而，真正的挑战和冲击来自经济全球化的内在矛盾和风险，来自越来越复杂的中国经济与世界经济之间的关系和冲突，来自"中等收入陷阱"。这说明，使得我国加入 WTO 取得显著成长业绩的体制机制动态、系统、持续的改革效应一步都不能停，否则，就无法取得积极参与经济全球化、融入世界的长期效应，最终陷入全球化的矛盾和风险陷阱之中。

三是引入外来竞争压力和优质要素，形成"你中有我、我中有你"的混合经济形态，建立大国之间的共同利益机制。然而，我们没有预见到加入 WTO 后迅速增加的经常项目顺差和外储余额，形成巨量贬值的对外金融资产和升值的对外金融负债所导致的经济福利流失，及时转变贸易增长方式和外向型经济战略。当前，我国与世界主要国家之间的经济贸易摩擦，已经从传统的反倾销、反补贴、保障和特殊保障措施、技术壁垒进入到国内产业政策、人民币汇率、贸易不平衡、知识产权保护、自主创新、政府采购、国有经济部门等国内政策之间的交锋和较量。如何在扩大对外开放过程中，进一步促进经济体制机制与国际通行规则的同时，确保自主发展的时间和空间，是一个新挑战。

三、推进高水平开放、高标准改革和高质量发展

党的十九大报告明确提出，“中国共产党人的初心和使命，就是为中国人民谋幸福，为中华民族谋复兴”；“在全面建成小康社会的基础上，分两步走在 21 世纪中叶建成富强民主文明和谐美丽的社会主义现代化强国”。这是在 1987 年党的十三大提出的三步走战略，2012 年党的十八大提出两个一百年奋斗目标的基础上，进一步明确 2050 年建成社会主义现代化强国的宏伟目标（见表 5）。

第一个时间节点是 2020 年决胜全面建成小康社会。在统筹推进“五位一体”总体布局、协调推进“四个全面”战略布局的基础上，决胜三年，打好防范化解重大风险、精准脱贫、污染防治三大攻坚战。第一个一百年奋斗目标有望如期实现。然而，要进入创新型国家行列，实现科技进步贡献率提高到 60% 以上，知识密集型服务业增加值占国内生产总值的 20%。研究与试验发展（R&D）经费支出占国内生产总值比重达到 2.5% 的目标，还需要做出艰苦不懈的努力和创新进取的措施才可能实现。

第二个时间节点是 2035 年基本实现社会主义现代化。到那时，我国将跻身创新型国家前列；国家治理体系和治理能力现代化基本实现；国家文化软实力显著增强；全体人民共同富裕迈出坚实步伐；现代社会治理格局基本形成；生态环境根本好转，美丽中国目标基本实现。然而，提前 15 年基本实现社会主义现代化，还要做出艰苦卓绝的奋斗。

第三个时间节点是 2050 年把我国建成富强民主文明和谐美丽的社会主

义现代化强国。到那时，我国物质文明、政治文明、精神文明、社会文明、生态文明将全面提升，实现国家治理体系和治理能力现代化，成为综合国力和国际影响力领先的国家，全体人民共同富裕基本实现，我国人民将享有更加幸福安康的生活，中华民族将以更加昂扬的姿态屹立于世界民族之林。

表 5　现代化强国进程与经贸强国战略的比较

时间	现代化新征程	经贸强国战略	中国制造 2025	创新驱动战略
2020	全面建成小康	经贸大国	基本实现工业化	创新型国家
2035	基本实现现代化	基本建成经贸强国	制造强国中等	创新型国家前列
2050	成为现代化强国	全面建成经贸强国	制造强国前列	科技创新强国

资料来源：中国共产党第十九次全国代表大会报告及其他相关资料。

从经济贸易强国建设的进程看，也将有三个重要时间节点：

第一个时间节点是 2020 年夯实经贸大国的基础。2017 年底召开的中央经济工作会议提出，要在开放的范围和层次上进一步拓展，更要在开放的思想观念、结构布局、体制机制上进一步拓展。有序放宽市场准入，全面实行准入前国民待遇加负面清单管理模式，继续精简负面清单，抓紧完善外资相关法律，加强知识产权保护。促进贸易平衡，更加注重提升出口质量和附加值，积极扩大进口，下调部分产品进口关税。大力发展服务贸易。继续推进自由贸易试验区改革试点。有效引导支持对外投资。

第二个时间节点是 2035 年基本建成经贸强国。党的十九大报告提出，开放带来进步，封闭必然落后。中国开放的大门不会关闭，只会越开越大。要以“一带一路”建设为重点，坚持“引进来”和“走出去”并重，遵循共商共建共享原则，加强创新能力开放合作，形成陆海内外联动、东西双向互济的开放格局。拓展对外贸易，培育贸易新业态新模式，推进贸易强国建设。实行高水平的贸易和投资自由化便利化政策，全面实行准入前国民待遇加负面清单管理制度，大幅度放宽市场准入，扩大服务业对外开放，保护外商投资合法权益。凡是在我国境内注册的企业，都要一视同仁、平等对待。优化区域开放布局，加大西部开放力度。赋予自由贸易试验区更大改革自主权，探索建设自由贸易港。创新对外投资方式，促进国际产能合作，形成面向全球的贸易、投融资、生产、服务网络，加快培育国际经济合作和竞争新优势。

第三个时间节点是 2050 年全面建成经贸强国。届时，中国将建成全球负责任大国（完善国际经济秩序和规则体系、构建国际宏观政策协调机制、承担全球公共产品供给责任），全球开放型经济大国[1]，全球包容性发展大国。

（作者系国家发改委学术委员会秘书长）

[1] 国际经贸规则的制定权掌握在“大国”手中。“大国”不是人口多少或面积大小，也不是经济规模大小或人均收入高低，而是对世界经济的领导力和影响力大小。“大国”一般具有三种能力：一是全球市场的领导者或主导者。“大国”对全球市场有很强的合成议价能力，在全球市场上具有价格风向标和价格决定者的地位。如果不具有全球定价权，无论其在全球市场上所占份额有多大，也只能算成“小国”。二是全球经贸规则的领导者或主导者。“大国”对全球经贸规则拥有决定权或主导权，在规则谈判中，有举足轻重的控制力和影响力。如果一国经济规模很大，却没有全球经贸规则制定、修订的主导权和影响力，那么，也只能是个“大块头”的追随者和规则的接受者。三是全球经贸调整责任的承担者和领导者。当世界经济或国际市场上出现了大的周期性或结构性波动，就需要有“大国”出来承担调整失衡的责任，维持全球经济相对均衡和市场价格基本稳定。如果大国始终是顺周期的追随者和全球责任的推卸者，再大也是小国作用。

专项改革

社会保障改革 40 年的经验、问题与展望

郑秉文

今年是改革开放 40 周年。40 年来，在没有任何前人经验可资借鉴的条件下，中国改革开放是一项前无古人的伟大事业，取得了举世公认的伟大成就，同时，中国社会保障改革也成为人类历史上最大规模的制度创新。中国改革开放的成功与中国社会保障的改革成功是在一个逻辑下取得的，是在一个方法论指导下进行的，他们来自同一个圭臬。同样，中国改革开放与中国社会保障的现状和问题也源自同一个遵循。

基于这些基本判断，本文的任务是，在不断探索、不断前行、大胆试验、大胆突破的改革开放历史进程的回望中，对边干边学、且行且改、不断试错、不断完善的社会保障改革进行经验总结和客观归纳，对其历史和现状、体制和机制进行深入分析，对其潜在风险和隐性风口实施“穿透式”和“全景式”研究，为新时代勾画现代社会保障顶层设计再出发做出贡献。

一、社会保障40年的成就：艰难历程与辉煌成就

（一）改革开放40年社会保障相生相伴

1. 社会保障改革的缘起与动因

1978年党的十一届三中全会做出了改革开放和以经济建设为中心的历史抉择，经济体制改革从此开启，至今仍在路上。经济体制改革呼唤社会保障改革，社会保障改革适时跟进并“保障”经济体制改革，二者相生相伴，与时俱进，一路前行。从20世纪80年代中期地方试点开始算起，社会保障制度的改革与建立大约已有近40年的历史。例如，养老保险制度起源于1984年沿海发达地区推进合同工基本养老保险和固定工退休费用社会统筹，医疗保险制度的改革源自1984年卫生部和财政部联合提出对传统公费医疗制度进行改革，失业保险制度的建立发端于1986年实施的国营职业职工“待业保险”规定，生育保险制度的雏形来自1988年国务院颁布的女职工劳动保护规定。如果从20世纪90年代末各项社会保障制度走向全国统一开始算起，现代社会保障制度的正式建立大约只有20年的历史。例如，1997年国务院颁布的《关于建立统一的企业职工基本养老保险制度的决定》（国发〔1997〕26号）标志着全国统一的统账结合城镇企业职工基本养老保险制度正式建立；1998年国务院颁布的《关于建立城镇职工基本医疗保险制度的决定》（国发〔1998〕44号）意味着统账结合的城镇企业职工基本医疗保险制度在中国正式确立；1999年国务院颁布的《失业保险条例》（国务院令第258号）正式在全国范围内实施失业保险制度；1996年原劳动部发布《企业职工工伤保险试行办法》（劳部发〔1996〕266号），进而2003年国务院发布

的《工伤保险条例》(国务院令第 375 号)确立了工伤保险制度;1994 年原劳动部发布的《企业职工生育保险试行办法》(劳部发〔1994〕第 504 号)建立起生育保险。

2. 社会保障相伴相随的三阶段的主要特征

从上述发展脉络可以看到,社会保险制度的诞生与发展几乎与经济体制改革同步:从推进国企改革的必然产物,到成为发展社会主义市场经济的必要条件,再到后来成为在一定程度上防范诸多社会风险、缓和社会矛盾和维护社会稳定的社会安全网。对社会保障功能定位和重要作用的这三个定位描述,不仅可以鸟瞰经济体制改革不断深化与社会保险制度不断升级、相辅相成的互动关系,而且也看到其与社会保障建立以来三个阶段性发展特征大致相吻合:第一个十多年为第一阶段,它见证了国企改革的快速推进"催生"地方社会保险试点如雨后春笋,百花竞艳,社会保险的基层探索、模式比较与制度筛选成为这个初始阶段的主要特征;第二个十多年为第二阶段,它正值国企改革攻坚战时期,经济结构调整导致就业结构调整,1997 年亚洲金融危机给国内经济带来异常压力,中国政府面临自工业化以来最大规模的失业下岗潮。同时,各项社会保障制度开始走向制度统一,基金积累十分有限,加之需偿还历史债务,在这个阶段,提高制度自身的支付能力,实施"两个确保"和"三条保障线"成为矛盾焦点;第三个十年为第三阶段,它始终贯穿着两条改革主线。一条是各项社会保险制度迅速扩张,不断整合。由于公平性受到质疑等原因,社会保险政策的主要精力集中在扩大覆盖面、提高待遇水平、解决双轨制等方面,制度的普及性和认知度在这个阶段得到空前提高。另一条主线是社会保险两次承担起反周期重任,拉内需和促就业相继发挥作用,在 2008 年国际金融危机中果断推出"五缓四减",在 2016 年至今的供给侧结构性改革中持续降低社会保险费。

（二）社会保障取得主要成就的基本描述

40年来，中国的现代社会保障制度从无到有，从小到大，从弱到强，取得了长足发展和举世瞩目的成就。

1. 多层次社会保障体系雏形显现，社会安全网基本建立

从改革开放前单一的由企业提供的无所不包的“企业保险”向多层次网络化的“社会保障”转型，是一个系统工程，也是一项前所未有的艰巨任务。目前，作为民生主体工程的养老保障体系和医疗保障体系日益成为社会大众的安全网和稳定器，养老保障的第一支柱不断发展壮大，日益成熟，第二支柱企业年金初具规模，第三支柱商业养老保险试点即将启动。基本医疗保障体系不仅实现了全民覆盖，重要的是，多层次医疗保险网络建设日臻完善，目前已建立起由国家举办、企业举办和个人购买的三个层次、九个子系统的医疗保障体系：第一层次包括两个主体制度，即城镇职工基本医疗保险、城乡居民基本医疗保险，还包括三个延伸制度，即城乡居民大病保险、城镇职工大病保险、公务员医疗补助；第二层次包括两个制度，即税优政策支持的企业补充医疗保险和团体健康保险；第三层次包括两个制度，即个人税优型健康保险和普通健康保险。

2. 覆盖面不断扩大，成为世界最大的社会保障制度

城镇基本养老保险缴费人数从1997年的8671万人，增加到2016年底的27826万人；退休领取养老金的人数从2533万人，增加到10103万人，分别提高了3.2倍和4.0倍；城镇职工基本医疗保险覆盖人数从1998年的509万人，增加到2016年的29532万人，提高了58倍；失业保险覆盖人数从1999年的9852万人，提高到2016年的18089万人（包括农民工4659万人）；工伤保险从3960万人，提高到21889万人（包括农民工7510万人）；生育保险从3000万人，提高到18451万人。

3. 支出规模不断提高，成为最大的政府支出项目

社会保险基金总支出规模增长迅速，占GDP的比重在过去十几年时间里翻了一番。2004年，全年社会保险总支出仅为4131亿元，在当年13.65万亿GDP中仅占3.0%；2016年，全年社会保险总支出达4.36万亿元，在当年74.41万亿的GDP当中占5.9%。社会保险已成为中国最大的政府支出项目，在国计民生中占举足轻重的地位；中国国民从来没有像现在这样依赖社会保险，社会保险从来没有像现在这样深入人心并成为离老百姓最近的政府支出项目，也从来没有对保障基本民生发挥如此之大的重要作用。在人均GDP还处于8000美元的中等收入发展阶段的中国，在某些单项社会保险的支出中已超过某些中等发达国家的支出水平。

4. 基金储备规模不断扩大，抵御风险能力不断加强

中国社会保障基金储备逐年增长，最近20年进入稳定增长阶段，各项社会保险基金增速喜人，目前积累的规模已经十分可观，成为社会保障制度坚强的物质基础，抵抗风险能力得以极大提高：1999年五险基金滚存结余仅为999亿元，2016年高达65424万亿元（含城乡居民养老和居民基本医疗保险），增加到了65倍；作为战略储备的全国社保基金从2001年的200亿元扩大到2016年的2万亿，16年增加到了100倍；企业年金基金从2004年建立之初的493亿元提高到2017年底的1.24万亿，13年增加到了25倍。

二、社会保障 40 年的悖论：基本经验与主要问题

（一）社会保障 40 年的基本经验

1. 不忘初心，牢记使命，始终坚持以人民为中心和人民至上

社会保障事业是惠及亿万群众的民生工程，只有自觉坚持以人民为中心，人民至上，才能在短短的几十年里建立起发达国家需要上百年才能完成的社会安全网。无论是在 1997 年亚洲金融危机时期，还是在 2008 年国际金融危机时期，因为始终在党的领导下，心里装着群众，社会保障事业才克服重重困难，为经济发展和保障民生做出巨大贡献。不忘初心，牢记使命，人民至上，作为社会保障事业的遵循和宗旨，始终是党性和人民性完美统一的最高理想境界，始终是为民和执政的最高价值追求，始终是信仰与行动的最高奋斗目标。

2. 摸着石头过河，循序渐进，不断探索前行

在一个 13 亿多人口的大国实现经济现代化并迅速建立一个世界最大的社会保障制度，在人类历史上没有先例可循，注定要走一条属于自己的发展道路。在短短的 40 年里，人均财富增长几十倍，财富总量增长几百倍，一代中国人经历和跨越了发达国家几代人的财富增长阶段，建立与之配套的社会保障制度存在诸多意想不到的困难，世界上没有现成的模式可用，也没有固定的经验可循，只能在“连续试错”的过程中不断探索，大胆实践。实践证明，从站起来到富起来，从富起来到强起来历史性巨变过程中，让全体人民同步分享国民经济飞跃发展的伟大成果，亲身感受社会保障制度从无到有、从小到大的国家文明进步，只能边干边学，只能摸着石头过河。

3. 发挥中央和地方两个积极性，实施“央地共管”模式

中国社会保障制度从诞生之日起实行的就是“央地共管”模式，后来在 2000 年正式被确定为“国家统一决策与分级管理相结合”，即中央政府负责制定统一政策，地方政府负责基金的征缴与管理、待遇的发放与报销，所以，以县市级为统筹核算单位的管理体制始终是中国各项社会保障制度的主要特征。改革开放以来，经济高速增长，农民工数量规模激增，劳动力全国范围内流动，这在保证养老金足额发放、扩大覆盖面、社保关系转移接续等方面对社会保障提出的需求不断升级。在这样的环境压力下，统筹层次低下将基层政府的权利与义务紧密联系起来，对坐实地方政府的责任和调动地方政府积极性发挥了重要作用，使中国独有的中央和地方共管的社会保障制度特征发挥得淋漓尽致，各省之间由此形成横向竞争，最终成为驱动扩大覆盖面的决定性力量。社会保障肇始于基层地方试点，疾行于不同发展阶段，服务于经济社会发展；统筹层次低下缩短了决策链，使基层决策者保持信息对称性，直接面对现实需求，从而使社会保障制度获得了高效、准确的政策执行力和宏大、持久的制度动员力，最终使之成为世界上发展最快和规模最大的社会保障制度，为此，2016 年 11 月，中国政府在巴拿马荣获社会保障杰出成就奖。

4. 公共财政大规模介入，成为社会保障改革的坚强后盾

随着改革开放的不断深化，中国逐渐建立起具有中国特色的公共财政制度。在中国社会保障改革进程中，公共财政不遗余力，在惠民生和保发放中扮演了极为特殊的支撑作用。公共财政的大规模介入既是中国推进社会保障制度建设的一个制度性优势，也是中国构建社会保障体系的一个结构性特征。据不完全统计，在过去的 20 年里，仅财政对基本养老保险和医疗改革体制的投入就高达十几万亿元。尤其近 10 年来，全国各级财政

对医疗卫生的投入年均增幅达 20% 以上。作为社会保障的坚强后盾和重要组成部分，公共财政在特定历史条件下对缴费型计划和非缴费型计划发挥的作用具有不可替代性，甚至成为社会保障走向成功的一个必要条件。

（二）当前社会保障存在的主要问题

社会保障制度的建立与发展为改革开放初期国有企业的改革、为中国特色社会主义市场经济的发展与繁荣、为保障民生和拉动内需等，做出了巨大贡献。但是，在改革逐渐进入深水区的今天，初建社会保障时一些制度特征也逐渐显现出不适应性，亟待完善。

第一，顶层设计长期缺位导致制度设计存在的问题较多，一些制度目标未能如期实现。改革开放的成功与社会保障的发展得益于摸着石头过河，但同时也应看到，由于顶层设计始终缺位，由此积压的矛盾日益突出，导致一些预设的制度目标未能实现，有些改革试点不得不戛然而止，甚至有些制度不得不退出历史舞台。例如，2009 年退出历史舞台的“老农保”就是由于其制度设计与高速增长的经济不相适应，最终不得不由“新农保”予以代之，而“新农保”也存在一些同样的问题。再如，养老和医疗保险实行的均为统账结合模式，两个制度引入个人账户的制度目标均未实现，其中，城镇职工基本养老保险做实账户试点陷于窘境，绝大部分个人账户空账运行，且空账规模越来越大，从 2006 年的 1 万亿元激增到 2017 年的 6 万亿元（估算）。相反，城镇职工基本医疗保险个人账户积累逐年积累，基金规模不断膨胀，截至 2016 年底竟高达 5200 亿元，不仅没有得到有效利用，低下的利率形成较大福利损失，可持续性问题凸显。

第二，统筹层次低下派生出诸多矛盾，制度运行质量和财务可持续性受到极大影响。一方面，统筹层次低下成为迅速扩大覆盖面和确保基金征缴的“功臣”，另一方面，也为各项社会保险制度带来诸多矛盾和潜在风险。在建立之初，各项社会保险的统筹层次在制度设计上均为省级统筹，2010年颁布的《社会保险法》规定城镇职工基本养老保险统筹层次是全国统筹，其他四项社会保险的统筹层次再次确定为省级，但在20年后的今天，五项保险均未能实现其各自的制度目标，其统筹层次几乎完全停留在试点阶段的初始状态，即县市级统筹水平上，真正实现省级统筹的只有陕西省城镇职工基本养老保险制度。统筹层次低下导致制度严重碎片化，严重影响制度运行质量，增加制度运行成本，造成地区格局，派生很多其他问题：劳动力跨域流动受到影响，异地结算十分困难；基金规模小，资金运用效率低，不利于建立投资体制，减少制度收入；地区间财务可持续性出现严重失衡，“制度套利”现象严重，财政风险加大，等等。

第三，“多缴多得”的激励机制逐渐弱化，社会保险基金收支平衡面临严峻风险。从1991年建立基本养老保险开始，国务院提出的思路就非常明确，“改变养老保险完全由国家、企业包下来的办法，实行国家、企业、个人三方共同负担，职工个人也要缴纳一定的费用”，旨在调动个人积极性；随着社会主义市场经济的确立，1995年国务院正式明确养老保险的制度模式是“社会统筹与个人账户相结合”，旨在强调“权利与义务相对应”和“社会互济与自我保障相结合”。建立“激励相容”的社会保障制度是发达国家为之实施改革和不懈努力的一个方向，是应对人口老龄化的重要举措。但由于客观条件和制度设计等各种原因，社会保障建立多缴多得激励机制的目标始终未能实现，参保人和参保单位的道德风险致使个人账户存在流于形式，调整待遇的机制和做法让制度充斥负激励，“统账结合”的激励机制基本遗失殆尽，大锅饭的分配体制占主导地位。

第四，公共财政与社会保险的边界模糊，社会保险对财政依赖的趋势逐渐固化。一方面，公共财政大规模介入成为社会保障的坚实后盾，是中国特色社会保障制度的一个优势。另一方面，公共财政与社会保险的边界日益模糊，财政将有可能成为未来社会保险支出结构中的刚性第三支付方，在一个只有二三十年历史的社会保障制度中是极为少见的，这是因为，从人口老龄化来看，中国目前的老龄化程度只及欧洲发达国家第二次世界结束时的平均水平，但那时他们的财政并没有卷入基本养老保险制度之中，并没有作为刚性第三缴费方；从典型案例国家来看，加拿大从1966 年、美国从 1935 年建立基本养老保险制度至今，这两个制度遵循的制度目标始终是“精算平衡”，从未有任何财政补贴予以介入，且这两个国家的人口老龄化程度都高于中国；从缴费水平来看，制度建立之初的缴费率就是目前这么高，“中人”和“新人”已经承担了“老人”即当时已退休人员的养老金，而不像美国和加拿大等那样，他们建立的制度不负责“老人”，缴费率是随着“中人”逐渐进入退休群体而逐渐提高的，缴费率是一条向右上方上扬的曲线，几十年后待“中人”全部退休后，缴费率进入到稳态，成为一条平稳的向右直线，成为目标缴费率。这充分说明，过去 20 年财政的介入与支付“老人”养老金无关，而与制度的运行和管理有关。党的十八届三中全会首次提出要“坚持精算公平”，这为新时代社会保障改革和理顺公共财政与社会保险的关系指明了方向。

三、新时代新征程社会保障的改革取向

改革开放 40 年来，社会保障得到了长足发展，但上述存在的主要问题也显示出，在开启新时代、踏上新征程的重要时刻，中国社会保障改革

取向应遵循党的十九大精神的指引，按照党的十九大制定的战略部署，绘就社会保障改革的宏伟蓝图，统一认识，凝聚共识，从长远着眼，从现实出发，既应对五年的近期发展目标有所量化，也应对2035年的制度目标有所展望。

第一，要高度重视和解决社会保障高速度扩张向高质量发展的转型问题。如同中国经济正处于由高速增长阶段转向高质量发展阶段的攻关期，中国社会保障制度也正处于从高速度发展转向高质量发展的转型期，其具体政策含义有三：一是在扩大覆盖面上，应从简单追求扩面速度转向风险较高和最需要覆盖的法定参保人群，尤其是在失业和工伤保险的法定参保人群中，应增强制度弹性，把风险最高和最需要的人群覆盖进来，防止"人群错配"；基本养老保险的法定参保人群大约还有1亿没有参保，他们主要是新业态就业群体、灵活就业人员和以农民工为主体的中小企业从业人员，这三个群体是养老保险覆盖面需要解决的"最后一公里"。防止地方政府为了提高当前缴费收入，出现以违规的趸缴方式将不合格人员纳入进来的道德风险。二是在体制机制建设上，应从粗放式转向集约式管理，尽量减少"运动式"管理模式的运用，注重发挥制度建设的作用，在提高制度激励机制上下功夫，这不仅是吸纳上述"三个群体"参保的根本举措，也是在几亿已参保群体中遏制断保现象、提高遵缴率下降、从根本上解决财务可持续性的百年大计。三是在支出规模上，应从简单的扩充型向内涵的法治型管理转变，各项保险制度、福利制度和救助制度应尽快完善基准体系（替代率、报销比例、救助标准），推进依法行政，完善社会法治社会建设，坚决守住基准，坚持"保基本"的制度目标并要予以量化，便于执行，为大力发展第二、三层次的"多层次"保障体系创造良好、理性的空间。

第二，要高度重视和解决社会保障存在的不平衡不充分问题。如同我国社会主要矛盾已经发生转化那样，不平衡不充分的矛盾同样存在于社会保障上，当前主要表现有三：一是“多层次”社会保障制度在结构上不平衡，第一层次国家主办的制度发展迅速，占绝对主导地位，而第二层次企业补充保障制度很不充分，第三层次居民家庭和个人主要以银行存款为主，保障制度机制基本处于缺位状态。优化制度结构的目标是守住第一层次、大力发展第二层次、尽快建立第三层次；二是社会保障在国家与市场的关系上不平衡，在引入市场因素和市场机制方面不充分，从经办服务系统到支付方控费机制建设，从资产端的增值保值到服务端的养老服务业建设，从五险基金投资体系建设到医疗改革和公立医院的改革取向等，在重视国家作用的同时，不应忽视市场作用的发挥、引入和运用；三是在社会保障的制度设计、运行管理和改革取向等方面存在一些不平衡，运用需求管理的改革手段比较多，而供给管理的改革很不充分，其具体表现是考虑需求侧的因素较多，而考虑供给侧的因素较少。例如，在支出规模上，需求端的待遇调整容易受到重视，而供给端在结构和效率等方面的考虑容易受到忽视，基金的增值保值、经办服务系统能力建设和后台技术系统建设等方面显得不够充分重视。

第三，要高度重视顶层设计在供给侧结构性改革中的重要意义。习近平总书记指出，“摸着石头过河和加强顶层设计是辩证统一的”，党的十八届三中全会提出“加强顶层设计和摸着石头过河相结合”。摸着石头过河具有示范性和引导性的作用，而顶层设计则具有长期性和全面性的作用；及时将摸着石头过河的教训变成经验，并将摸着石头过河的经验推广到顶层设计，是尽快推进社会保障供给侧结构性改革的关键。从供给侧看，社会保障制度存在两个主要问题，他们互为前提，只有在顶层设计层面才能一揽子解决：一是解决缴费率过高的问题，这是社会保障存在的主要“软肋”。改革开放之初，建立社会保障的初衷是给企业减负，让企业成为真正的市场竞争主体，但面对新常态，过高的缴费水平增加了制度交易性成本，成为企业尤其是中小企业的重负。二是解决激励机制不足的问题，这是费率过高和制度可持续性较差的主要原因。党的十八届三中全会提出“完善个人账户制度，健全多缴多得激励机制，确保参保人权益”，这是降低费率和提高可持续性的根本性措施。只有实施结构性改革，增强缴费激励性，让所有参保人主动按实际工资真实缴费，在目前替代率保持不变的条件下才有实现降低名义缴费率的目标；只有按实际收入真实缴费才是提高制度收入能力的根本内在动力，以彻底解决制度的财务可持续性问题，实现供给侧结构性改革的目标。

第四，要高度重视“坚持精算平衡”在财务可持续性建设中的深远意义。党的十八届三中全会首次提出要“坚持精算公平”，这为新时代社会保障改革和理顺公共财政与社会保险的关系指明了方向。参考国际劳工组织的一些零散表述，“精算公平”有两层含义：其狭义理解是指一定时期内制度的收入率与成本率占参保人工资的比例应保持平衡，即追求的是缴费收入与待遇支出的年度平衡；其广义理解是指将人口变化、社会文化、经济发展、财政状况等各项因素考虑进来，统筹进行制度安排，采取精确的方式确保社会保险计划的目标与手段的一致性。显然，加拿大和美国等国追求的是狭义上的“精算平衡”，这就是他们至今未给基本养老保险制度任何财政转移支付的主要原因。如果我国选择广义上的“精算平衡”，财政的介入程度可根据人口老龄化和财政状况由决策者做出决定，这就首先需要对财政介入的原因和可行性进行分析，再对其介入的程度和必要性予以科学确认，然后再厘清二者的边界和制定财政介入的公式，并应以立法的形式固定下来，推进依法治国，其目的是为社会保险建立约束机制，以确保其财务可持续性。在重视公共财政常规性作用的同时，要高度重视社会保险的机制性作用，社会保险是社会保障的基础性制度，其财务可持续性的制度化建设是国民基本福祉的百年大计。

（作者系全国政协委员、中国社科院世界社保研究中心主任、深圳创新发展研究院资深研究员）

医疗服务体系和医疗保障制度发展40年

朱恒鹏

改革开放40年来，在医疗服务体系方面，最为突出的成就是医疗资源尤其是硬件资源快速增长，床位和设备保有水平接近发达经济体，医生数量稳步增长。医疗保障制度发展则取得了更大成就，一是实现了全民医保，且医疗保障水平稳步提高，为降低城乡居民医疗负担，有效防范因病致贫奠定了坚实的经济基础；二是初步建立了适应市场经济体制的医疗保障制度，“十二五”期间推进的城乡居民医保整合和医保异地结算，初步奠定了适应人口流动性的社会医疗保险制度，并为整合医保制度、提高统筹层次奠定了基础。

以上医疗供需两方面成就的取得，核心原因是政府财政投入力度的加大，尤其是2003年以后。当然，这得益于改革开放带来的经济高速发展。

一、卫生总费用、公共卫生投入及城乡居民医疗负担变化

归根结底，医疗服务体系和医疗保障制度均是为国民服务的，因此国民获得的医疗服务水平及其医疗负担水平，是衡量一国医疗服务和医疗保

障绩效的基本指标。由于具体形态的医疗服务种类繁多，难以一目了然地反映总体医疗服务水平，我们不得不用卫生总费用反映这个指标。尽管不够精准，但在一个较长的时期中，该指标的动态变化趋势还是能够大致反映医疗服务水平的变化趋势的。图 1 反映 1978 —2016 年各年度的卫生总费用及其占国内生产总值（GDP）的比重。

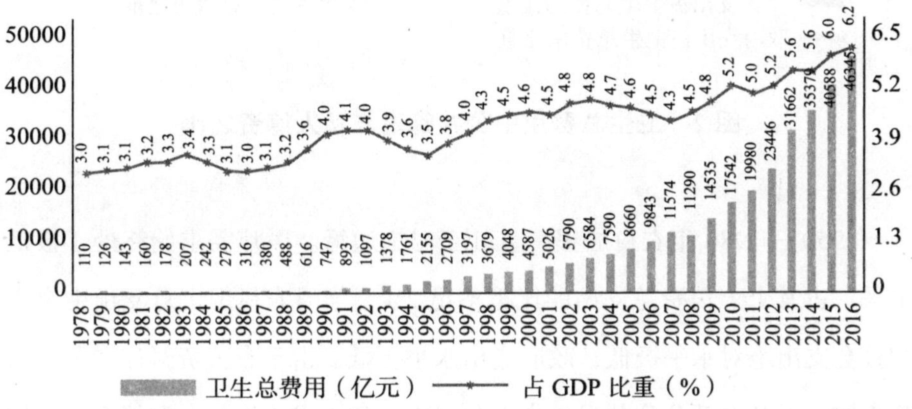

图 1　中国卫生总费用及其占 GDP 的比重

反映城乡居民医疗负担的通行指标，最常用的是卫生总费用中私人支出所占比重，图 2 给出了 1978 —2016 年这一指标的变化趋势，该图同时给出了政府、社会和个人支出的变化趋势。从图中可以看出，1987 年开始，政府支出占比开始下降，到 2000 年降至最低（15.5%）。对应的，从 1987 年开始，个人支出占比开始逐步提高，到 2001 年达到最高即 60.6%。

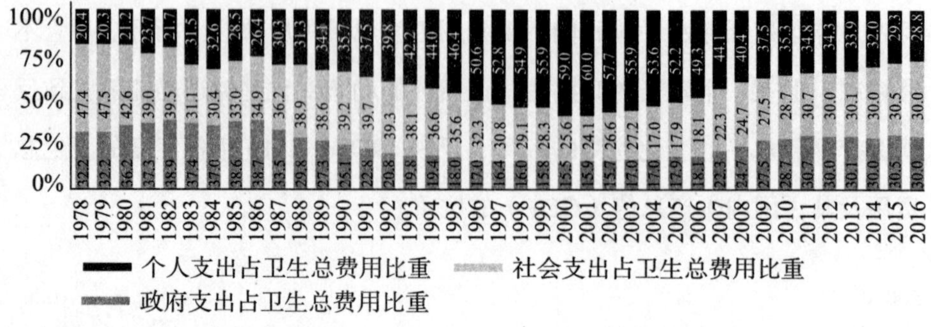

图 2 卫生总费用中公共筹资与私人筹资之比

1950—1980 年农村居民一直处于温饱边缘。医疗需求始终处于极低水平，占其个人消费总支出的比重不足 2%，当时农村卫生总支出中个人和社会支出绝对水平极低，政府支出水平更低。由于有公费医疗和劳保医疗支撑，以及大部分公共卫生支出和卫生行政支出（均包含在卫生总费用内）投入到城市，城镇地区卫生总费用中私人筹资比重低于 20%。因此，尽管农村居民私人支出占比很高，但由于占全国卫生总费用比重太低，即权重太低，从而使得全国平均私人支出比重刚刚超过 20%，这个平均数掩盖了农民高比例自费的事实。由此也就容易理解 1987—2001 年个人自费比率的逐年提高，原因在于改革开放引致城乡居民可支配收入水平逐年提高，包括医疗在内的各项消费水平均在提高，并且在收入水平跨越某个门槛后，出现消费转型，医疗消费增速超过收入增速，此期间农民医疗费用基本是全额自费，城镇居民个人自费比重也在上升，最终结果就是全国个人支出比率的提高。

换言之，个人支出比重在 1987—2001 年的逐年提高，不能说是政府放弃责任的结果，而是发展的自然结果。如图 3 所示，1978—1992 年政府卫生支出占财政总支出的比重基本是逐年上升的。该图显示，尽管政府卫生支出一直在增加，从 1992 年开始，这一支出占财政总支出的比重就开始下降，直到 2003 年才逆转。这 10 年正是中国经济艰难改革转型的 10 年，尤其是国企改革历经艰险，政府集中有限财力保障国企改革稳步推进，实际上也的确没有余力更多增加医疗卫生领域投入。

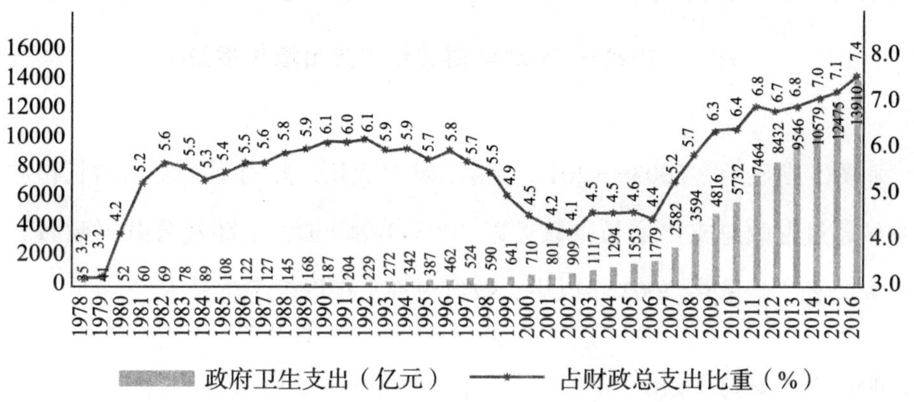

图 3　政府卫生预算支出及其占财政总支出的比重

图 4 展现得更为清晰，尽管 1992 —2003 年政府卫生支出、社会卫生支出[1]和公共卫生支出（政府卫生支出 + 社会卫生支出）的增长指数（均以 1991 年为 1）低于财政总支出的增长指数，但此期间政府卫生支出增速并未放缓，政府并未有意降低医疗卫生事业的财政投入，增速也未降低。占比下降的原因在于其他方面的财政支出增速提高，尤其是国企改革投入快速增加，还有公共财政教育投入高速增长，教育投入占比得以提高。在财政资金有限条件下，优先增加教育投入是发展中国家的正确选择。

[1]《中国统计年鉴》中的社会卫生支出包括民营医疗机构固定资产投资，我们剔除了这一部分。

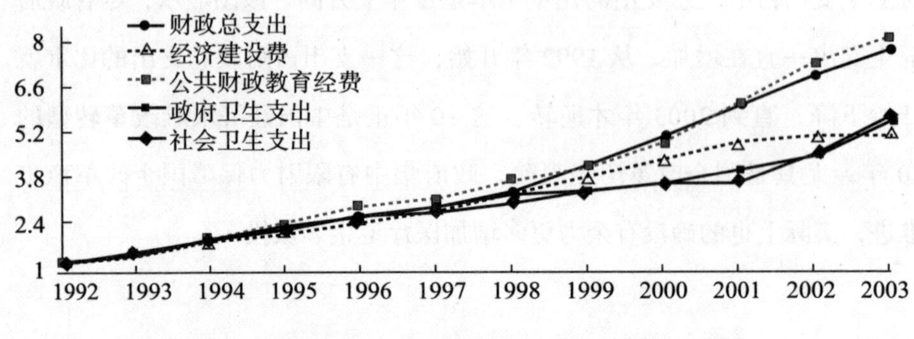

图 4　1992 —2003 年财政相关支出增长指数

图 5 则显示，2003 —2016 年情况发生变化，政府卫生支出增长指数明显超过财政总支出增长指数（以 2003 年为 1），也超过公共财政教育经费增速[1]。表明 2003 年以后，政府更加重视医疗卫生投入。

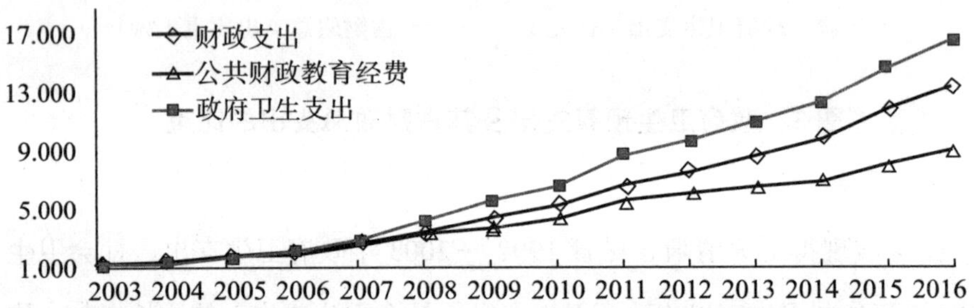

图 5　2003 —2016 年财政相关支出增长指数

表 1 中的数据更清楚地展现了 2003 —2016 年政府卫生支出、社会卫生支出和公共卫生支出的快速增长，最终的结果是公共卫生支出占卫生总费用的比重由 2003 年的 42.0% 上升到 2016 年的 67.4%。

[1] 财政支出口径发生变化，《中国统计年鉴》不再公布经济建设费支出。

表 1　2003 —2016 年公共卫生支出占卫生总费用比重

年份	财政支出	政府卫生支出	社会卫生支出	公共卫生支出	卫生总费用	公共卫生支出占卫生总费用比重
2003	24650	975	1789	2764	6584	42.0%
2004	28487	1112	2225	3322	7590	43.8%
2005	33930	1331	2586	3891	8660	44.9%
2006	40423	1522	3211	4664	9843	47.4%
2007	49781	2234	3894	6053	11574	52.3%
2008	62593	3169	5066	8132	11290	72.0%
2009	76300	4300	6154	10289	14535	70.8%
2010	89874	5145	7197	12185	17542	69.5%
2011	109248	6770	8416	15004	19980	75.1%
2012	125953	7619	10031	17403	24346	71.5%
2013	140212	8641	11394	19718	31662	62.3%
2014	151786	9684	13438	22651	35379	64.0%
2015	175878	11640	16507	27333	40588	67.3%
2016	187841	13156	19097	31250	46345	67.4%

注：①表中数据来自《中国统计年鉴 2017 年》，表中费用数据的单位统一为亿元；②公共卫生支出 = 政府卫生支出 + 社会卫生支出，和《中国统计年鉴 2017 年》中数据的不同之处在于，我们从年鉴数据中剔除了计划生育支出和民营医疗机构固定资产投资。

不过，2003 —2016 年高速增长的公共卫生投入并未能有效降低城乡居民（包括城镇职工）的医疗负担，不管是自负医疗费用绝对额，还是占家庭可支配收入和消费支出比重，都在加重。

世界银行的长期研究表明，和其他指标相比，家计调查中的家庭医疗保健支出，是关于居民家庭医疗负担的最准确反映。图 6 中数据是根据国家统计局的入户家计调查数据计算得来的，数据来自《中国统计年鉴》2003—2017年。图中数据显示，2000—2016年，不管是占可支配收入比重，还是占总消费支出比重，农村居民医疗负担一直呈上升趋势，由1985年占可支配收入的1%逐年上升到2016年的7.5%。城镇居民的自费医疗保健负担，1990—2005年呈稳定上升趋势，占可支配收入的比重由1.7%上升到5.7%；从2006年开始下降，由2005年的5.7%下降到2013

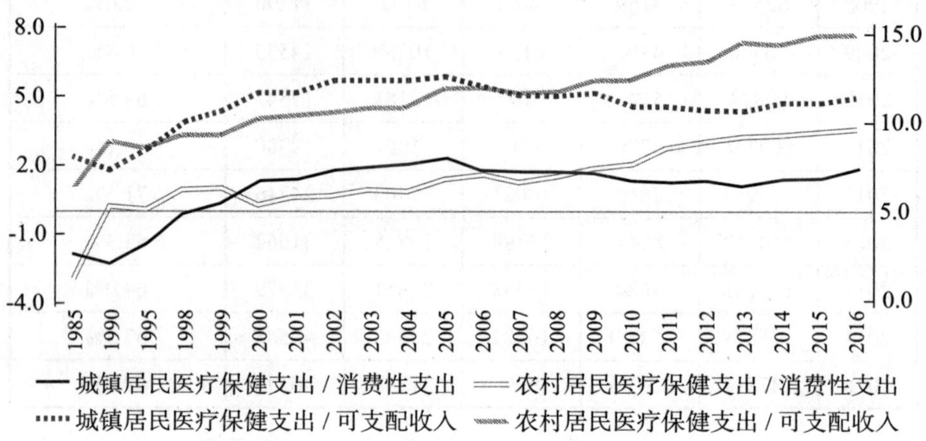

图6 1985—2016年城乡居民自费医疗费用占可支配收入（消费性支出）比重

年略低于4.3%。初步判断导致这一下降的原因有三个：第一个原因是从2005年中开始了迄今连续13年的城镇退休职工提高养老金的政策，而且2005—2015年11年中每年涨幅高达10%（2005年只有下半年增加），作为城镇医疗消费主体的退休人员，可支配收入年增长10%左右，对降低自费负担的效果还是很明显的；第二个原因是城镇职工医保从2005年开始进入高速扩面增费阶段，有效地降低了城职保参保者的住院自负负担；第三个原因是从2007年开始铺开的城镇居民医疗保险，也对降低非职工城镇居民的住院负担发挥了有效作用。

但是，从 2013 年开始，形势开始逆转，城镇居民（含城镇职工）的自负医疗保健负担又重新开始上升，占消费支出的比重，从 2013 年略低于 6.1% 上升到 2016 年的 7.1% 以上，恢复到 2009 年的水平，这意味着此阶段医疗费用增速超过了可支配收入增速。在此期间，城镇退休职工养老金除 2016 年增速降到 6.5% 以外，此外 3 年的增速依然是 10%。换言之，在刚刚过去的这 5 年中，城镇居民（含职工）的家庭医疗负担也在加重。图 7 给出了经合组织成员国（OECD）2015 年家庭自负医疗费用占家庭消费支出的比重。人均 GDP 不同，缺乏可比性。按照世界发展指数（World Development Indicators，WDI）给出的购买力平价人均 GDP，中国和墨西哥接近，图 7 表明 2015 年我国的家庭自负医疗费用占家庭消费支出比重超过墨西哥。这一比较仅具参考意义。

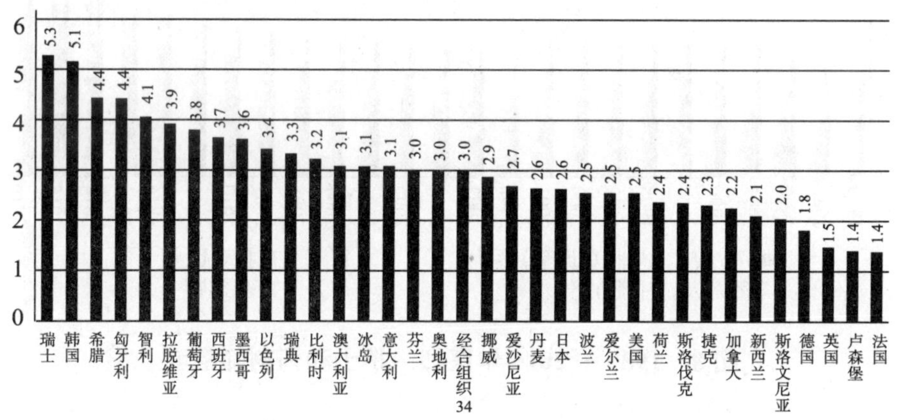

图 7　部分国家 2015 年家庭自负医疗费用占其家庭消费总支出比重[1]

[1] 图 7、图 9、图 10、图 11、图 12、图 13、图 15、图 19 数据来自 Health at a Glance 2017 © OECD 2017。

二、医疗资源发展40年

医疗服务行业主要的资源是医务人员和床位及设备，本节我们概述改革开放以来这三个方面的发展状况。

（一）执业医师、护士和药剂师

医疗行业最核心的医疗资源是医生和护士，图8给出了1980—2016年中国执业（助理）医师和注册护士的数量及其增长指数（1978年为1）。可以看出，1980—2016年执业（助理）医师和注册护士的数量稳步增长（2002年数量的下降原因是口径调整），使得每万人医师和护士数量也实现了稳步增长。

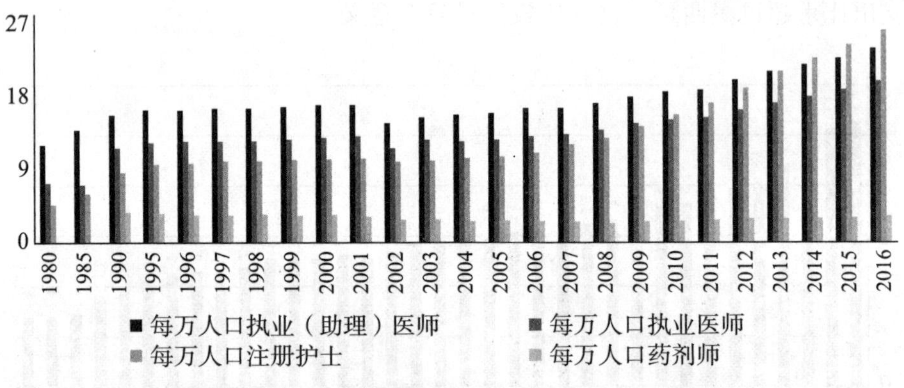

图8 1980—2016年医师、护士和药剂师密度

图9给出了OECD国家和南美各国的每千人执业医师数量，按照WDI提供的按照购买力平价计算的人均GDP，中国与墨西哥和巴西接近，我国的千人执业医师数和巴西持平，明显低于墨西哥。

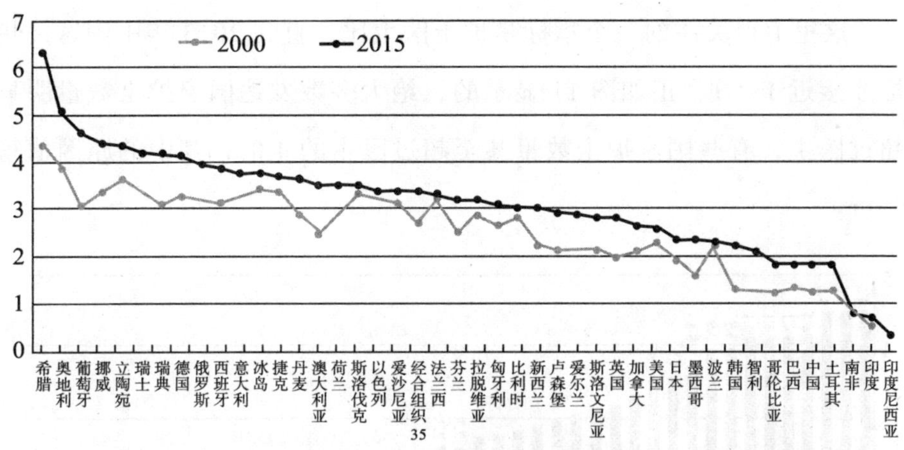

图 9　2000 年和 2015 年部分国家每千人执业医师数

在中国的医疗服务体系中，一个弱项是护士数量偏少，图 10 给出了包括中国在内的部分国家千人执业护士数量。可以看出，我们比墨西哥低，但明显高于人均 GDP 水平接近的巴西、南非和印尼。

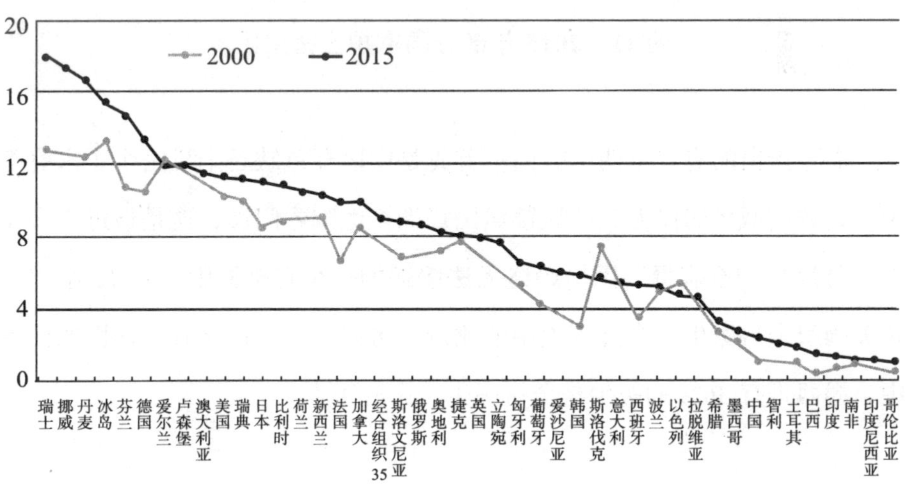

图 10　2000 年和 2015 年部分国家每千人执业护士数

这里值得关注的一个指标是护士医生比，直到 2013 年中国这一指标才接近 1 ：1，正如图 11 显示的，绝大多数发达国家护士数量明显超过医生，有些国家护士数量甚至超过医生的 4 倍，其中的原因值得分析。

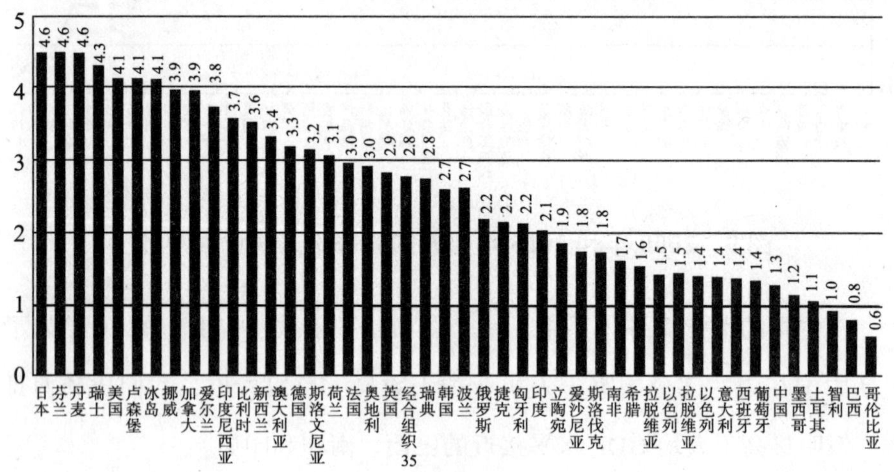

图 11　2015 年部分国家护士医生比

需要指出的有以下两个方面。首先是中国严重缺乏全科医生（家庭医生），致使城乡居民尤其是城镇居民蜂拥至医院看门诊，这是最近十多年来“看病难、看病贵”困境始终无法缓解的一个直接原因。图 12 给出了相关国家全科医生在全部医生中的比例，可以看出，在具有可比性的国家中，墨西哥有 36% 的医生是全科医生（家庭医生）。

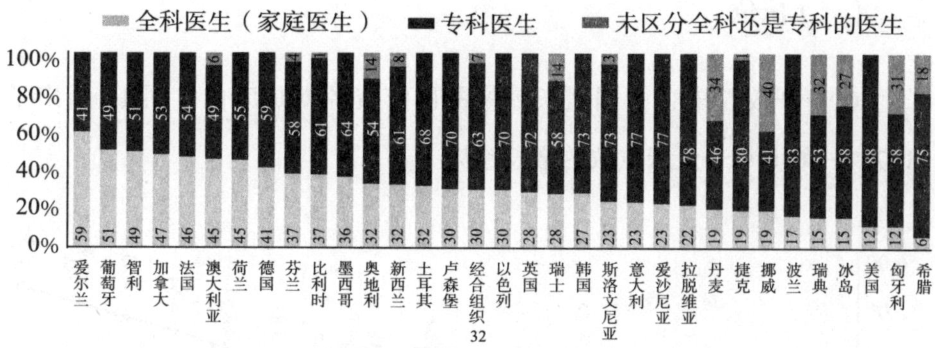

图 12　2015 年部分国家全科医生（家庭医生）和专科医生比例

其次是药剂师数量，尽管 2000 年前后相关政策就明确提出采用欧美日通行的做法“医药分业”，1997 年开始以来的历次医改也以药改为重点，但是 30 多年来万人药剂师数量不仅没有增加，还略有下降。对比图 8 和图 13 可以看出，除了超过荷兰外，我国药剂师的密度低于图中其他国家。其中原因需要专文分析。

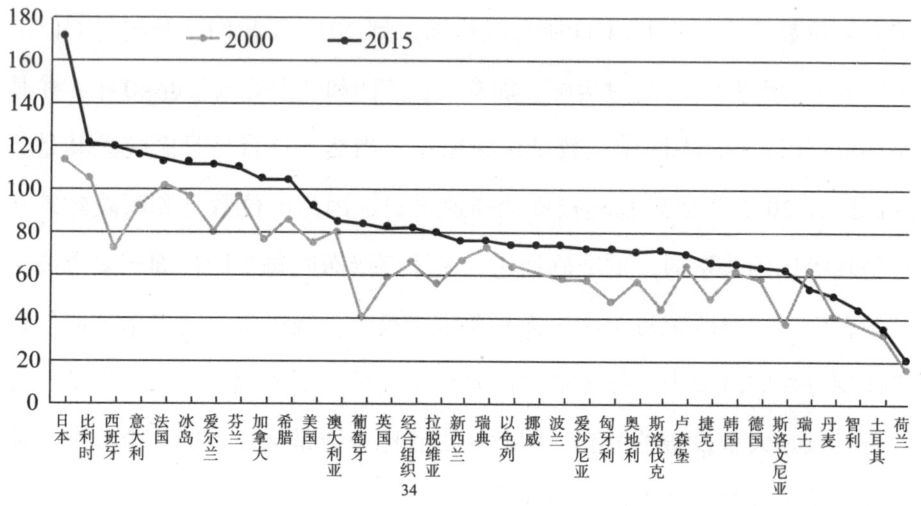

图 13　2000 年和 2015 年部分国家每 10 万人药剂师数

（二）床位

改革开放以来，中国增长最快的医疗资源就是床位。图 14 给出了 1978—2016 年千人床位数的增长趋势。

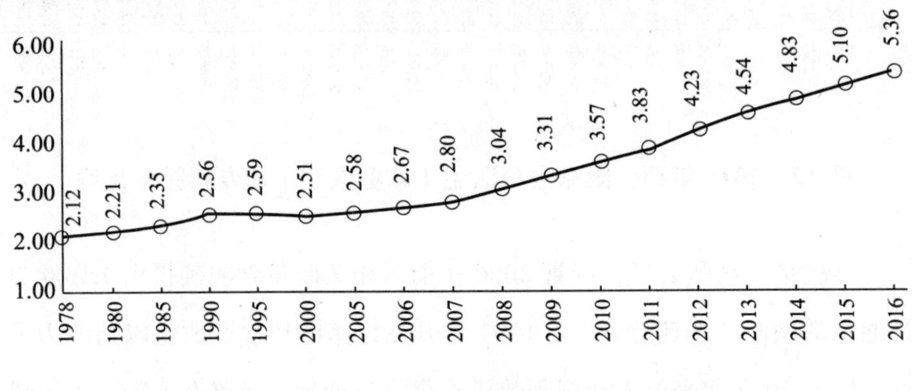

图 14 1978—2016 年中国每千人床位数

国际比较可以将这一增长展现得更为清晰。图 15 表明，2005 年中国千人床位数几乎低于 OECD 所有成员国，到 2014 年我们已经超过 OECD 国家的平均水平[1]，超过美国、加拿大、英国和瑞士等国。近 40 年，尤其是 2005 年以来，中国床位数量快速增长。当然，这背后是医院尤其是公立医院在 2005 年以后基建投资的高速增长，因为床位数是和医院建筑面积呈现等比例关系的。更准确地讲，由于三级医院每个床位面积要求高于二级医院，二级医院每个床位面积要求又高于一级医院，通过增加床位提高医院等级的过程中，伴随的是医院建筑面积的更大幅度增长，以及相关设备尤其是大型设备的配套。因此，尽管床位数是很简单的一个数据，体现的却是医院整体的固定资产规模。

[1] 图 14 中的数据来自《中国统计年鉴 2017 年》，高于图 15 中由 OECD 搜集的数据。

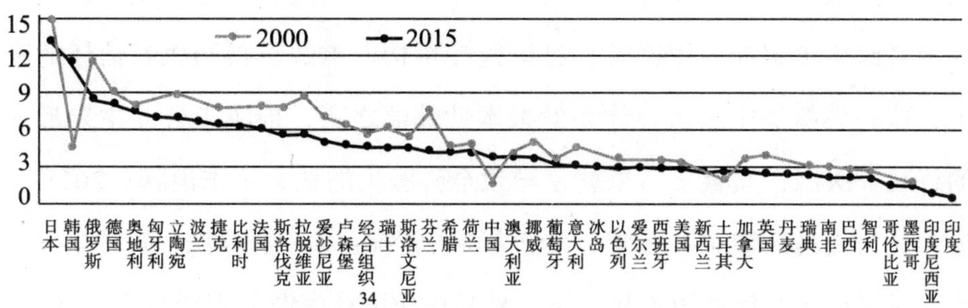

图 15　2000 年和 2015 年部分国家每千人床位数

2003 年后兴起的医院扩张潮流，具有两个明显特征。第一个特征是公立医院高速扩张，尤其是三级医院数量显著增加，同时院均床位逐步增加。图 16 清楚地展示了这一点。

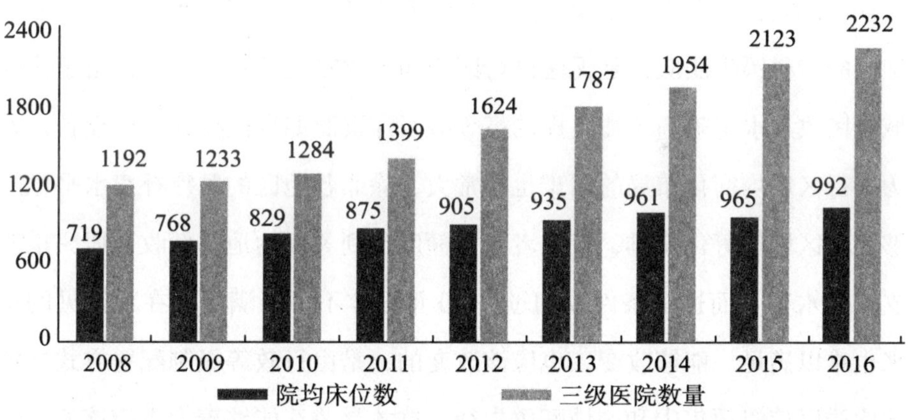

图 16　2008—2016 年三级医院数量、院均床位和住院人次变化趋势

第二个特征是各地区床位数均呈现高速增长趋势，尤其是欠发达地区。尽管执业医师数量很难快速增加，但是通过增加财政投入或者负债建设，医院建筑面积快速增长的同时，床位数亦快速增长。文献中普遍认为中国医疗资源分布存在两类失衡：一类是优质医疗资源尤其是优秀的专科医生集聚在三甲医院，社区医疗机构严重缺乏得到患者信任的医生，这一失衡是中国医疗体系的根本性弊端之一，根源于公立主导形成的行政等级制，其直接后果就是导致全科医生的缺失（朱恒鹏，2018）。另一类失衡是区域间不平衡。又分为两种情况：第一种是医疗资源集聚城市，农村地区医疗资源不足；第二种是优质医疗资源集聚经济发达地区，尤其是北上广这些一线城市，而欠发达地区即便是省会城市，优质医疗资源也明显不足。

从以医生为主体的医疗人力资源角度讲，上述结论无疑是成立的，但是对其产生根源要准确区分，以城市化为基本特征的分工深化导致的优质医疗资源集聚大城市是经济社会发展的自然结果，不能也无法进行均衡化处理，比如，只有人口规模达到一个临界值之上的城市才能支撑一个分工细化的专科医生团队，是无法进行区域均等化布局的；再比如，由于该区域居民收入水平较高才能支撑的高等级医疗资源如高值检查治疗设备，人为进行区域均衡化布局的困难也非常大，除非各地区的医疗补偿水平也能够实现区域均等化安排，且患者自费额度达到欠发达地区低收入居民也能支付的水平。而这个条件我们过去 40 年根本不可能满足，在看得见的将来也难以满足。能够改变，也应该改变的，是由行政等级制配置方式导致的优质医疗资源集中和区域配置失衡，这才是改革能够着力也应该着力的地方。

但是，如果说以床位为代表的医疗硬件资源的配置，上述第二类失衡的论断事实上已经不成立，尽管卫生行政部门依然坚持这种论断，并以此为据要求各级财政加大对欠发达地区包括农村地区的硬件投入（基建和设备），但事实上全国所有地区包括欠发达农村地区均已经出现公立医疗机

构硬件过剩现象。我们用图 17 中的数据说明这一点。

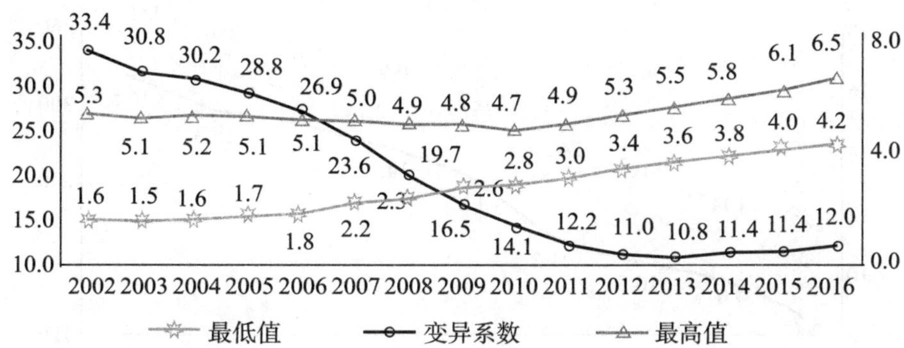

图 17　2002—2016 年各省市千人床位数最高值与最低值及变异系数

图 17 的数据表明，除新疆和西藏之外的 29 个省市自治区，千人床位数差距自 2002 年以来逐步缩小，最高值和最低值之间的差距由 2002 年的每千人差 3.7 张缩小到 2016 年差 2.3 张，省际千人床位数变异系数更清楚地说明了这一点。因此，至少从床位数上看，欠发达地区和发达地区的医疗资源硬件差距明显缩小。和图 15 对比可以看出，到 2016 年，即便是千人床位数最低的省份，该指标也超过很多发达国家。这说明，通过增加硬件投入来缓解欠发达地区医疗资源不足这个说法已不成立。

床位数高速增长的结果，就是全国及各地区百人住院人次的高速增长，出现了明显的过度住院现象[1]。或者说，各地区的医院均出现了增加病床然后诱导更多患者住院的现象，导致住院费用的高速增长。图 18 清楚地展现了院均床位数和住院人次的高度相关性。这一现象不仅仅是发生在发达地区，欠发达地区同样如此，中部地区如湖南、湖北，百人住院人次已经超过 20 人次，西部地区如四川、重庆也是如此。

[1] 朱恒鹏：《加强和创新社会治理 完善城乡居民医保制度》，《经济学动态》2017 年第 12 期。

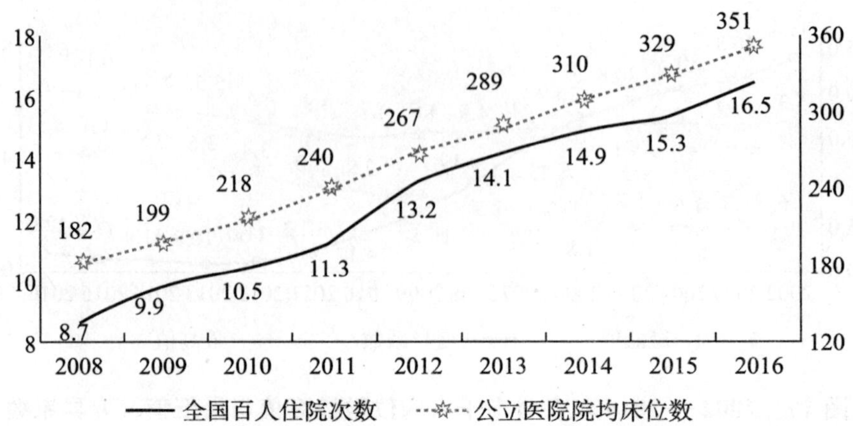

图 18 公立医院院均床位数与全国百人住院人次高度正相关

简言之，大量财政补贴投入公立医院和城乡居民医保的结果不但未能实现降低城乡居民医疗负担的政策意图，反而如图 6 所展示的，导致城乡居民医疗负担持续加重。

（三）大型设备的保有量

参考国际研究文献的做法，我们使用每百万人磁共振（MRI）和 CT 设备保有量来反映中国的大型设备数量，2016 年中国 MRI 和 CT 设备的保有量分别是 12000 台和 21551 台，每百万人保有量分别为 8.7 台和 15.6 台，和图 19 中各国对比，中国的百万人 MRI 保有量和斯洛文尼亚大致持平，按照 WDI 提供的购买力平价数据，明显超过捷克、葡萄牙、以色列和匈牙利，这五个国家人均 GDP 均明显超过中国，尤其是以色列。而和中国及巴西人均 GDP 相差无几的墨西哥，MRI 保有量却非常低。CT 机的每百万人保有量和巴西持平，明显超过英国、以色列、荷兰和俄罗斯等国。显然，我们无法根据人均 GDP 的高低判断 MRI 和 CT 这种大型设备的保有量是否合理。或者说，很可能并不存在简单的客观指标来确定大型医疗设备保有量在何种水平上是合理的。我们能说的只是，按照与收入水平完全相关的支付能力进行比较，中国大型医疗设备保有量较高。

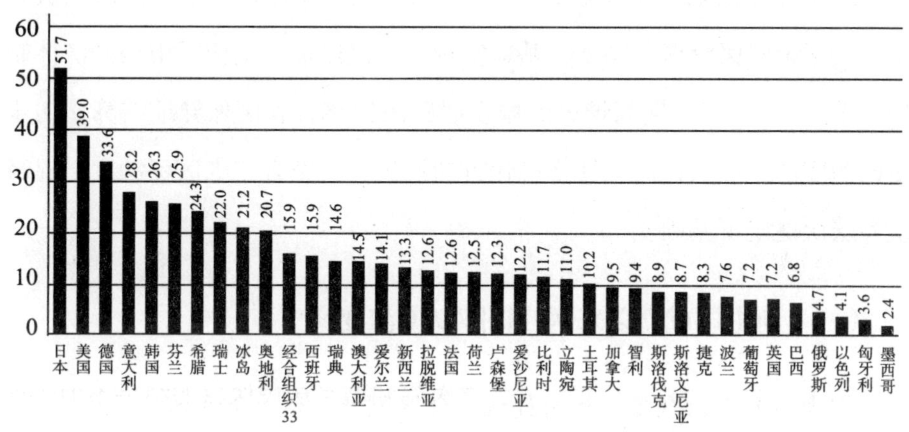

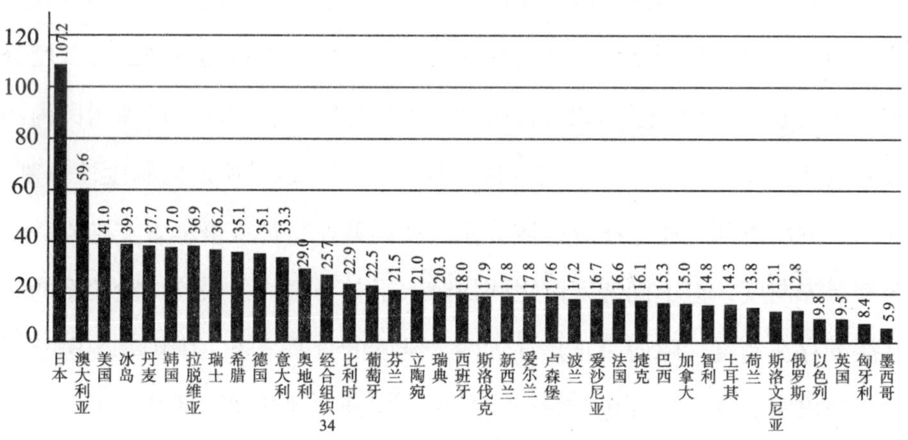

图 19　2015 年 9 部分国家每百万人 MRI（上图）和 CT（下图）保有量

三、基本医疗保险制度的建立、完善及基本特征

改革开放以来，尤其是2007年以来，医改领域最无争议的巨大成就是建立了全民医疗保险制度。基本实现了全民医保，适应了市场经济体制的要求。“十二五”期间推进的城乡居民医保整合和医保异地结算，初步使该制度向适应人口流动性常态化方向演进，为整合三大医保制度、提高统筹层次奠定了基础。

（一）新中国成立以来医疗保障制度演变简史

作为一个人口众多、幅员辽阔、地区间差异巨大的大国，几经探索，我们形成的是一种与这种国情相适应的“分级管理、分灶吃饭”的行政管理体制。医疗保障制度也以此为基本特征，按覆盖人群的不同进行制度分割和区域分割。城镇居民和农村居民的医疗保障制度不同，城镇居民内部按照就业类型不同也分为不同的医疗保障制度，这是所谓的制度性分割。在同一制度内部，还存在着区域分割，相同就业特征人群尽管实施同一个医疗保障制度，但不同统筹区之间保障水平差异很大，医疗保险关系的转移接续存在制度性障碍。正是在这两个维度的分割之下，中国基本医疗保险呈现出明显的“碎片化”特征。当然，这种“碎片化”的状态看起来既不公平，也缺乏可持续性。但这是基本国情所决定的，有其历史必然性，同时也是当前和今后需要改革的地方。

社会保障制度的演变实际上反映了社会经济体制的演变路径。现代社会保障制度是现代工业社会的产物，其模式差异反映的是经济体制和社会

体制的差异。当然，社会保障制度有其自身演变的逻辑。[1]从这个角度，我国基本医疗保险体制的演变可以分为三个阶段：

1.1949—1978年，适应计划经济体制的医疗保障体制的形成阶段

1958年开始形成的城乡户籍制度是实施计划经济体制的结果。当前遇到的基本医疗保险的按人群分割和区域分割，都是从此而来。

在城镇地区，机关事业单位工作人员实行的无须缴费的公费医疗制度，有财政拨付费用。而企业职工则实行的是缴费性质的劳动保险制度。劳动保险制度在60年代末期逐步演变成了企业福利制度。对于城镇就业人员的家属则通过附着在职工医疗保障上的办法获得医疗保障。

农村居民的医疗保障也是随着农村合作化运动开展起来的。依托于农村集体经济组织。合作医疗下医生的报酬有集体经济组织承担。当然，不论是覆盖面还是保障水平，合作医疗的水平都还比较低，也缺乏激励，效率比较低下，相当部分地区"春办秋黄"。[2]

这一阶段的医疗保障制度不是医疗保险制度，而是一种计划经济体制下的福利制度。

2.1978—1998年，旧的医疗保障制度瓦解，适应市场经济体制的医疗保障制度孕育形成时期

此阶段的特征是改革，农村人民公社制度解体，城市国有企业改革。依托于农村人民公社制度的农村合作医疗全面瓦解；依托于国有企业的劳保医疗制度也难以为继。经过1990年代中期的"两江"试点，1997年中央政府出台政策，逐步建立了"社会统筹+个人账户"的城镇企业职工基本医疗保险制度。

[1]郑功成：《社会保障与国家治理的历史逻辑及未来选择》，《社会保障评论》，第1卷第1期，第24—33页。

[2]朱玲：《政府与农村基本医疗保健保障制度选择》，《中国社会科学》第4期，第89—99页。

在统筹层次上，采取了以县市级统筹为主。根本原因是行政管理和财政上的“分级管理、分灶吃饭”制度，各地财政自负对医保基金的兜底责任。在这种体制下，与财政收支密切相关、具有准财政特征的社会医疗保险难以实现更高层次的统筹，这也是分级管理体制的自然要求。

第二个原因是地区间的经济发展水平差异过大，导致同一制度下地区间医疗保险筹资水平和保障待遇之间差距过大，提高统筹层次必然需要拉平地区之间的差距，“统收统支”自然会导致低效率的“大锅饭”体制，从而导致医保迅速崩溃，因此，“碎片化”成为当时不得不做的现实选择。

城镇企业职工基本医疗保险的建立确定了我国基本医疗保障制度以社会保险制度为主体。在此过程中，机关事业单位职工仍然延续了公费医疗方式；农村居民在旧的合作医疗瓦解后并未建立起合适的医疗保障制度；城镇企业职工的家属以及城镇非就业人员在城职保制度框架内并未涉及。这两个群体成为没有基本医疗保障的群体。

3.2003—2013年，全民医保体制发展形成

2003年开始试点，2007年全面铺开，建立了覆盖农村居民的新型农村合作医疗制度。在筹资模式中，政府财政补贴占了大头，而且政府补贴额度越来越高，成为新农合的主要筹资来源。同时以县为单位建立统筹区，突破了村级范围；在医疗服务供给上，不是传统合作医疗雇用医生模式，而是采取了到医疗机构就诊后报销的模式。因此，从运行性质上来说，“新农合”是社会保险形式。对于城镇非就业居民，包括老人、儿童以及其他非就业群体，从2007年开始试点，2011年正式在全国建立了城镇居民基本医疗保险制度，筹资模式和运行机制与新农合类似。

绝大多数地区的机关事业单位人员在此期间逐步参加了城镇职工基本医疗保险，目前只有很小比例的机关事业单位尚保留了公费医疗。

这样，截至2011年，我国实现了基本医疗保险的制度全覆盖，所有人群都至少被一个医疗保险项目所覆盖；到2013年，基本上实现了人群的全覆盖，由于重复参保现象，基本医疗保险覆盖率甚至超过了100%。

4. 从2013—2017年，2013年基本医疗保险格局已经基本定型

三个制度分别覆盖不同人群；在统筹层次上也逐步开始探索地市级统筹。

图20 展示了1997—2016年间全民医保逐渐建立的过程[1]。

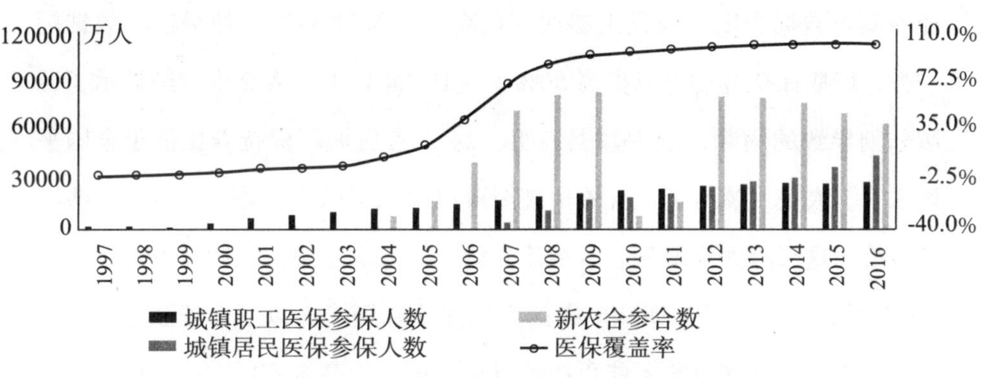

图20 1997—2016年社会医疗保险制度参保人数及覆盖率

（二）现行基本医疗保障制度存在的问题和改革方向

现行基本医疗保险制度还存在一些需要进一步完善的地方。随着经济社会发展转型，这些问题逐步凸显，成为影响基本医疗保险公平性和可持续性的重大问题。其中，制度分割和区域分割问题尤为突出。党的十八大报告、党的十八届三中全会决议和党的十九大报告，均指出了这些问题，并提出了改革方向。

首要问题是人口大规模流动常态化的事实。不仅城乡人口流动规模持

[1] 2014年开始，已经没有公开发布新农合参保人数了，此处2014—2016年参合人数是按照全覆盖推算的数据。

续增加，而且城城流动人口也逐渐增加。此种情况下，制度分割和区域分割导致的基本医疗保险关系携带性缺失问题凸显，国内医保政策术语是“转移接续”问题。图 21 呈现出来的抚养比下降趋势，很容易让人认为是老龄化的结果，甚至进一步归咎于不适当的计划生育政策。但实际情况并非如此，而是制度分割和区域分割导致医保没有携带性所致。宏观上抚养比的下降并非因为非农就业人员已经全员参保，无扩面空间，而是户籍制度和医保制度两重分割导致大部分农民工无缘亦无意参加城职保。各种口径的调查数据表明，农民工参保率最高也不超过 30%，如果这个数据翻一番，城职保抚养比可以提高 50%，达到 3.4 以上。表 2 则清楚显示了区域分割导致的问题，表中数据表明，24 个省份城职保抚养比低于全国平均水平。农民工流入地区抚养比甚至可以达到 4 以上，若进一步看一些沿海城市，这一点尤为明显。以福建为例，一方面是厦门城职保抚养比达到了 12.45，一方面是三明和南平两市抚养比降到了 2 以下，甚至部分县降到了 1 以下，区域分割不能再持续可见一斑，提高统筹层次已经成为必须做的工作。

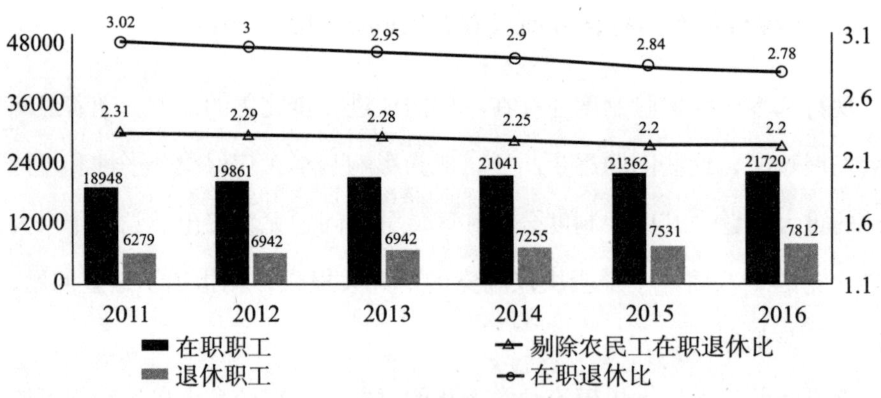

图 21　2011 —2016 年职工基本医保参保人员情况

表 2　2016 年分地区职工基本医保参保人员情况

地区	职工	退休人员	抚养比	地区	职工	退休人员	抚养比
北京	1240	278	4.46	湖北	660	301	2.20
天津	340	195	1.74	湖南	557	272	2.04
河北	667	306	2.18	广东	3354	461	7.28
山西	475	185	2.56	广西	376	155	2.42
内蒙古	343	146	2.35	海南	144	57	2.52
辽宁	1023	613	1.67	重庆	425	179	2.37
吉林	371	205	1.81	四川	1001	439	2.28
黑龙江	525	354	1.48	贵州	281	108	2.60
上海	992	477	2.08	云南	335	144	2.32
江苏	1849	641	2.88	陕西	411	188	2.18
浙江	1634	383	4.26	甘肃	208	106	1.97
安徽	551	231	2.38	青海	66	32	2.07
福建	642	150	4.27	宁夏	84	33	2.56
江西	389	203	1.92	新疆	291	96	3.05
山东	1494	466	3.21	新疆兵团	79	52	1.50
河南	883	345	2.56				

数据来源：中国社会保险发展年度报告（2016）。

其次是新经济业态下，无雇主就业模式日趋增加，原来以雇主缴费为基础的职工医保和以个人缴费为基础的居民医保之间的冲突凸显。

三是随着收入水平提高，城乡居民对高品质医疗需求显著增加，以及我国医疗资源事实上存在的严重地区间不均衡，加之异地居住和异地工作的增多，使参保者异地就医规模不断扩大。这些方面的挑战要求基本医疗保险进行制度整合，并提高统筹层次，目前逐渐推开的异地结算工作可以作为一个前导型工作。

因此，从 2013 年开始，我国基本医疗保险的演进进入了新的阶段。

此阶段，最为显著的改革措施是整合城乡居民医保。2013 年，十二届全国人大会议要求尽快实现城乡居民医保整合，最终因卫生部门争夺医保管理权，直到 2016 年国务院才出台整合文件，但仍未明确主管部门。截至 2017 年底，除西藏和辽宁外，其他省级单位相继出台了城乡居民医保整合文件，其中 22 个省份明确规定整合后由人社部门主管，4 个省份将决定权交给地市级政府，福建省三保管理权整合成立医保办，归财政部门管理。[1]

与城乡居民医保合并同时进行的，还有提高基本医疗保险统筹层次。整合前新农合基本以县级统筹为主，与城镇居民医保整合后，基本实现了居民医保的地市级统筹。自 2009 年以来，城职保也有很多地区走向地市级统筹，但是各地统筹模式差异较大。[2] 四个直辖市和宁夏回族自治区则已经走向省级统筹。

因此，截至 2017 年底，我国基本上形成了覆盖就业群体的职工医保和覆盖农村居民和城镇非就业群体的居民医保两个制度；在统筹层次上，则基本实现了地市级统筹为主的基本医疗保险格局。当然，地市级统筹这一安排，前景如何尚需观察，一则部分所谓地市级统筹准确讲只能算是成立了市级风险调剂金的县级统筹；一则是因为地级市这一行政层级地位较为尴尬，没有统管全市财政的地级市缺乏为市级医保兜底的财政责任和能力。

[1] 朱恒鹏：《加强和创新社会治理 完善城乡居民医保制度》，《经济学动态》2017 年第 12 期。
[2] 朱恒鹏：《城乡居民基本医疗保险制度整合状况评估》，《中国医疗保险》2018 年第 1 期。

四、结语

本文简略描述了改革开放 40 年来，医疗服务体系和医疗保障制度的发展历程和成绩，文中基本没有涉及医疗体制改革问题。这当然不是因为改革不重要，也不是因为改革不成功。从学术角度或公共政策角度看，历久而不成功的改革更有研究价值。这将是下一篇论文的主题。

本文所讲，绝大部分是这 40 年发展的成绩。但就医疗服务体制而言，这 40 年不仅仅是成绩，还演进出两个显然已积重难返的问题：第一个是公立医院及其医生大面积地陷入了依靠药品耗材返利和回扣谋利而难以自拔的格局；第二点是在过去 30 多年的高速扩张过程中，公立医院及其医生不仅普遍遗失掉专业化服务意识，丧失医生职业特有的专业精神（professionalism），还呈现了普遍拒绝承认医疗是一个服务行业的反常现象。第一个问题还导致了一个意想不到的后果，那就是在 40 年的改革开放过程中，中国相当部分制造业产品实现了从模仿到创新，从进口到出口的发展升级过程，家电、轿车、电信设备、重型机械等等，可以拉出长长的名单，单单制药行业，40 年的开放模仿时间，不仅未能培育出创新能力，连仿制能力也进步不大，国产仿制药通过欧美认证的很少，甚至通过国内质量一致性评价的都有限，药品出口规模很小。40 年竟然没有形成能够出口欧美的仿制药生产能力，个中原因当然值得深入研究。

在改革开放过程中，医疗服务体系形成的这两个问题及其后果，需要从经济学和社会学多个视角来进行研究，这是后面将会展开的研究。

（作者系中国社会科学院经济研究所副所长）

会计发展40年的观察与思考

吴卫军

20世纪70年代末，邓小平同志开创的市场经济改革，彻底改变了中国经济落后的面貌，也改变了世界经济的格局。40年来，中国由一个计划经济体制管理的、几乎完全封闭的国家，变革发展成为由市场经济体制支撑的开放的第二大经济体。会计行业的发展，既得益于中国的改革开放，同时也为中国社会主义市场经济体制的建立和完善做出了重要贡献。在改革开放40周年之际，本文通过回顾和总结会计行业发展在会计准则与国际接轨、审计市场建设和会计人才培养等三个方面取得的丰硕成果，记录中国改革和发展的辉煌的40年。

一、中国会计准则与国际接轨

改革开放初期，中国沿用的是计划经济下的企业会计制度。《国营工业企业会计制度》（1980年）、《中外合资经营企业会计制度》（1985年），以及财政部制定的13个行业的会计制度和10个行业的财务制度，构成了我国会计核算标准的框架体系。当时，在中国经营企业因其行业不同所使用和执行的会计标准是不同的，这种完全由政府规范会计核算的做法虽然机械，但它是我国从计划经济向市场经济模式转变的会计准则基础架构。

1992 年 11 月，财政部颁布了中国第一部会计准则——《企业会计准则——基本准则》。它适用于中国境内的所有企业，推动了中国企业采用资产负债表代替计划经济时代的资金平衡表，迈出了中国会计准则和实践与国际惯例接轨的第一步。与《企业会计准则——基本准则》同时颁布的还有《企业财务通则》。《企业财务通则》针对企业的成本控制、收益分配、投融资等财务行为制定了管理规范。至此，以“两则两制”（企业会计准则、企业财务通则、分行业会计制度、分行业财务制度）为主要凭依的会计标准体系在中国建立。

由于执行分行业的会计制度和财务制度不能达到提高会计信息可比性的要求，1999 年 10 月，全国人大对《会计法》进行了修订，决定实行全国统一的会计制度。2000 年 12 月，财政部针对股份公司发布了《企业会计制度》；2001 年 11 月，针对上市金融企业颁布了《金融企业会计制度》；2004 年 4 月，《小企业会计制度》出台。以上三项会计制度的颁布，标志着一个覆盖一般工商企业、金融企业和小企业的统一会计制度体系基本形成。全国统一的会计制度为我国各行各业的企业会计工作提出了一致性要求，极大提高了会计信息的可比性。

2003 年开始，财政部开始全面引进国际会计准则，推动中国会计准则与国际会计准则接轨。为此，财政部对过去会计标准改革的经验进行总结，借鉴国际财务报告准则的先进做法，着手建设与国际标准趋同的中国企业会计准则体系。

2005 年 11 月，中国会计准则委员会与国际会计准则理事会就中国企业会计准则与国际财务报告准则趋同签署了联合声明，中国的会计准则结合本国国情，实现了与国际财务报告准则的实质性趋同。2006年2月，财政部正式发布了修订后的《企业会计准则——基本准则》和38项具体准则，这象征着中国正式建立起以会计核算理论原则为基础的、与国际财务报告准则实质性趋同的会计准则体系，是我国会计行业发展上了新台阶的有力证明。

2010年4月，为响应二十国集团关于应对全球金融危机、建立全球统一的高质量会计准则的倡议，财政部发布了《中国企业会计准则与国际财务报告准则持续趋同路线图》，在制度上进一步保持了中国会计准则与国际准则的全面持续趋同。

随着我国会计准则国际趋同的成绩逐渐为世界同行所认可，从2007年开始，财政部开始积极争取中、外准则的等效互认。会计准则等效互认，是指某一国家或地区的会计准则与其他国家或地区的会计准则具有同等效力，获得对方资本市场监管机构接纳。2007年12月，中国会计准则委员会与香港会计师公会签署协议，同意双方的会计准则实现等效互认。2012年9月，欧盟正式公告上市公司合并财务报表层面所采用的国际财务报告准则与中国企业会计准则等效，完全承认赴欧上市的中国企业选择中国企业会计准则的合法性。

中国企业会计准则的建设和国际趋同对中国经济改革和发展的影响是广泛而深远的，具体可以总结为三点：一是通过执行企业会计准则，与国际会计准则实现接轨，中国企业的会计核算能力与水平得以大幅提升。现代化的与国际接轨的企业会计准则为提高会计信息质量和透明度提供了制度保障。二是在中国与境外资本市场之间建立起会计标准的双向信任关系，为进一步开放引进国际投资、中国企业进入国际资本市场融资奠定了制度基础。同时也降低了等效互认双方的企业的融资成本。三是让我国会计专业人员有机会参与到国际会计准则的制定过程中，要求国际会计准则制定者考虑在中国执行会计准则的实际情况，为我国在国际会计规则制定中争取到了话语权。可以说，企业会计准则的建设和国际趋同为中国的市场经济发展和制度建设提供了一个重要的落脚点。

二、审计市场规范建设

随着中国对外开放政策的实施，20 世纪 70 年代末、80 年代初，一批跨国公司先后进入中国，它们在华经营和发展业务对会计、审计、税务等专业服务提出了要求。会计行业成为中国较早对外开放的服务领域之一。

1980 年，为吸引外资参与中国的经济建设，满足为外资企业提供审计和其他专业服务的需求，财政部恢复了注册会计师独立审计制度。1980 年 12 月，财政部发布了《关于成立会计顾问处的暂行规定》，开始以政府直设的方式筹办“会计师事务所”，即在中央财政部和地方财政厅（局）成立“会计顾问处”，提供会计、审计和税务咨询等方面的服务。虽然，在日后的一些官方文件中，“会计顾问处”这一“体制内”的叫法在名义上逐渐被更为市场化的“会计师事务所”这一机构所取代，但这些会计师事务所仍然挂靠政府机关。当然，在那个时期，挂靠政府机关也是迫不得已的选择。通过挂靠管理，当时在中国审计市场上设立会计师事务所和落实会计师事务所治理机制就有了一个行政归属的锚点。这在一定程度上减缓了审计市场混乱的现象，但也带来了道德风险的陷阱。会计师事务所挂靠政府机关成为它们推脱审计专业责任的一种依赖，因为这种安排的实质是由政府机关向社会提供关于会计信息真实度的信心保障，这些会计师事务所甚至被称为“国有所”。

改革开放初期，社会对于注册会计师行业的理解和认知水平较低，行业发展缓慢。为了进一步加快行业建设步伐，1986 年 7 月，国务院发布了注册会计师行业第一份制度文件——《注册会计师条例》，明确了注册会计师的法律地位和业务范围，要求注册会计师必须在会计师事务所执业。1988 年 11 月，财政部成立了中国注册会计师协会，并在各地方成立省级注册会计师协会，迈出了行业人才培养和自律监管建设的第一步。

1993 年 10 月，《注册会计师法》颁布，注册会计师行业的管理与发展正式走上了法制化轨道。而在 1992 年，国家批准开始引进国际大型会计师事务所，与国内的会计师事务所成立中外合资的会计师事务所。这批国际大型会计师事务所获得了财政部颁发的审计执业执照。

随着社会主义市场经济体制建设的深入推进，注册会计师行业从最初主要为“三资”企业提供资本验证、记账、审计等服务，发展到为内外资企业提供财务报表审计业务，在国企改制和资本市场健康发展等方面发挥着越来越重要的作用，成为社会主义市场经济建设中的一支重要的社会中介力量。特别是允许国际大型会计师事务所在中国通过举办合资所的形式在审计市场执业，从开始服务跨国企业到协助中国国有企业再到海外上市，担当中国审计市场的重要责任主体，这实质上是实现了审计服务市场与国际接轨，向外国同行开放，引进的不仅仅是审计技术，更重要的是国际资本市场信任的服务主体。

如上所述，在 2000 年之前，中国审计市场上大部分会计师事务所都是由政府设立或挂靠国企和政府事业单位的“国有所”。随着行业不断发展，“国有所”的组织体系问题也逐渐显现出来。1999 年 4 月，财政部印发了《会计师（审计）事务所脱钩改制实施意见》，要求所有挂靠政府、国企和事业单位的会计师事务所在 1999 年 12 月 31 日前实现“脱钩改制”。“脱钩改制”的直接结果，就是建设专业化的会计师事务所，由注册会计师承担审计服务的专业责任，切断专业责任依赖挂靠机构的通道，同时它使这些机关色彩浓郁的会计师事务所从政府单位的创收工具变成自负盈亏的经营实体，其竞争方式从依赖行政支持变为自主参与市场竞争。

这场改革令中国审计市场的发展格局发生了根本性变化。在“脱钩改制”后的十年中，我国的审计市场结构得到了长足优化，培育出了十多家具有相当竞争力并提供综合服务的大型会计师事务所。

2010 年，财政部开始主导新一轮的会计师事务所组织形式变革，即引导具备条件的大中型会计师事务所从有限责任公司制转制为特殊普通合伙制。2010 年 7 月，财政部联合国家工商总局颁布了《关于推动大中型会计师事务所采用特殊普通合伙组织形式的暂行规定》，推动会计师事务所采用特殊普通合伙制。在大型会计师事务所的转制过程中，财政部针对“国际四大”在中国的中外合作所合作期满需要持续经营的问题，制定了《中外合作会计师事务所本土化转制方案》。2012 年底，“国际四大”在中国的中外合作所全部转制成为特殊普通合伙制会计师事务所。

特殊普通合伙制通过要求对故意参与会计造假、在审计工作中出现重大过失的注册会计师追究无限责任，增强了注册会计师对审计工作的风险意识和责任担当，促进了注册会计师行业整体审计质量的提高。另外，特殊普通合伙制转制解决了有限责任公司制股东人数对合伙人数量的限制问题，让会计师事务所可以相对自由地吸收新的专业人士成为合伙人，经营规模和专业服务的实力得到了极大提升。特殊普通合伙转制的实施使我国大中型会计师事务所在组织形式上与国际市场做法和注册会计师服务的传统精神完全匹配，治理机制和管理制度更加科学。

截至 2017 年 12 月 31 日，我国共有会计师事务所 7524 家，其中，特殊普通合伙制会计师事务所 49 家，全部大型会计师事务所均采用了特殊普通合伙制的组织形式。经过改革开放 40 年，一个结构稳定、层次分明且有专业能力服务国家经济发展的审计市场体系已经在中国成功建成。

三、会计师人才队伍建设

20 世纪 90 年代初，新加坡内阁资政李光耀先生访问北京，他提出“中国经济要发展，需要 30 万会计师”的建议，党和国家领导人高度认同这一建议，并且开始实施中国的会计人才建设工程，为国家经济发展培养一批道德优良、视野开阔、能力卓越的高水平复合型专业人才。

（一）建立注册会计师考试制度

在我国注册会计师行业恢复之初，注册会计师一直实行考核认定制度。1987 年，财政部制定了《注册会计师考试、考核暂行办法》，注册会计师的选拔方式开始按“考核为主，考试为辅”的双规机制运行。实际上，当时几乎全部的注册会计师仍然是通过考核认定的。由于人才青黄不接，只有由老同志来担任注册会计师服务，这些通过考核的注册会计师年龄普遍偏高，在 20 世纪 90 年代初，60 岁以上的注册会计师占比 80% 以上。

为了给愿意从事注册会计师职业的年轻人提供职业发展的机会，1991 年，中注协作为财政部委托的注册会计师考试主办机构先后发布了《注册会计师全国第一次考试、考核办法》、《注册会计师考试命题原则》和《注册会计师全国第一次统一考试工作规则》。这三项文件对注册会计师考试的报考条件和考试内容做出了规范。1991 年 12 月，中注协举办了第一届注册会计师全国统一考试。当年，共有 2.3 万余人报考，472 人取得全科合格成绩。这次考试的成功举办是注册会计师考试制度在中国建立的标志性事件，等同于建立了会计行业的高考制度。

1993 年 10 月，全国人大颁布了《注册会计师法》，明确规定了注册会计师考试的报名条件、豁免条件，同时废止了考核制度。注册会计师考试制度第一次以法律的形式被确定下来，成为取得中国注册会计师资格的唯一途径。

截至 2017 年 12 月 31 日，全国共有注册会计师 240755 人，执业注册会计师 108109 人。我国注册会计师人数虽然还没有达到当时李光耀先生建议的人数，但它的成长与国家经济体量的增加是相对应的。

（二）成立国家会计学院

筹建国家会计学院反映了朱镕基同志的远见卓识和领导力。1994 年 3 月，当时还是国务院常务副总理的朱镕基在财税改革全面推开后不久，便召开专门会议，研究讨论注册会计师的培训工作。他在会上提出，要建立三个现代化的财会专业知识成人教育基地。这个想法为创立三所国家会计学院埋下了重要的伏笔。

1997 年，在朱镕基同志的指示下，财政部成立了中国注册会计师北京培训基地建设指挥部，时任财政部部长的项怀诚和常务副部长楼继伟共同负责国家会计学院的建设工作。1998 年 3 月，国务院正式批准了组建国家会计学院的请示报告，加快了建设国家会计学院的步伐。

北京国家会计学院（1999 年 4 月）、上海国家会计学院（2001 年 5 月）和厦门国家会计学院（2004 年 11 月）先后落成。在创办初期，三所学院还采取了依托名牌大学的方式，为注册会计师专业人才的培训提供高水平的师资支持。其中，北京国家会计学院依托清华大学，上海国家会计学院依托上海财经大学，厦门国家会计学院依托厦门大学。

2001 年 10 月，朱镕基同志在视察北京国家会计学院时为注册会计师赠写了著名的“诚信为本，操守为重，坚持准则，不做假账”的题词。这句题词不仅成为三所国家会计学院的校训，更成为所有中国注册会计师行业从业者心中遵循的基本道德规范要求。

在三所国家会计学院创办至今的 20 多年里，培训的人次超过了数百万。这三所学院为中国注册会计师行业人才的培养做出的贡献是巨大的，成绩斐然。世界上除了中国，没有一个国家设立国家会计学院，它如同会计界的黄埔军校，让世人羡慕。

（三）开展全国会计领军人才项目

为解决我国高端会计人才不足的问题，2005 年 12 月，财政部决定在全国范围内启动“全国会计领军人才培养项目”，目标是在较短时间内形成一支具有国际视野、战略思维、德才兼备、精通业务、勇于创新的会计师高端人才队伍。

2007 年，财政部发布了《全国会计领军（后备）人才培养十年规划》，提出要在全国范围内，有计划地按照企业类、行政事业类、注册会计师类、学术类 4 类，争取用 10 年左右的时间，培养 1000 名左右会计领军人才，担负会计行业的领军重任。

全国会计领军人才项目设置了较高的报考门槛，例如，在报考基础条件中明确规定领军人才班候选人必须是中央企业、省级大型国企、上市公司、其他企业的财务负责人和会计师事务所的合伙人。另外，这一项目得到了财政部会计司、中国注册会计师协会、中国会计学会、国家会计学院等部委和专业机构的大力支持。

全国会计领军（后备）人才培训班的培训周期为6年，分为集中培训和跟踪管理两个部分，跟踪培训实行在职学习、实践考核与跟踪培训相结合。截至2017年底，全国会计领军人才培养工程累计招收41个班级1658名学员，毕业21个班级716名学员。

全国会计领军人才工程已经成为中国会计行业高端人才的摇篮，发挥了人才的辐射和带动作用，不仅开创了高端会计行业人才的教育形式，更对国家的会计行业的发展起到了积极的推动作用。

结束语

“经济越发展，会计越重要。”《企业会计准则》是市场经济的重要规则，注册会计师行业承担着建设社会诚信的重要责任，会计人才也是国家发展需要的战略人才。注册会计师行业和会计人才的水平是会计能力的重要因素。一个国家的会计能力反映了它的经济制度和政府管治软实力。

改革开放40年来，中国政府始终将会计准则建设作为市场经济制度的重要基础性工程来抓，通过与国际会计准则接轨，建成了与中国社会主义市场经济发展相适应的企业会计准则体系。在审计市场上，会计师事务所是主体，财政部通过对会计师事务所的组织形式的两次重大改造，完成了最终由会计师事务所合伙人承担专业责任的审计服务责任限定，促进会计师事务所作为公共利益服务的提供方坚持营造社会诚信的专业责任。从无到有，财政部为市场经济体制培养了会计师事务所这一重要社会中介，并通过向国际大型会计师事务所开放，引进的不仅是简单的审计能力，更是为我国企业进入国际资本市场的信心背书。最后，人才问题是关系事业发展的关键。可以说，我国改革开放的成功，是人才培养的成功。人才投资是最大的投资。其中，在会计人才的培养上，财政部推动的“建设国家会计学院”和“举办领军人才培训项目”这两项举措是在世界上都被认定为创新的人才培养举措。

国家进入新时代。过去40年走过的路，说明了中国会计人的努力。现在，我们可以自豪地说，中国的会计行业没有落后。作为专业会计师，我们将积极发挥已有的成绩和优势，传递在改革开放中形成的会计精神，为下一阶段国家经济转型升级、提高发展质量贡献专业力量。

（作者在2011至2017年间担任普华永道北京首席合伙人，现为清华大学国家金融研究院金融与发展研究中心客座研究员。）

改革开放40年中的广告产业发展

丁俊杰　王昕

广告对社会发展的推动作用和镜像功能早已在全球范围内得到了印证和认同，约瑟夫·塔洛曾这样描述广告与美国社会之间的关系："广告曾经帮助美国从移民的集合体中创造出一个国家，含蓄地演示了现代美国社会物质主义的、流动的和终级民主的实质。"（2002）反观中国，从1979年至今，广告与社会发展经历了近40年的磨合，已经形成了稳定的互动关系；然而，随着中国大国崛起进程的不断加速，广告根植的社会系统正处于迅速的变化之中，大国经济的成型，正在赋予广告新的社会作用。因此，本文将从历史和当代两个视角切入，探讨这一命题。旨在回顾广告发展与改革开放历程的基础上，对大国化背景下中国社会与广告互动的新特征和如何重新认识广告产业定位进行深入分析。

广告产业与社会发展相互关联，彼此联动。不同的社会阶段，不同的社会意识决定了广告意识、广告态度和广告表现，同时，广告意识、广告态度和广告表现又深刻体现着不同阶段的社会意识、社会发展阶段和社会文化生态环境。

一、广告意识层面：广告意识体现社会主流价值观念

广告意识与社会价值观念的关系可以从两个方面阐释。

首先，广告产业的兴衰与社会主流意识形态的变化息息相关。众所周知，广告是通过信息加工来影响人们心理或行为的一种传播方式。广告的信息加工，源于广告主的产品诉求，而不同时期的产品诉求，取决于当时的社会生产和分配方式，根源于社会的主流意识形态。例如，在计划经济时代，由于生产者占主导地位，消费者的意识和需求是次要的，生产什么就消费什么，所以整个社会对广告的需求非常微弱。因此，1978 年前广告产业的萧条状况，是由当时社会主流意识形态特征决定的。随着改革开放进程加速，我国经济环境从商品经济到市场经济不断转变，计划经济下的“供不应求”开始被市场经济下的“供过于求”所替代，这一时期，社会对广告的需求激增，而且，由于人们的注意力日渐涣散，单纯的告知性广告已效果欠佳，情感、品牌等越来越深层次的东西改变和影响人们的行为观念。因此，从 20 世纪 80 年代开始，广告开始被当作竞争的重要手段和工具，广告的专业技术日新月异、产业规模发展迅猛。这实质上是源于社会主流意识形态变迁带来的信息沟通需求增加，而随着传播环境的日益复杂，有效的传播越来越稀缺，需要不断采用新兴的、更高级的传播方式来保证传播效果。

其次，广告能够体现社会大众内心深处真实的欲望追求。除了对主流意识形态的变化非常敏感外，广告的诉求和表现形式清晰表现着社会中不确定的大多数人群的价值观，反观改革开放初期，从长时间的思想禁锢到骤然的意识开放，直接影响着当时的广告表现：“可口可乐”“雷达表”“皮尔卡丹”“江诗丹顿”等首批进入中国的洋品牌催生出人们对海外

生活方式的追捧；一系列以“享誉全球”“贵族标准”“皇帝享受”为核心诉求的广告作品大量出现，体现了人们内心深处对生活品质的期望和追求。从这一层面来看，广告对社会价值观念的直接体现和忠实记录甚至超越了主流媒体，因为“广告的背景安排就是当时社会情形的客观反映，而它核心的诉求，就是社会价值观的表白”[1]，是社会大众内心深处真实的欲望追求的表露。

二、广告态度层面：广告态度体现社会发展阶段特征

广告态度是消费者通过对日常生活信息的不断接受而相对固定下来的对广告总体表现的赞同或不赞同的倾向，它是由广告唤起的各种积极和消极的认知和情感的反映。[2]笔者曾在《中国广告观念三十年变化》一文中详细论证了从 1979 年至今不同时期广告与中国政治意识、经济发展和消费文化变迁之间的关系。[3]从中我们可以看出，改革开放以来，广告态度的变化体现出鲜明的社会发展阶段特征。

以政治意识变化为例，当代广告复苏初期，围绕广告的阶级属性、经济体制归属等意识形态层面问题曾有过激烈论战，从 1978 年前将广告视为“资本主义市场兜售商品、欺骗顾客的行径”[4]到 1985 年承认广告是

[1]参看黄升民、陈素白：《社会意识的表皮与深层》，《现代传播》2006 年第 2 期(总第 139 期)，第 24 页。

[2]参看张红霞：《青少年对广告的态度及影响因素》，《心理学报》2004 年第 36 期，第 601 页。

[3]参看丁俊杰、赵子忠、王昕：《中国广告观念三十年变化》，《现代广告（学术刊）2008 年》，第 31 页。

[4]萧玉纶：《为广告正名》，《人民日报》1984 年 7 月 24 日第 8 版。

"一种传播经济信息的手段"[1]，是"社会主义宣传工作的一种形式"[2]。这一时期，主流媒体对广告态度的变化，清晰地体现出了中国政治意识从封闭到开放的初步变化，具有鲜明的历史阶段特征。

广告态度与社会发展阶段特征的变化还表现在社会对广告的容忍程度上。从20世纪80年代后期开始，随着中国经济的多元化，市场化程度越来越高，广告的多元化、市场化特点也越来越明显，首先，广告的表现手段迅速翻新，几乎达到了无所不用、无处不及的程度。在1987年全国第六次运动会上，健力宝几乎开发了包括墙壁、痰盂在内所有能使用的广告媒介，闭幕式更是通过赠送8万瓶饮料的壮举，打造了一片橙红色的海洋。其次，广告表现的产品千姿百态，从风油精、发乳、自行车等生活用品到"四大件"和"三双一彩"[3]，再到后来的药品、房地产、汽车，广告的表现内容不断丰富，现在我们甚至很难找到身边哪种日用品没有相应的广告。

在社会空间中，广告的无处不在和无所不包，体现的是言论自由、表达自由基础上的广告自由。反映出不同的价值观、不同的消费欲望、不同的消费方式之间的碰撞和并存。需要注意的是，中国社会广告态度的变化呈现出阶段性震荡的特征，在市场经济高速发展的时候，社会容忍度比较高，广告的表现千姿百态；而当社会某一个力量开始收紧的时候，广告的表现就很容易受到非议，甚至被压制和打击。这种压制和打击有时候表现

---

[1] 国务院办公厅：《关于加强广告宣传管理的通知》1985年印发 。

[2]《广告要为建设社会主义两个文明服务——国务院办公厅发出〈关于加强广告宣传管理的通知〉》，《人民日报》1985年11月24日，第2版。

[3] "四大件"又名三转一响，是中国在20世纪50年代后期的一个名词，指的是当时国家有能力出产，而为各个家庭所希望拥有的四件家庭物品。这四件家庭物品分别为：收音机、自行车、缝纫机及手表。"三双一彩"指1983年后随着中国社会消费能力提升，引起人们抢购的单价1000元以上的彩电、电冰箱、洗衣机和成套家具。

为不同利益集团的碰撞，有时候表现的又是政府和市场的较力，比如改革开放初期，社会处于一个刚刚开始分裂的过程，广告的表现五花八门，处于高速成长的状态，北大的学生曾发起过对广告的抗议，其实是通过宣传自己对广告的批评态度，表达对广告背后经济势力的不满，而广告则成为社会问题的替罪羊。

三、广告表现层面：广告创意体现社会文化生态环境变迁

广告是消费文化的塑造者，是社会文化体系的重要组成部分。广告所代表的消费图像已经大量占据了中国社会公共空间。1979 年以来，不同时期的广告创意与社会文化相互影响、持续互动，折射出社会文化生态环境的发展和变迁。

改革开放初期，广告的表现手法比较单一，广告创意被形象地总结为“产品照片加经理照片再加上干喊几声”。[1] 这种严肃而朴素的广告创意具有很强的政治色彩，体现出鲜明的历史特征。

从 20 世纪 80 年代开始，随着开放程度不断增加，广告公司的国际化进程加速，广告成为海外品牌开拓中国市场的利器，广告的创意和表现手法开始与国际接轨。学习国外的优秀创意，进行本土化加工后出炉的大量内容新鲜、表现方式各异的广告，开启了国人开眼看世界、了解西方文化的窗户。广告创意思想的翻新，体现出中国社会文化生态环境从封闭到开放的变化。

21 世纪以来，随着中国在国际舞台上的地位不断重要，中国社会对海外文化的追捧和好奇逐渐淡化，民族文化自豪感则不断加强，带来了广

[1] 马立诚：《广告业期盼新姿态》，《人民日报》，1998 年 4 月 12 日，第 4 版。

告创意领域的两个问题：

首先，是基于民族立场，对广告创意的文化批评开始增多。例如，2004 年，日本“立邦漆”广告表现的是一条龙在涂有立邦漆的柱子上滑落了下来，广告一经发布，马上受到中国社会媒体的口诛笔伐，最后是商家、广告公司和杂志社都出面道歉才得以平息。无独有偶，丰田的“霸道”和耐克的“恐惧斗室”等广告创意也都曾出于类似的原因而备受非议，而全社会民族文化自豪感的加强，正是此类广告批评出现的深层原因之一。

其次，是大量中国元素开始作为背景元素出现在广告创意中，尤其是一些国际品牌，如可口可乐的“青花瓷可乐罐”广告、百威啤酒的“万里长城”广告，更是希望通过本土化的广告创意在中国社会文化体系中找到自身品牌文化扎根、生长的土壤。

站在改革开放 40 年的历史节点，新的时代背景赋予了广告新的产业空间和社会作用，也带来了关于如何认识广告产业定位的深刻命题。一方面，当前社会中广泛存在着对于广告的误读和曲解。例如，认为广告是简单的叫卖，是夸大其词、强迫消费。另一方面，广告是一个交叉产业，与商业、文化创意产业、现代服务业、传媒产业都有一定联系。不同的产业定位，带来的是不同的资源配置和发展方向。头衔过多，支点缺失，令广告业的发展无所适从。新的时代背景下，我们需要重新定义广告的社会属性和社会价值。

四、重新思考广告的社会技能属性

从广告活动的功能来分析，广告是一种商业行为，属于服务业。同时，广告承载的是信息流，因此，我们应当从信息服务业的角度去理解广告业的定位。这一产业定位强调广告的两个功能：一是通过编码加工，客观传播信息的功能；另一个是影响受众的观念和形象的功能。由此可见，广告活动中既有信息服务的科学问题，也有强调创意的艺术问题。对信息有创造性地加工，使得信息带有意义，带有价值，只是广告的特点之一。如果只抓住这一点，不及其余地将广告定位为创意行业，是不全面的。

因此，我们需要从社会技能的角度来思考广告业的定位。每一个存在的个人或机构，都有向外发布信息的需求。广告的存在，正好为满足信息交流需求提供了有效的手段。社会需要广告，就如同人需要表达语言的嘴巴、交流空气的鼻子，是存在的象征和必需。

从社会宏观角度来看，广告传递的是人的思想、人的功能和人的存在，肩负如此重任的信息服务行业自然是社会必不可少的组成单元，而在广告业发展的很长时期中，社会舆论和相关研究忽略了广告的社会技能属性，过度拘泥于广告信息传递前端的表象，强调广告发展中出现的负面问题，从而导致了广告属性的模糊。

五、高度重视广告的社会沟通功能

广告是一种营销手段，营销的核心功能在于实现和谐地交换。完成和谐交换有两种方式，其一是计划经济，即按照人的科学精神去计划，你有多少需求，我能生产多少，把资源做到最优配置，这种方式的优势在于资源配置的可控性强，但缺点在于对需求的把握容易失真。另一种方式是市场经济，消费者的需求是自有的，企业需要通过一定的方法去观察、捕捉，根据观察到的需求生产，然后通过信息发布，引起交易兴趣，完成交换过程。因此，广告作为营销的润滑剂，在市场经济结构中发挥着沟通社会信息、配置资源产品、引导资金流动的重要作用，是社会和谐、繁荣安定的表现和保障。

同时，当前，从社会功能层面来看，广告肩负着为全社会提供沟通平台的重任。日益繁荣的广告业，实质上搭建了面向全社会的大型沟通平台，能够满足中国社会在各个层面、各个渠道的沟通需求。从国家意识层面的国家形象广告，到塑造地方形象的城市旅游广告，再到面向弱势群体和广大农村的公益广告、扶贫广告，未来由广告编织而成的社会沟通网络将涵盖群体与个人、人与人、人与社会、人与自然各个方面，广告可以“通过良好的创意和表现形式向公众传播先进文化、塑造高尚精神、引领文明风尚；或加大弘扬真、善、美，抨击假、恶、丑的宣传等等”[1]。

广告社会沟通功能的加强，显示出发端于商业的广告业正在从商业范畴进入社会范畴，随着政府对广告活动的日益重视和深入参与，未来广告的社会沟通功能还将进一步彰显。

六、关注广告与企业价值观念互动中的机遇

在市场实践中，企业的发展有两种不同的驱动模式。第一种是利润至上的财务领衔模式。即企业通过融资、投资、兼并、上市等一系列商业行为，终极目标是用财务的指标来实现发展。该模式的缺陷在于不重视企业品牌，不重视广告投放，单纯以财务报表为企业活动的核心，很容易带来

[1] 参看黄升民、黄河、陈素白：《分聚之间的危情与转机——广告业发展的内在核心驱动力》，《国际广告》2007年7月。

企业的畸形发展，成为以营利为第一目标的纯粹经济动物。在我国，由于市场经济发展的时间尚短，受西方 MBA 等思想的影响较深，财务领衔的模式在过去的三四十年受到很多企业的青睐。同时，全社会范围内，还没有形成对于品牌的重视和认同，因此，广告作为塑造品牌的重要手段，没有得到必要的重视和投入，追求短期利润的无序投放却屡见不鲜。

第二种方式则是品牌驱动模式。品牌是同质化市场中差异化的体现，差异化程度的高低，取决于企业实力、产品、功能和价格等方面的优势，升华为企业的品格、文化和精神。因此，品牌是能够支撑企业行走百年的主要动力，纵观全球的百年企业，没有百年的财务，只有百年的品牌。

当前，大国化经济环境中，从政府到企业，整个社会的品牌观念正在不断增强，品牌已经切割了我们日常生活的时间和空间，定义了不同的生活水平和生活品质。社会对于品牌价值的重视和认同，将直接影响广告在企业战略中的作用和价值。

因此，随着社会整体品牌意识的建立，在品牌驱动模式的主导下，有计划、有重点的持续性广告投放行为将成为未来企业市场实践的重要组成部分。同时，如何满足国际化传播将成为中国广告业需要解决的课题。

总之，从改革开放初期，中国人民开始探索建设中国特色社会主义道路，到今天，我们迎来了改革开放 40 年的重要历史节点。这一过程中，广告在与社会的互动中实现了规模的成长、功能的发挥和价值的认同。今天，承载消费信息的广告充斥着我们的生活空间，表现消费图像的广告丰富了社会公共图像系统，记录消费趋势的广告折射出社会发展的不同阶段。未来，大国化的中国经济、国际化的社会影响，以及由此带来的广告社会属性和社会价值的重构，将进一步推动广告与中国社会发展持续互动，不断调整，逐渐成熟。

（作者：丁俊杰系中国传媒大学广告学院教授；王昕系中国传媒大学广告学院副教授）

图书在版编目（CIP）数据

40年改变中国：经济学大家谈改革开放：全2册 / 新望主编；高尚全等著．-- 北京：北京联合出版公司，2018.8
ISBN 978-7-5596-2305-8

Ⅰ．①4… Ⅱ．①新… ②高… Ⅲ．①改革开放－中国－文集 Ⅳ．① D61-53

中国版本图书馆 CIP 数据核字（2018）第 143669 号

40年改变中国：经济学大家谈改革开放
作　　者： 新望主编　高尚全等著
总 发 行： 北京华景时代文化传媒有限公司
责任编辑： 昝亚会　　管　文
封面设计： 张　敏
版式设计： 柳淑燕
责任审读： 刘配书　　赵　娜

北京联合出版公司出版
（北京市西城区德外大街83号楼9层 100088）
北京文昌阁彩色印刷有限责任公司印刷　　新华书店经销
字数578千字　　690毫米×980毫米　　1/16　　47印张
2018年8月第1版　　2018年8月第1次印刷
ISBN 978-7-5596-2305-8
定价：128.00元（全2册）